Heinrich Preschers

Theoretisch-praktischer Unterricht im Schachspiel

von einer Gesellschaft von Liebhabern

Heinrich Preschers

Theoretisch-praktischer Unterricht im Schachspiel
von einer Gesellschaft von Liebhabern

ISBN/EAN: 9783743692534

Hergestellt in Europa, USA, Kanada, Australien, Japan

Cover: Foto ©Andreas Hilbeck / pixelio.de

Weitere Bücher finden Sie auf **www.hansebooks.com**

Theoretisch-praktischer Unterricht im Schachspiele

von

einer Gesellschaft von Liebhabern.

- - - - - *Si quid nouisti rectius istis,*
Candidus imperti; si non, his utere mecum.
Hor. lib. I. ep. VI. v. 67. 68.

Aus dem Französischen übersetzt
und mit den
hundert Spielen
des Philipp Stamma
vermehrt.

Berlin, bey Friedrich Nicolai.
1780.

Vorrede.

Das Original dieses Werks kam zu Paris, im Jahre 1775 unter dem Titel: Traité Theorique et Practique du Jeu des Echecs, par une Société d'Amateurs in 12mo heraus. Es schien mir wohl zu verdienen ins Deutsche übersetzt, und unter uns bekannt zu werden, da es eine Menge lehrreicher Anmerkungen für diejenigen enthält, welche im Schachspiel vollkommner werden wollen.

Die einzige Anleitung zum Schachspiele, welche wir in deutscher Sprache haben, ist das übersetzte Werk des berühmten Philidor, denn das deutsche Originalwerk des Gustavus Selenus, oder Herzogs August von Braunschweig, werden gewiß sehr wenige deutsche Schachspieler gesehen haben. Indessen, wenn es mir, als einem bloßen Liebhaber, erlaubt ist, über das Werk eines Meisters mein Urtheil zu sagen, ist das Werk des Philidor, so vortrefflich es ist, für einen Anfänger weniger brauchbar, als man insgemein glaubt.

Das vorzüglichste in Philidors Art zu spielen, ist die Manier, die Bauern auf die rechte Art zu spielen, und hierinn können Leute von ihm sehr viel lernen, die sich, ehe sie diese Spielart gründlich kannten, für große Schachspieler mögen gehalten haben. Aber, es scheint mir auch, man müsse eine ziemliche Erfahrung und Festigkeit im Spiele haben, ehe man Philidors Spielart, sowohl völlig einsehen, als auch mit Nutzen gebrauchen kann. Ist der Spieler, der Philidors Werk brauchen will, noch nicht stark genug, so entstehen, wie ich durch mannigfaltige Erfahrung bemerkt habe, nachtheilige Folgen daraus.

Zwey

Zwey Anfänger, die sich nur nach Philidors Manier geübt haben, können eine ziemliche Zeit mit einander spielen, und sich dünken, daß sie durch Uebung in der Kunst zu spielen weiter gekommen wären, und werden doch gegen jeden, der auf eine andere Art spielt, selbst wenn diese Art an sich schlechter wäre, eine ziemliche Zeitlang verlieren müssen. Philidor lehrt in seinem Werke nicht alles, was zum Spiele gehört, sondern setzt mehr voraus, als man gemeiniglich glaubt. Er sagt in der Vorrede zur ersten Ausgabe ausdrücklich, er wolle etwas Neues lehren, (nämlich das ächte Spiel mit den Bauern, und seine Art, sich des Gambits zu bedienen, die, wenn sie nicht ein vorzüglicher Spieler braucht, sehr gefährlich ist.) Auf dieses Neue sieht er vornehmlich. Wer nun nicht das übrige, was zum Spiele gehört, und Philidor voraussetzt, in ziemlichem Grade kennet, muß, ohne Philidors Schuld, aus dessen Werke das Spiel einseitig, und folglich unvollkommen lernen. Philidors Art, die Bauern zusammenzuhalten, und auf die rechte Art zu spielen, kann nur alsdenn vorzügliche Dienste thun, wenn sie nicht allein in ihrem ganzen Umfange begriffen, sondern auch mit der wahren Kenntniß der Spielart aller Officiersteine verbunden wird. Sonst, wenn der Gegentheil merkt, daß der Spieler sich bloß allein auf das Bauernspiel verläßt, kann er noch immer auf mancherley Art die Uebermacht über ihn behalten. Er wird ihn entweder durch sogenannte Husarenzüge zu verwirren suchen, oder wenn er ihn dazu allzu stark findet, doch, durch Aufopferung eines Officiers gegen zwey Bauern, dieselben trennen und einzeln wegholen, welches besonders denen leicht wird, die das wahre Spiel des Springers verstehen. Wenigstens wird er gewiß gegen das Ende durch eine oder ein paar Abwechselungen, selbst wenn sie dem Anscheine nach mit Verlust verknüpft wären, eine so vortheilhafte Stellung des Spiels zu erhalten wissen, daß ihm der Gewinnst der Parthie sicher ist.

Das gegenwärtige Werk scheint mir weit geschickter zu seyn, Anfänger, die außer der Kenntniß der Züge, nur einige Uebung haben, vollkommner zu machen. Es wird darinn die Spielart aller Steine, und besonders, meines Erachtens, die Spielart der Springer und Läufer, besser als im Philidor gelehret.

Die

Die Verfasser fangen mit sehr simpeln Spielen *) an, welche Anmerkungen enthalten, die noch bloßen Anfängern lehrreich sind, hingegen die Endigungen der Spiele im Vten Kapitel, und die Anmerkungen über funfzig Spiele des Stamma im VIten Kapitel, werden auch solchen, die noch viel geübter sind, nützlich seyn können; so daß der, der dieses Werk studiert, eine gründliche Kenntniß des Spiels erlangen wird. Die S. 357 u. f. befindliche Grundsätze und Regeln des Schachspiels sind sehr lehrreich, und werden noch lehrreicher durch die Zurückführung

*) Viele beurtheilen die Spiele, die in Anweisungen zum Schachspiele dargeleget werden, sehr unrecht. Ich habe oft über Philidor klagen hören, daß er den Schwarzen so schlecht spielen lasse, daß dem Weißen der Gewinnst sehr leicht werde. Man überlege aber, daß ein Spiel, in dem beyde Spieler gleich stark spielen sollten, überaus lang werden würde. Ein solches Spiel wird nicht sowohl wegen des Spieles selbst erdichtet, sondern wegen der Stellungen und Züge, über die der Verfasser lehrreiche Anmerkungen zu sagen hat. Um diese Stellungen auf die kürzeste Art herbeyzuführen, muß er oft einen Spieler viel schwächer spielen lassen, sonst würde er unnöthigerweise weitläufig werden. Dieß gilt auch von vielen Spielen in dem gegenwärtigen Werke. Die Richtigkeit dieser Anmerkung erhellt auch daraus, daß für geübtere Spieler nur bloße Endigungen von Spielen, wo die Stellung gegeben ist, nöthig sind.

auf Stellen der in diesem Werke befindlichen Spiele. Man findet in keinem andern Buche vom Schachspiel solche mit großer Ueberlegung abstrahirte Grundsätze. Da die hundert Spiele des **Stamma** überaus sinnreich, und für einen Kenner lehrreich sind, so daß derjenige, der sie ganz begreifen kann, gewiß schon sehr gut spielen muß; so sind die übrigen **funfzig Spiele**, welche die Verfasser im französischen Originale nicht angefügt haben, dieser Uebersetzung beygefügt, wobey der Herr Uebersetzer einige Fehler des Herausgebers der neuesten französischen Ausgabe verbessert hat.*) Ich hielt es um so viel nothwendiger, diese sämmtlichen trefflichen Spiele hier beyzubringen, weil sie in der neuen deutschen Ausgabe des Philidorschen Werks (Gotha 1779) weggelassen sind, ob sie gleich der ältern Ausgabe (Strasburg 1771) beygefügt worden.

Ueberhaupt hat der Herr Uebersetzer einen ungemeinen Fleiß an dieses Werk gewendet. Er hat nicht bloß übersetzt, sondern auch alle Spiele

*) Nouvelle Methode de jouer aux échecs selon la methode du Sr. *Philippe Stamma*, natif d'Alep. Utrecht, 1777. 12mo.

Spiele ganz durchgespielt, und genau erwogen. Dadurch hat er verschiedene Druckfehler und kleine Irrthümer gehoben, welche im Originale waren, und S. 132 hat er einen Irrthum der Verfasser angezeigt, der, ohne das Spiel ganz umzuändern, nicht verbessert werden zu können scheint. S. 1?6 aber zeigt er, mit sehr feiner Kenntniß des Spiels, daß ein Spiel, welches die Verf. dem Weißen aufs Aufheben zu spielen rathen, weil sonst ein Bauer des Schwarzen Königinn wird, dennoch für den Weißen gewonnen ist, obgleich der Schwarze eine Königinn erlangt.

Auch in Absicht der Menge der abgehandelten Materien ist dies gegenwärtige Werk dem Philidorschen sehr weit vorzuziehen. Die sehr kurze Bezeichnungsart des Stamma, (die ich dadurch deutlicher gemacht zu haben glaube, daß ich statt der Buchstaben A bis H, die Anfangsbuchstaben der Steine gewählt, und die zu ziehenden Steine, von der Bezeichnung der Felder mit Schwabacherschrift unterschieden habe) macht es möglich, in wenigen Bogen sehr viel zu liefern. Wenn das Philidorsche Werk nach Art des Stamma bezeichnet, und wie gegenwär-

genwärtiges Werk sollte gedruckt werden, so würde die neue deutsche Ausgabe, die 21 Bogen stark ist, vielleicht kaum 6 Bogen betragen, und wenn das gegenwärtige Werk nach Philidors Art bezeichnet, und so wie die neue deutsche Ausgabe des Philidors gedruckt werden sollte, so würde es drey Bände füllen.

Auch ist für die Korrektur mit sehr großem Fleiße gesorgt worden. Die sehr wenigen Druckfehler sind angezeigt, und ohnedies so beschaffen, daß sie, bey einiger Achtsamkeit, keinen Irrthum verursachen können. Berlin, den 29sten März 1780.

Friedrich Nicolai.

Vorbericht des Verfassers.

Diese neue theoretisch = praktische Abhandlung vom Schachspiel verdient vielleicht den Vorzug vor allen bisher herausgekommenen. Sie verbindet mit einer größern Ausführlichkeit auch zugleich die genauere Entwickelung und Ordnung, um welche sich die Verfasser der bisherigen Versuche über die Vorschriften und Grundsätze dieses Spiels wenig bekümmert haben.

In einer Abhandlung von hundert Kapiteln lehrt uns der Calabrier *) etwa zwanzig Spiele

*) Die Franzosen nennen diesen Schriftsteller den Calabrier; (le Calabrois) heißt eigentlich Giachino Greco.

Spiele kennen, die durch einen einzigen fehlerhaften Zug verlohren gehen, ohne den Fehler anzugeben, der diesen Verlust unvermeidlich macht. Diese Spiele sind daher ganz ununterrichtend. Man lernt daraus nicht den Fehler vermeiden, der den Verlust des Spiels nach sich zieht; und im Fall der Gegenspieler diesen Fehler nicht begeht, sondern, wie sehr leicht geschehen kann, einen ganz andern Zug thut, bleibt man sich lediglich selbst überlassen, ohne Führer und ohne Vorschrift zur Fortsetzung des Spiels.

Philidor geht auf einer ganz verschiedenen Bahn, oder versucht vielmehr eine eigene vorzuzeichnen, um dies Spiel zu zergliedern, und es auf allgemeine Grundsätze zurück zu führen, die man beym Angriff sowohl, als bey der Vertheidigung, befolgen könne. Bey aller Achtung indessen, die wir dem größten Spieler Europens schuldig sind, sey es uns erlaubt, hier zu bemerken, daß viele in seiner Abhandlung aufgestellte Spiele mehr unterrichtend als richtig sind, und daß seine Behauptungen von dem nothwendigen Gewinn oder Verlust des Spiels oft gewagt sind, und durch Combination und Erfahrung widerlegt werden.

Salvio

Salvio Carrera endlich und Lolly wollten den Gegenstand erschöpfen. Sie breiteten sich über alle angeblich mögliche Kombinationen aus, und konnten eben deswegen eine Arbeit nicht vollenden, die ins unendliche geht. Durch Foliobände schreckten sie die Liebhaber einer Wissenschaft ab, die, weil sie nur ein Spiel zum Gegenstande hat, immer zu geringfügig scheinen wird, um viel Zeit und Anstrengung darauf zu verwenden.

Den nehmlichen Vorwurf, der auch uns gemacht werden könnte, können wir nicht besser heben, als wenn wir den Leser auf unsere Bemühungen aufmerksam machen, den von jeder anhaltenden Rechnungsarbeit unzertrennlichen Ekel durch die unsern Vorschriften beygefügte fortschreitende Entwickelung, Ordnung und Verkettung der Spiele zu vermindern.

Wir gestehen offenherzig, daß wir unsere Vorgänger genutzt haben. Verdienst genug für uns, das Unterrichtendste und Befriedigendste aus ihren Werken herausgehoben, und den Versuch gemacht zu haben, sie nach den Regeln und Methoden der großen Spieler auf dem Caffé de la Regence zu Paris zu berichtigen. Je schmeichelhafter übrigens der Beyfall des Publikums für uns seyn wird, um desto bereitwilliger werden wir unsre etwa gemachte Fehler erkennen, und denjenigen beyfallen, die besser sehen und besser machen können, als wir.

— — si quid nouisti rectius istis,
candidus imperti, si non, his vtere mecum.

Wir haben nicht nöthig erachtet, dieser Abhandlung von den ersten Anfangsgründen des Schachspiels eine größere Weitläuftigkeit zu geben. Wer noch gar keine Kenntniß davon hat, muß ohnedies erst den verschiedenen Gang der Steine lernen, worinnen ihn ein halbstündiger praktischer Unterricht weiter bringen wird, als ein bloßer schriftlicher Entwurf von der Stellung und dem Gang der Bauern und übrigen Steine.

Die Art, wie wir die Züge der Spiele bezeichnen, wird zuerst vielleicht die Anfänger, und auch wohl manchen erfahrnen Spieler abschrecken; allein der Vorzug der Einfachheit und Deutlichkeit, womit sie den in jedem Falle vorzuziehenden Zug an die Hand giebt, und die weit größere Anzahl von Spielen, die, unter ihrer Begünstigung, in einem so mäßigen Bande dargestellt werden konnten, wird für die kleine Arbeit, sich diese Methode geläufig zu machen, hinlänglich entschädigen.

schädigen. Ueberdies kömmt es nur auf wenige Spiele an, so wird man schon an diese Methode gewöhnt seyn. Sie legt keine Aufgabe aus der Algebra vor, sie schiebt bloß den Wörtern der gewöhnlichen Sprache einige einfache verabredete Zeichen unter, um ein gedachtes Studium des edelsten Spiels zu erleichtern, womit man sich in der Einsamkeit, oder noch besser in Gesellschaft eines eben so lernbegierigen Freundes, die Zeit vertreiben kann. Noch größern Nutzen wird man von unsern Vorschriften ziehn, wenn man sich nicht erlaubt, des folgenden Zuges Vorschrift zu sehen, sondern erst nachdenkt, welchen Zug man selbst, ohne Führer, würde gethan haben, und alsdann in die Ursachen eindringt, die den in unserer Vorschrift gewählten Zug zum vorzüglichsten machen.

Man wird auf diese Art durch anhaltenden Fleiß in drey Monaten weiter kommen, als wenn man ganze Jahre lang dies Spiel ohne Anleitung und ohne Grundsätze spielt.

Einleitung.

Wir wollen in dieser Abhandlung eine Art das Schachspiel zu spielen lehren, die von allen bisher bekannten abweicht. Diese neue Methode soll für diejenigen, die sich ein eigenes Studium aus diesem Spiele machen wollen, lehrreicher seyn, und durch Anwendung der Regeln und Grundsätze auf würkliche Spielexempel ein mehr oder minder fähiges Genie auf Kombinationen leiten, die sich bis ins Unendliche verändern lassen, mithin unerschöpflich sind, und nicht füglich, besonders in dem kurzen Zeitraum von einem Zuge zum andern, mit der äußersten Genauigkeit und Richtigkeit gefaßt werden können.

Die Kenntniß dieses Spiels richtet sich nothwendig nach der mehrern oder mindern Anlage und Fähigkeit, die man zu seinen Berechnungen hat, und nach der längern oder kürzern Zeit der Uebung. Es fällt daher in die Sinne, daß man das Spiel nicht

nicht anders gleich machen kann, als wenn man durch gegebene oder genommene Vortheile (durch Vorgeben oder Vornehmen eines Steins) das ersetzt, was einem an Fähigkeit oder Uebung abgeht.

Sobald man nur einigermaßen Lust hat, in diesem Spiele weiter zu kommen, thut man immer wohl, mit stärkern Spielern, als man selber ist, zu spielen. Mit Spielern von gleicher Stärke lernt man wenig oder nichts. Wenn ein stärkerer Spieler nach und nach die Vortheile einschränkt, die er uns anfänglich eingeräumt hatte, und uns dadurch von unsern gemachten Fortschritten vergewissert, so bekommen wir dadurch den nöthigen Muth, unsere Kräfte anzustrengen, und uns gerade auf und ohne eingeräumten Vortheil mit ihm zu messen.

Dieser unstreitig wahren Bemerkung zufolge, haben wir diese Abhandlung weitläuftiger eingerichtet. Sie wird aus sechs Kapiteln bestehen, und diese, nach Maasgabe der verschiedenen Exempel von Angriff oder Vertheidigung, wieder in ihre Abschnitte und Unterabtheilungen zerfallen.

Das **erste Kapitel** handelt vom Vorgeben eines Steins.

Das **zweyte** vom Vorgeben eines Bauers und zweener Züge, oder eines Bauers und eines Zuges.

Das **dritte** vom Vorgeben eines Steins gegen einen Bauern und zween Züge, oder gegen einen Bauern und einen Zug.

Man wird aus diesen dreyen Kapiteln lernen, wie man das Vorgeben eines oder mehrerer Steine zum sichern Gewinn des Spieles zu benutzen hat. Denn es ist klar, 1) daß, wenn alles gleich ist, das heißt: wenn keiner von beyden Theilen Fehler macht, der vorgegebene Vortheil dem, der ihn empfangen hat, **nothwendig** den Gewinn des Spiels zuwege bringt; 2) daß, wenn man erst so weit gekommen ist, daß man den vorgegebenen Vortheil recht zu nutzen weis, man auch überhaupt so viel Kenntniß und Uebung wird erlangt haben, daß der Gegentheil die vorgegebenen Vortheile einschränken muß, und stufenweise endlich nicht anders, als gerade auf spielen kann.

Das **vierte** Kapitel enthält einige Exempel von Spielen gerade auf, und den Versuch, wider die Meynung eines berühmten Schriftstellers, zu beweisen, daß jeder Anfang eines Spiels gleichgültig sey, man mag den ersten Zug haben, oder nicht; daß weder Verlust noch Gewinn **nothwendig** sey, selbst nicht für den, der den ersten Zug hat; daß dieser Gewinn oder Verlust von dem ersten Fehler oder versäumten Gelegenheit des einen oder des andern herrührt, (ein Unfall, dem einer von beyden nicht entgehen konnte, nach der verschiedenen Beschaffenheit ihres Genies, ihrer Aufmerksamkeit, oder ihrer Uebung); und endlich, daß jedes von beyden Theilen fehlerfrey gespielte Spiel unentschieden (remise) bleiben muß.

Das fünfte Kapitel handelt von den gewöhnlichsten Ausgängen der Spiele, welche, wenn man sie wohl begriffen hat, die Grundsätze und Kenntnisse zur Lenkung des Spiels bey veränderten Stellungen und Umständen an die Hand geben.

Das sechste Kapitel enthält einige besondere Ausgänge von Spielen, die wir unter der größern von Philipp Stamma angeführten Menge ausgesucht haben. Diese Ausgänge werden weniger schwer zu fassen seyn, wenn man sich durch das Studium dieser Abhandlung die gehörigen Kenntnisse angeschafft hat. Sie werden auf gewisse Weise der Wissenschaft des Schachspiels ihre Vollendung geben, weil sie die Anweisung enthalten, wie man theils ein Spiel mit den möglichst wenigen Zügen zu Ende bringen, theils in einem verzweifelten Spiel durch Berechnung der Möglichkeit des Mattsetzers, oder der Unentschiedenheit (remise), wozu keine Hoffnung mehr übrig war, Auswege ausfindig ~~zu machen~~ soll.

Wir haben die Spiele nur in solchen Fällen bis zum Mattsetzen, oder bis an ihr gänzliches Ende hinausgeführt, wenn es nothwendig, oder zum Unterricht dienlich war. In den übrigen Fällen haben wir das Spiel bey dem ersten von einem oder dem andern Theile erfochtenen Vortheil aufhören lassen, wo dieser Vortheil offenbar den nothwendigen Gewinn des Spiels entscheiden muß.

Wir müssen hier ein für allemal bemerken, daß von den weißen Steinen der Ausdruck man zieht, und von den schwarzen der Ausdruck er zieht, gebraucht wird.

Um die Spiele zu bezeichnen, haben wir die Methode des Philipp Stamma entlehnt. *) Sie ist gedrungener als die gewöhnliche Sprache, und stellt dem Verstande den Zug, der nach den Umständen gespielt werden muß, auf eine genauere und kürzere Art dar. Man muß also gleich anfänglich diese Methode studiren, das heißt, sich die Vorstellungszeichen, die sie den Worten unterlegt, so geläufig machen, daß man sich darnach eben so sicher, als nach den Worten der gemeinen Sprache, richten könne.

Zu dem Ende stelle man sich nachstehende Figur als ein zwischen sich und seinem Gegenspieler aufgestelltes Schachbrett vor. Dieses Schachbrett ist in acht Reyhen horizontal liegender Felder getheilt, die folglich auch acht Reyhen vertikaler oder senkrechter Felder ausmachen:

Schwarz.

*) In der französischen Urschrift ist die Methode des Stamma ganz befolgt, vermöge welcher die Felder des Schachbretts mit Zahlen, die Steine aber mit den Buchstaben A bis H bezeichnet sind. In dieser deutschen Uebersetzung ist das letztere dadurch verbessert, daß die Steine mit den Anfangsbuchstaben ihrer Benennung bezeichnet werden, welches viel deutlicher und leichter zu lesen ist. Zu mehrerer Deutlichkeit ist den Anfangsbuchstaben der drey Felder auf der Seite des Königs, oder die dem Weißen zur Rechten, und dem Schwarzen zur Linken sind, ein r beygefügt worden.

	Th.	Sp.	Lf.	Kn.	Kg.	Lfr.	Spr.	Schw. Thrn.	
8	Th. 8.	Sp. 8.	Lf. 8.	Kn. 8.	Kg. 8.	Lfr. 8.	Spr. 8.	Thrn. 8.	8
7	B. Th. 7.	B. Sp. 7.	B. Lf. 7.	B. Kn. 7.	B. Kg. 7.	B. Lfr. 7.	B. Spr. 7.	B. Thrn. 7.	7
6					Kg. 6.			B. Thrn. 6.	6
5						Lfr. 5.	Spr. 5.		5
4	Th. 4.		Lf. 4.	Kn. 4.				Thrn. 4.	4
3	B. Th. 3.	Sp. 3.							3
2	B. Th. 2.	B. Sp. 2.	B. Lf. 2.	B. Kn. 2	B. Kg. 2	B. Lfr. 2	B. Spr. 2	B. Thrn. 2.	2
1	Th. 1.	Sp. 1.	Lf. 1.	Kn. 1.	Kg. 1.	Lfr. 1.	Spr. 1.	Thrn. 1.	1
	Weiß. Th.	Sp.	Lf.	Kn.	Kg.	Lfr.	Spr.	Thrn.	

Die acht Schachsteine werden also von beyden Theilen in die erste Reyhe der horizontalen Linien, und die Bauern in die zwote gesetzt. Wir bezeichnen jeden Stein mit den Anfangsbuchstaben, und unterscheiden die auf der Seite des

Königs

Königs stehenden dadurch, daß wir ihnen ein r anhängen, welches die auf der Seite der Königinn nicht haben. So bedeutet also Th. den Thurn der Königinn; Sp. den Springer der Königinn; Lf. den Läufer der Königinn; Kn. die Königinn; Kg. den König; Lfr. den Läufer des Königs; Spr. den Springer des Königs; Thrn. den Thurn des Königs; B. einen Bauern; B. Th. 3. den auf dem dritten Felde des Thurns der Königinn stehenden Bauern u. s. w.

Gleich Anfangs ist zu merken, daß im weißen Spiele der König dem Spieler allemal zur Rechten, im schwarzen aber zur Linken steht, und daß dieses den einzigen Unterschied in der Stellung der weißen und schwarzen Steine ausmacht.

Dieser Unterschied in der ersten Stellung der Könige macht auch einigen Unterschied in der Stellung der übrigen Steine nothwendig, so daß der Thurn der Königinn, der im weißen Spiele den Platz zur Linken einnimmt, im schwarzen zur Rechten steht, und so auch die übrigen Steine; nach welcher Stellung denn die Könige sowohl als die andern Steine natürlicher Weise einander gerade gegen über zu stehen kommen.

Wenn man dieses recht begriffen hat, darf man sich nur vorstellen, daß jedem Steine eine von den acht vertikalen Reyhen, aus welchen das Schachbrett besteht, eigenthümlich zugehöre, und daß diese in acht Felder abgetheilte Reyhe beyden sich gegen über stehenden Steinen gemeinschaftlich zu-

komme.

komme. Z. B. Die Reyhe des Thurns des Königs, den wir mit Thrn. bezeichnen, gehört dem Thurn des schwarzen Königs, so gut als dem Thurn des weißen. Eben so mit den übrigen Steinen.

Folglich wird der Gang oder das Spiel dieser Steine durch die Ziffer oder Nummer, welche das Feld der Reyhe anzeigt, wohin man den Stein setzen will, ganz natürlich bezeichnet. Erst setzen wir die Anfangsbuchstaben des Steins, den man ziehen will. *) Darauf folgen die Anfangsbuchstaben des Steins, in dessen Reyhe der Stein gesetzt werden soll, mit der Nummer des Feldes, auf welchem er soll zu stehen kommen. Auf diese Art ist der Zug, der zu thun ist, auf das deutlichste bezeichnet. Z. B. Th, 4. bedeutet im weißen Spiel den Thurn der Königinn auf dem vierten Felde seiner Reyhe; Sp, Lf. 3. den Springer der Königinn auf dem dritten Felde ihres Läufers; Kg, Kn. 2. den König auf dem zweyten Felde der Königinn; u. s. w.

Nur muß man nicht vergessen, daß diese Felderreyhen den Steinen gleiches Ranges, vom weißen Spiel sowohl als vom schwarzen, gemeinschaftlich zugehören, und daß das Schachbrett als ein in vier und sechzig Felder abgetheiltes Schlachtfeld

*) Es ist derselbe zu mehrerer Deutlichkeit mit Schwabacher Schrift gedruckt, und zwischen demselben, und den Buchstaben des Steins, in dessen Reyhe man den Stein rückt, ein Komma gesetzt.

feld zu betrachten ist, welche die Steine und Bauern vom schwarzen so gut, als vom weißen Spiel, nach der Erforderniß ihres Angriffs oder Vertheidigung, betreten können; folglich, nach diesem Grundsatz, die Bezeichnung des zu beziehenden Feldes für beyde Theile dieselbe ist.

Daher müssen von der schwarzen Seite gegen die weiße die Felder nothwendig in umgekehrter Ordnung gezählt werden. Der weiße Spieler zählt von Nummer 1., wo sein Stein steht, bis Nummer 8., welches das letzte Feld seiner Reyhe ist. Der schwarze hingegen zählt von Nummer 8., als dem Standplatz seines Steins, rückwärts bis Nummer 1., welches für ihn das letzte Feld seiner Reyhe auf dem Schachbrett ist. Wenn also der schwarze den Thurn seiner Königinn auf das vierte Feld seiner eignen Reyhe bringen will, so wird dieser Zug durch Th, 5. bezeichnet; der Springer seiner Königinn auf dem dritten Felde ihres Läufers durch Sp, Lf. 6; der König auf dem zweyten Felde seiner Königinn Kg, Kn. 7. u. s. w. Will der weiße den Thurn seiner Königinn auf das vierte Feld des Thurns der schwarzen Königinn ziehen, so heißt dieser Zug Th, 5. den Springer seiner Königinn auf das dritte Feld des Läufers der schwarzen Königinn Sp, Lf. 6. den König auf das zweyte Feld der schwarzen Königinn Kg, Kn. 7. Zieht der schwarze den Thurn seiner Königinn auf das vierte Feld des Thurns der weißen Königinn, welches das fünfte seiner eignen Reyhe ist, so ist das Zeichen

chen Th, 4. den Springer der Königinn auf das dritte Feld des Läufers der weißen Königinn Sp. Lf. 3. seinen König auf das zweyte Feld der weißen Königinn Kg, Kn. 2. u. s. w. durch welches Mittel dann die Bezeichnung der zu beziehenden Felder für beyde Theile dieselbe wird. Um sich diese Art zu zählen geläufig zu machen, darf man sich nur die Bezeichnung des Ganges der Steine von der weißen Seite erst recht fest einprägen, um dieselbe hernach desto leichter auf den Gang der schwarzen Steine in umgekehrter Ordnung anwenden zu können.

Die Bauern werden mit B, bezeichnet, und die Anfangsbuchstaben des Steins, auf dessen Reyhe man sie bringen will, nebst der Nummer des Feldes, so sie in dieser Reyhe betreten sollen, hinzu gesetzt. Geht der Bauer des Königs zween Schritte, so ist das Zeichen für den weißen: B, Kg. 4. und für den schwarzen: B, Kg. 5. Geht der Bauer des Läufers der Königinn einen Schritt, so heißt es für den weißen: B, Lf. 3. und für den schwarzen: B, Lf. 6.

Beym Schlagen oder Wegnehmen eines Steins werden zu den Anfangsbuchstaben des schlagenden Steins die Anfangsbuchstaben des Steins, auf dessen Reyhe, und die Nummer des Feldes, auf welchem der zu nehmende Stein steht, eben so gesetzt, als wenn man seinen Stein auf dieses Feld setzte, ohne zu schlagen.

Eben so werden die Bauern, wenn sie schlagen, durch die Anfangsbuchstaben des Steins, und die

Nummer der Reyhe, auf welcher der zu nehmende Stein steht, bezeichnet. Z. B.

Weiß: der Läufer des Königs nimmt den Bauern des Läufers des schwarzen Königs Lfr, 7.

Schwarz: der Bauer des Königs nimmt den Bauern der weißen Königinn B, Kn. 4.

Wenn zween Bauern in dem Falle sind, schlagen zu können, so wird der, der schlagen soll, dadurch vorzüglich bezeichnet, daß man auch die Anfangsbuchstaben des Steins hinzusetzt, auf dessen Reyhe er sich befindet. Z. B.

Weiß: der Bauer des Läufers des Königs, (welcher so wie der Bauer der Königinn schon zween Schritte vorgerückt ist) nimmt den Bauern des schwarzen Königs B. Lfr, Kg. 5.

Die Züge, durch welche Schach geboten wird, sind mit †. bezeichnet.

Will man die Stellung eines Spiels bezeichnen, entweder um es fortzusetzen, oder um den Zug anzugeben, der in den Umständen der beste war, so ist diese Methode dazu bequemer, als die gewöhnliche Sprache; man darf alsdann nur die gegenseitige Stellung der schwarzen und weißen Steine und Bauern nach obiger Vorschrift bezeichnen.

Um diese Vorschrift recht deutlich zu machen, wollen wir diese Methode, Buchstaben und Zahlen der gewöhnlichen Sprache unterzuschieben, auf das erste Spiel des vierten Kapitels dieser Abhandlung anwenden:

1. Weiß:

1.

Weiß: der Bauer des Königs zween Schritte . . B, Kg. 4.
Schwarz: desgleichen . . B, Kg. 5.

2.

W. Läufer des Königs auf dem vierten Felde des Läufers der Königinn . . Lfr, Lf. 4.
S. desgleichen . . Lfr, Lf. 5.

3.

W. Bauer des Läufers der Königinn einen Schritt . . B, Lf. 3.
S. Springer des Königs auf dem dritten Felde seines Läufers Spr, Lfr. 6.

4.

W. Bauer der Königinn zween Schritte . . B, Kn. 4.
S. Bauer nimmt den Bauern B, Kn. 4.

5.

W. Bauer nimmt den Bauern B, Kn. 4.
S. Läufer bietet Schach *Lfr, Sp. 4. †.

6.

W. Läufer deckt den Schach Lf, Kn. 2.
S. Läufer nimmt den Läufer Lfr, Kn. 2. †.

7.

W. Springer der Königinn nimmt den Läufer . . Sp, Kn. 2.
S. Bauer der Königinn zween Schritte . . *B, Kn. 5.

8.

W. Bauer nimmt den Bauern — B, Kn. 5.
S. Springer des Königs nimmt den Bauern — Spr, Kn. 5.

9.

W. Springer des Königs auf dem dritten Felde seines Läufers — Spr, Lfr. 3.
S. König rochet — Kg, Spr. 8.

10.

W. König rochet — Kg, Spr. 1.
S. Springer der Königinn auf dem dritten Felde ihres Läufers — Sp, Lf. 6.

11.

W. Springer der Königinn auf seinem dritten Felde — Sp, 3.
S. Springer des Königs auf dem dritten Felde des Springers seiner Königinn — Spr, Sp. 6.

12.

W. Läufer des Königs auf dem vierten Felde des Springers der feindlichen Königinn — Lfr, Sp. 5.
S. Läufer der Königinn auf dem vierten Felde des Springers des feindlichen Königs — Lf, Spr. 4.

13.

W. Läufer nimmt den Springer — Lfr, Lf. 6.
S. Bauer nimmt den Läufer — B, Lf. 6.

14.

14.

W. Bauer des Thurns des Königs einen Schritt . . B, Thrn. 3.
S. Läufer nimmt den Springer Lf, Spr. 3.

15.

W. Königinn nimmt den Läufer Kn, Spr. 3.
S. Königinn auf ihrem vierten Felde . . * Kn, 5.

16.

W. Königinn auf dem dritten Felde des Springers des Königs Kn, Spr. 3.
S. Königinn auf ihrem dritten Felde . . . Kn, 6.

17.

W. Königinn auf dem dritten Felde ihres Läufers . . Kn, Lf. 3.
S. Springer auf dem vierten Felde der Königinn . . Spr, Kn. 5.

18.

W. Königinn auf dem fünften Felde ihres Läufers . Kn, Lf. 5.
S. Thurn des Königs auf dem Felde des Königs . Thrn, Kg. 8.

19.

W. Thurn des Königs auf dem Felde des Königs . Thrn, Kg. 1.
S. Thurn nimmt den Thurn Thrn, Kg. 1.

20.

W. Thurn nimmt den Thurn Th, Kg. 1.
S. Springer auf dem vierten Felde des Springers der weißen Königinn = = Spr, Sp. 4.

21.

W. Königinn nimmt die Königinn Kn. 6.
S. Bauer nimmt die Königinn B, Kn. 6.

22.

W. Bauer des Thurns der Königinn einen Schritt B, Th. 3.
S. Springer auf dem dritten Felde der weißen Königinn Spr, Kn. 3.

23.

W. Thurn auf dem zweyten Felde seines Königs = = Th, Kg. 2.
S. König auf dem Felde seines Läufers = = Kg, Lfr. 8.

24.

W. Springer auf dem vierten Felde des Thurns der schwarzen Königinn = = Sp, Th. 5.
S. Bauer des Läufers der Königinn einen Schritt B, Lf. 5.

25.

W. Bauer nimmt den Bauern B, Lf. 5.
S. Springer nimmt den Bauern Spr, Lf. 5.

26.

W. Bauer des Springers der Kö- niginn zween Schritte B, Sp. 4.

S. Springer auf dem dritten Fel- de seines Königs Spr, Kg. 6.

27.

W. König auf dem Felde seines Läufers = = Kg, Lfr. 1.

S. Thurn auf dem Felde des Läu- fers der Königinn = Th, Lf. 8.

28.

W. Thurn auf dem dritten Felde des Königs = = Th, Kg. 3.

S. Bauer der Königinn einen Schritt = = B, Kn. 5.

29.

W. Bauer des Läufers des Kö- nigs einen Schritt B, Lfr. 3.

S. Bauer der Königinn einen Schritt = = B, Kn. 4.

30.

W. Thurn auf dem dritten Felde der Königinn = = Th, Kn. 3.

S. Thurn auf dem dritten Felde des Läufers der feindlichen Kö- niginn = = Th, Lf. 3.

31.

W. Thurn nimmt den Thurn Th, Lf. 3.

S. Bauer nimmt den Thurn B, Lf. 3.

32.

W. Springer der Königinn auf seinem dritten Felde Sp, 3.

S. Bauer der Königinn einen Schritt . . B, Lf. 2.

33.

W. König auf seinem Felde Kg, 1.

S. Springer auf dem vierten Felde der weißen Königinn Spr, Kn. 4.

34.

W. Springer auf dem Felde des Läufers der Königinn Sp, Lf. 1.

S. Springer auf dem vierten Felde des Springers der Königinn Spr, Sp. 5.

35.

W. Bauer des Thurns der Königinn einen Schritt B, Th. 4.

S. Springer auf dem dritten Felde des Läufers der weißen Königinn . . Spr, Lf. 3.

36.

W. Bauer des Thurns der Königinn einen Schritt B, Th. 5.

S. Springer auf dem vierten Felde seiner Königinn Spr, Kn. 5.

37.

W. Bauer des Springers der Königinn einen Schritt B, Sp. 5.
S. Springer auf dem zweyten Felde des Läufers seiner Königinn Spr, Lf. 7.

38.

W. Bauer des Springers der Königinn einen Schritt B, Sp. 6.
S. Bauer nimmt den Bauern B, Sp. 6.

39.

W. Bauer nimmt den Bauern B, Sp. 6.
S. Springer auf dem dritten Felde des Thurns seiner Königinn Spr, Th. 6.

40.

W. Bauer des Springers der Königinn einen Schritt B, Sp. 7.
S. König auf seinem zweyten Felde Kg. 7. u. s. w.

Die Art, wie wir die Züge in diesem Spiele bezeichnet haben, macht den Vorzug der vorgeschlagenen Methode begreiflich. Ein oder zween Buchstaben mit einer Ziffer vertreten die Stelle von zwo Zeilen Schrift, und zeigen mit vorzüglicher Genauigkeit den Zug an, der nach den Umständen gethan werden muß. Mit Hülfe dieser eben so kurzen und einfachen als deutlichen Methode können wir dieser Abhandlung einen ungleich stärkern Inhalt geben, anstatt daß dieselbe, wenn alles in gewöhnlicher Sprache ausgedrückt werden sollte, viel zu weitläuftig geworden, und die Vorschriften unter einem Schwall bis zum Ekel wiederhohlter Worte auf jeder Seite, oft in jeder Zeile, erstickt wären. Ueberdies kann man bey dieser Methode den jedesmaligen besten Zug am bequemsten auszeichnen. Man sehe nur im vorstehenden Spiele den fünften, funfzehnten, dreyßigsten und drey und dreyßigsten Zug des schwarzen, und den fünf und zwanzigsten, sieben und zwanzigsten und vier und dreyßigsten Zug des weißen Spielers, die als die besten, oder als entscheidend für den Gewinn des Spiels, mit einem * bezeichnet sind.

Ueber diese nach Beschaffenheit der Umstände bestmöglichen Züge wollen wir unterrichtende Anmerkungen machen, und diese sollen eigentlich gegenwärtige Abhandlung vom Schachspiel ausmachen, weil man die Grundsätze und Vorschriften dazu nicht anders, als durch unmittelbare Anwendung auf Beyspiele und würkliche Fälle einleuchtend machen kann.

Regeln

Regeln des Schachspiels.

I.

Die Spieler müssen das weiße Eckfeld des Schachbretts zur Rechten haben. Im Fall das Brett unrecht gesetzt, und gedachtes Feld zu ihrer Linken ist, kann der, so diese Unrichtigkeit vor seinem vierten Zuge gewahr wird, verlangen, daß das Spiel von neuem wieder angefangen werde. Haben aber beyde schon den vierten Zug gethan, so ist das Spiel im Gange, und kann nur mit Einwilligung des Gegenspielers von neuem angefangen werden.

II.

Wenn die Steine unrecht gestellt sind, so daß ein oder der andere Stein nicht auf dem ihm zukommenden Felde des Schachbretts steht, so kann derjenige, der es gewahr wird, vor seinem vierten Zuge diese Unrichtigkeit berichtigen, oder in Ordnung bringen lassen. Haben aber beyde Theile schon viermal gezogen, so muß das Spiel so fortgesetzt werden, wie die Steine würklich stehen, weil man sie nur mit Einwilligung des Gegenspielers auf ihr gehöriges Feld setzen darf.

III.

Wenn man ein Spiel gerade auf angefangen hat, und es fehlt ein Stein, oder Bauer, so muß man nach beyderseitigem vierten Zuge das Spiel ausspielen, ohne den fehlenden Stein oder Bauern nachzuholen; es sey denn, daß der Gegenspieler darein willigte.

IV.

Wenn ausgemacht ist, daß ein Bauer oder Stein soll vorgegeben werden, so kann demjenigen, der dieses zu thun vergessen hat, nicht erlaubt werden, mitten im Spiel diesen Stein oder Bauern wegzugeben, und vom Schachbrett wegzunehmen, sondern das Spiel muß in dem Zustande, worinnen es ist, fortgespielt werden, und derjenige, dem vorgegeben werden sollte, kann zwar das Spiel gewinnen, aber nicht verlieren, und der schlimmste Fall für ihn ist die Unentschiedenheit. (remise.)

V.

Das Recht, zuerst zu ziehn, heißt der Zug; man muß vor dem Anfang des Spiels darum loosen.

VI.

Wer das Spiel gewonnen hat, hat den Zug für das folgende Spiel, wenn es nicht etwan anders ausgemacht worden. *)

VII.

*) Philidor will, daß die Spieler wechselsweise den Zug haben.

VII.

Wer vorgiebt, hat den Zug, wenn es nicht anders ausgemacht worden.

VIII.

Wer einen Stein anfaßt, muß ihn ziehen, oder beym Anfassen desselben sagen: Nur gerückt (j'adoube) *). Fällt ein Stein auf dem Brett um, so kann man ihn anfassen, um ihn wieder auf seinen Platz zu stellen, ohne daß man gezwungen ist, ihn zu ziehen; doch thut man besser, auch in diesem Falle zu sagen: Nur gerückt.

IX.

Hat man einen Stein gezogen, und die Hand davon genommen, so darf man ihn nicht zurück ziehen, um einen andern Zug zu thun.

X.

Wenn jemand einen Stein seines Gegners anfaßt, ohne zu sagen: Nur gerückt, so kann ihn der Gegner zwingen, den Stein zu nehmen. Steht aber dieser Stein so, daß er von keinem Stein

*) Das französische Wort bedeutet verstopfen, oder aneinander fügen. Man kann nehmlich einen Stein, der nicht recht auf dem Felde steht, wohl zu rechte rücken, oder eine Lücke zwischen den Steinen verstopfen, und die Steine ordentlich aneinander fügen. Um aber zu beweisen, daß man nur dieses, nicht aber einen Zug thun wollen, soll man dabey sagen: Nur gerückt, nicht aber gezogen.

Stein geschlagen werden kann, so kann der, der ihn angegriffen hat, ziehen was er will. *)

XI.

Wenn jemand aus Versehen einen Stein des Gegners statt seines eignen zieht, so hat der Gegner die Wahl, entweder ihn zu zwingen, daß er den Stein nehme, wenn er nehmlich geschlagen werden kann, oder ihn wieder auf seinen vorigen Platz setzen zu lassen, oder aber auch ihn stehen zu lassen, wo er hingesetzt worden, und seinen Zug zu thun.

XII.

Nimmt man einen Stein des Gegners mit einem Steine, der ihn nicht schlagen konnte, so muß man ihn, wenn es angeht, mit einem andern Steine nehmen, oder den angefaßten Stein dahin setzen, wohin ihn der Gegner haben will.

XIII.

Wer einen seiner Steine mit seinem eignen Steine nimmt, hat ihn verlohren, wenn er den Irrthum nicht merkt, ehe der Gegner seinen Zug thut. Allemal aber hat der Gegner das Recht, einen von den beyden gerührten Steinen nach seiner eignen Wahl ziehen zu lassen.

XIV.

*) Philidor verlangt, daß derjenige, der des Gegners Stein berührt hat, den König ziehen soll, und nur alsdann, wenn dieser nicht gezogen werden kann, einen beliebigen Zug thun mag.

XIV.

Wenn jemand einen Stein in falscher Richtung zieht, so hat der Gegner die Wahl, entweder den Stein auf dem Felde zu lassen, wohin er gesetzt worden, oder ihn anderswo hinsetzen zu lassen. *)

XV.

Wenn man zween Züge nach einander thut, so hat der Gegner, bevor er seinen Zug thut, die Wahl, entweder die beyden gethanen Züge gelten zu lassen, oder zu verlangen, daß der zweete zurück genommen werde.

XVI.

Wenn man einen Bauern zween Schritte vorwärts neben einem feindlichen Bauern vorbey zieht, so ist der Gegner befugt, ihn zu nehmen.

XVII.

Der König kann nicht mehr rochen, wenn er schon einmal gezogen worden, oder beym Rochen sich dem Schachbieten bloß setzt, oder wenn der Thurn, mit dem er rochen will, schon gezogen worden. Wenn man in einem von diesen dreyen Fällen den König und den Thurn anfaßt, um zu rochen, so kann der

*) Philidor verlangt, daß derjenige, der falsch gezogen, den König ziehen soll, wenn der Gegner seinen Zug noch nicht gethan hat. Ist dieses aber geschehen, so soll die Stellung so bleiben, wie sie ist, und als wenn der falsche Zug ein richtiger wäre.

der Gegner verlangen, daß der König oder der Thurn gezogen werde.

XVIII.

Wer einen Stein anfaßt, den er nicht ziehen kann, ohne seinen König in Schach zu bringen, muß seinen König ziehen. Kann der König sich nicht bewegen, ohne in Schach zu kommen, so hat dieses Versehen nichts zu sagen, und man kann einen andern Zug thun.

XIX.

Wenn der König im Schach steht, muß es ihm ausdrücklich angedeutet werden. Wenn derjenige, dessen König im Schach steht, ohne daß er gewarnet worden, einen andern Zug thut, als seinen König zu decken, und der Gegner wollte nach dem Zuge einen Stein nehmen, oder angreifen, und zugleich Schach bieten, so kann der, dessen König ungewarnt im Schach stand, seinen Zug zurück nehmen, um den Schach zu decken, oder sich zu vertheidigen.

XX.

Wenn man sich aber selbst in Schach setzt, und es nicht gewahr wird, bevor der Gegner seinen Zug gethan hat, so kann dieser mit demselben Zuge die Königinn oder einen andern Stein nehmen, oder angreifen, und zugleich dem Könige Schach bieten.

XXI.

Wenn der König schon seit einigen Zügen im Schach steht, ohne daß es bemerkt worden, und nicht

nicht ausgemacht werden kann, ob ihn der Gegner stillschweigends, oder er sich selber, in Schach gesetzt hat, so kann derjenige, dessen König im Schach steht, in dem Augenblicke, da er es merkt, seinen Zug, den er zuletzt gethan, zurück nehmen, und den Schach decken. Merkt es der Gegner zuerst, so kann dieser, welchen Stein er will, nehmen oder angreifen, und zugleich dem Könige Schach bieten.

XXII.

Wenn der Gegner dem Könige Schach bietet, ohne ihn würklich in Schach zu setzen, so kann man in diesem Fall, wenn man den König, oder einen andern Stein, um den Schach zu decken, gezogen hat, und gewahr wird, daß der König nicht würklich im Schach stand, ehe der Gegner von neuem zieht, seinen Zug zurück nehmen, und einen andern thun.

XXIII.

Dies ist aber nicht mehr erlaubt, wenn der Gegner schon wieder gezogen hat; wie denn überhaupt kein begangener Fehler mehr zurück genommen, oder verbessert werden darf, sobald man den folgenden Zug gethan, oder einen Stein, um ihn zu thun, angefaßt hat.

XXIV.

Wenn man einen Bauern in die Dame zieht, nimmt man dafür eine zwote Königinn, einen dritten Springer, oder einen andern Stein, den man zum Gewinn des Spiels nöthig zu haben glaubt,

auch

auch sogar, wenn die Steine noch im Spiele wirklich vorhanden sind, zu deren Rang man den Bauern erheben will.

XXV.

Wenn der König patt ist, das heißt, wenn er keinen Schritt von dem Felde, worauf er steht, weiter thun darf, ohne sich in Schach zu setzen, und er sonst keinen Bauern, oder andern Stein hat, den er ziehen kann, so ist das Spiel unentschieden (remis). Nur in England leidet diese Regel eine Ausnahme, weil daselbst derjenige das Spiel gewinnt, dessen König patt ist.

XXVI.

Jeder streitige Zug muß nach obigen Regeln entschieden werden. Kömmt es bey der Entscheidung auf eine Thatsache an, so müssen die Zuschauer darüber urtheilen, deren Ausspruch die Spieler sich zu unterwerfen gehalten sind.

Theore-

Theoretisch-praktische Abhandlung vom Schachspiel.

Erstes Kapitel.

Vom Vorgeben eines Steins.

Dieses Kapitel besteht aus zween Abschnitten. Im erstern wird vom Vorgeben eines Thurns, im zweeten vom Vorgeben eines Springers gehandelt.

Erster Abschnitt.

Vom Vorgeben eines Thurns.

Anmerkung. Wer vorgiebt, hat den Zug, wenn es nicht etwan anders ausgemacht worden.

Erstes Spiel.

Schwarz.		Weiß.
1. B, Kg. 5.	= =	B, Kg. 4.
2. Lfr, Lf. 5.	= =	Lfr. Lf. 4.
3. Spr, Lfr. 6.	= =	B. Kn. 3.
4. B, Thrn. 6. (a)	= =	Spr, Lfr. 3.

(a) Man setzt den Bauern der Thürne einen Schritt vorwärts, um zu verhindern, daß der Gegner mit seinen Läufern oder Springern nicht in unser Spiel dringe, oder wenigstens, um sie zu verjagen. S. den sechsten Zug des weißen.

5. B, Kn. 6.	= =	Kg, Spr. 1.
6. Lf, Spr. 4.	= =	B, Thrn. 3.
7. Lf, Thrn. 5.	= =	*B, Lf. 3. (b)

(b) Dieser Bauer wird vorgesetzt, entweder den Bauern der Königinn zu unterstützen, wenn dieser nachher vorrückt, oder den Läufer des feindlichen Königs zu verjagen, oder auch, um zween Bauern mitten auf dem Brette zu haben. Ueberdies erhält man durch Vorrückung dieses Bauern einen Gang für den Läufer des Königs, den man oft auf das zweyte Feld des Läufers der Königinn zurück ziehen muß, und zwar, um ihn in der Richtung auf den Bauern des Thurns des feindlichen Königs zu behalten, wenn derselbe nehmlich auf dieser Seite gerocht hat.

8. Sp, Lf. 6.	= =	B, Sp. 4.
9. Lfr, Sp. 6.	= =	B, Th. 4.
10. B, Th. 6.	= =	*B, Sp. 5. (c)

(c) Man zieht diesen Bauern, um den feindlichen Springer wegzujagen, der das Vordringen des Bauers der Königinn, und die Ansetzung der Bauern auf der Mitte des Brettes verhindert. Den Nutzen der

Bauern

Bauern in der Mitte des Brettes wird man in der Folge lernen.

Schwarz.			Weiß.
11.	Sp, Th. 5.	= =	Sp, Th. 3.
12.	B, Sp. 5.	= =	B, Sp. 5.
13.	Kg, Spr. 8.	= =	Lf, Kg. 3. (d)

(d) Man setzt den Läufer der Königinn dem Läufer des feindlichen Königs entgegen, um sich denselben vom Halse zu schaffen, weil seine Richtung auf den König, der gerocht hat, in der Folge gefährlich seyn könnte. Man läuft zwar dadurch Gefahr, mit dem Bauern schlagen zu müssen, und folglich auf derselben Reyhe einen Bauern doppelt zu haben, allein 1) ist es immer rathsam, wenn man einen Stein vorgegeben bekommen hat, den Gegner zu reizen, daß er Stein um Stein nehme; 2) wird man in der Folge sehen, daß es nicht immer Nachtheil bringt, doppelte Bauern auf einer Reyhe zu haben.

14.	Lfr, Kg. 3.	= =	B, Kg. 3.
15.	B, Spr. 5. (e)	= =	Kn, Kg. 1. (f)

(e) Er will auf der Seite, wo gerocht worden, seinen Angriff machen.

(f) Man zieht die Königinn auf dieses Feld aus mehr als einer Ursach, hauptsächlich aber, um dem Springer des Königs freyen Gang zu schaffen.

16.	B, Spr. 4.	= =	B, Spr. 4.
17.	Lf, Spr. 4.	= =	* Kn, Thrn. 4.
18.	Kg, Spr. 7.	= =	Spr, Thrn. 2.
19.	Lf, Kn. 7.	= =	* Thrn, Lfr. 3.
20.	Sp, Lf. 4.	= =	Sp, Lf. 4.
21.	Lf, Kg. 6.	= =	* Th, Lfr. 1.
22.	Spr, 8.	= =	Kn, 8.

	Schwarz.			Weiß.
23.	Thrn, Kn. 8.	=	=	Sp, Th. 5.
24.	Thrn, Sp. 8.	=	=	* B, Kn. 4.
25.	B, Kn. 4.	=	=	B. Kg, Kn. 4.
26.	* B, Kn. 5.	=	=	* B, Kg. 5.
27.	Spr, Kg. 7.	=	=	Sp, 3.
28.	B, Sp. 6.	=	=	Sp, Lf. 1. (g)

(g) Wenn man einen Springer hat, der auf dem Felde, wo er steht, keinen Nutzen bringt, so muß man ihn mit den wenigst möglichen Zügen auf ein Feld bringen, wo man ihn zum Angriff, oder zur Vertheidigung, mit Nutzen gebrauchen kann. Im vorliegenden Falle ist die Absicht, ihn auf das Feld Sp, Lfr. 4. zu bringen. S. **den dreyßigsten Zug dieses Spiels.**

29.	Spr, 6.	=	=	Sp, Kg. 2.
30.	Thrn, Th. 8.	=	=	Sp, Lfr. 4.
31.	Spr, Lfr. 4.	=	=	Thrn, Lfr. 4.
32.	Thrn, Th. 3.	=	=	* Th, Lfr. 3.
33.	Thrn, Sp. 3.	=	=	Th, Spr. 3. †.
34.	Kg, Thrn. 7.	=	=	Spr, 4.
35.	Lf, Spr. 4.	=	=	Thrn, Spr. 4.
36.	B, Thrn. 5.	=	=	Thrn, Spr. 7. †.
37.	Kg, Thrn. 6.	=	=	Thrn, Lfr. 7.
38.	Thrn, Sp. 5.	=	=	* B, Kg. 6.
39.	Thrn, Sp. 2.	=	=	* Th, Kg. 3.
40.	Kg, Spr. 6.	=	=	* B, Kg. 7.
41.	Kg, Lfr. 7.	=	=	B, Kg. 8. Kn. †.
42.	Kg, Lfr. 6.	=	=	Kn, Lfr. 8. †.
43.	Kg, Spr. 6.	=	=	Th, Spr. 3. †.
44.	Kg, Thrn. 7.	=	=	Kn, Spr. 7. † matt

Zwey-

Zweytes Spiel.

Worinnen der, der den Thurn vorgiebt, dem andern Gambit giebt. (a)

(a) Wer einen Stein vorgiebt, sucht gemeiniglich seinen Gegner durch einen Anfang des Spiels in Verwirrung zu setzen, von dem er glaubt, daß dieser dagegen noch nicht geübt genug sey. Von solcher Art ist der Anfang einer Partie, den man Gambit nennt, und der darinnen besteht, daß man den Bauern des Läufers des Königs oder der Königinn sich nehmen läßt. Wir werden davon im zweeten Abschnitte des vierten Kapitels handeln. Unterdessen sey es genug, hier anzuführen, daß, wenn man nicht die ersten Züge dieses Spiels recht regelmäßig zieht, oder nicht die gehörige Vertheidigung dem Angriff des Gegners entgegen setzt, der den Zug, und überdies noch die Ueberlegenheit an Fähigkeit und Uebung vor sich hat, man das Spiel, ungeachtet des voraus bekommenen Steins, verlieren müsse, da der Gegner nur in der Voraussetzung vorgiebt, daß man den aus diesem Vorgeben entspringenden Vortheil durch einen oder den andern Fehler verscherzen werde.

	Schwarz.			Weiß.
1.	B, Kg. 5.	=	=	B, Kg. 4.
2.	B, Lfr. 5.	=	=	B, Lfr. 5.
3.	Spr, Lfr. 6.	=	=	Spr, Lfr. 3.
4.	B, Kg. 4.	=	=	Spr, Thrn. 4.
5.	B, Kn. 5.	=	=	B, Kn. 3.
6.	Lfr, Lf. 5.	=	=	* Lf, Spr. 5. (b)

(b) Hier ist der Beweis von dem, was wir in vorstehender Anmerkung behauptet haben. Wenn man, anstatt des Zuges Lf, Spr. 5. um ihm den Springer seines Königs unbrauchbar zu machen, den Bauern genommen, und gezogen hätte:

6.	. .	B, Kg. 4. so wäre erfolgt:
7.	Lf, 2. †.	Kg, Lfr. 2. u. alsdenn hätte
8.	Spr, Kg. 4. †.	einen trefflichen Zug zum

Gewinn des Spiels abgegeben.

Schwarz.			Weiß.
7.	Kn, 6.	. .	* B, Kn. 4. (c)

(c) Dieser Bauer muß ohne Zeitverlust auf den Läufer seines Königs losgezogen werden, der seine Richtung auf den Bauern des Läufers des diesseitigen Königs genommen hat. Nähme man seinen Springer durch den Zug Lf, Lfr. 6. so schlüge er wieder mit seiner Königinn, die alsdann in der Stellung Kn, Lfr. 6. den diesseitigen Springer sowohl, der Thrn. 4. steht, als auch den Bauern des Springers der diesseitigen Königinn nehmen könnte.

8.	Lfr, Sp. 6.	. .	* B, Lf. 3.
9.	Kg, Spr. 8.	. .	Lfr, Kg. 2.
10.	B, Thrn. 6.	. .	Lf, Lfr. 6.
11.	Kn, Lfr. 6.	. .	Spr, 6.
12.	Thrn, Kg. 8.	. .	* B, Spr. 4.
13.	Sp, Lf. 6.	. .	Sp, Kn. 2.
14.	Sp, Kn. 8.	. .	* Kn, Sp. 3.
15.	B, Lf. 6.	. .	Kg, Lf. 1.
16.	Sp, Lfr. 7.	. .	* Sp, Lfr. 1.
17.	Lfr, Lf. 7.	. .	Sp, Kg. 3.
18.	B, Sp. 5.	. .	* Th, Spr. 1.
19.	B, Th. 5.	. .	* Kn, 1.
20.	B, Sp. 4. (d)	. .	B, Lf. 4.

(d) Er treibt diesen Bauern vor, um auf der Seite, wo der diesseitige König geroche hat, einige Oeffnung zu machen

machen. In solchem Falle muß man sich hüten, zu schlagen, wenn es nicht die Noth erfordert; lieber ihn selber schlagen lassen, oder den angegriffenen Bauern vorwärts ziehen, wie durch gegenwärtigen Zug geschehen ist.

	Schwarz.			Weiß.
21.	Thrn, Kn. 8.	=	=	* B, Thrn. 4. (e)

(e) Die vorige Anmerkung lehrt, daß, anstatt den Bauern durch den Zug B, Kn. 5. zu nehmen, besser sey, den diesseitigen Angriff fortzusetzen, und zu dem Ende den Bauern des Thurns vorzurücken.

22.	Lf, Sp. 7.	=	=	* B, Lf. 5. (f)

(f) Durch Vorrückung dieses Bauers wird der König gegen künftige Angriffe gedeckt, und nun die Fortsetzung des angefangenen Angriffs auf den feindlichen König durch nichts mehr verhindert. Ueberdies, wenn dieser Bauer nicht vorgerückt wäre, hätte der Gegner ihn, und in der Folge auch den Bauern der Königinn, genommen.

23.	Lf, 8.	=	=	Th, Spr. 2.
24.	Thrn, Kg. 8.	=	=	Thrn, Spr. 1.
25.	Kn, 8.	=	=	* B, Spr. 5.
26.	Lf, Kn. 7.	=	=	B, Thrn. 6.
27.	Spr, Thrn. 6.	=	=	* Spr, Kg. 5.
28.	Thrn, Kg. 5.	=	=	Th, Spr. 7. †.
29.	Kg, Thrn. 8.	=	=	B, Kg. 5.
30.	Lfr, Kg. 5.	=	=	Th, Spr. 6.
31.	Kg, Thrn. 7.	=	=	Thrn, Spr. 5.
32.	Lf, Kg. 8.	=	=	Th, Kg. 6.
33.	Lfr, 4.	=	=	* Kn, Spr. 1.
34.	Lfr, Spr. 5.	=	=	* B, Spr. 5.
35.	Spr, 8.	=	=	Kn, Thrn. 2. †.

	Schwarz.			Weiß.
36.	Kg, Spr. 7.	=	=	*Kn, Kg. 5.†.
37.	Kg, Lfr. 8.	=	=	*B, Spr. 6.
38.	Kn, 7.	=	=	*B, Spr. 7.†.
39.	Kn, Spr. 7.	=	=	Th, Kg. 8.†.
40.	Kg, Lfr. 7.	=	=	Kn, Kg. 6.†. matt.

Dasselbe Spiel auf eine andere Art.

Anstatt den Bauern vom Gambit zu nehmen, zieht man den Bauern der Königinn zween Schritte vorwärts.

1.	B, Kg. 5.	=	=	B, Kg. 4.
2.	B, Lfr. 5.	=	=	*B, Kn. 4.
3.	B, Kn. 4.	=	=	Kn, 4.
4.	Spr, Lfr. 6.	=	=	*B, Kg. 5.
5.	Spr, Kg. 4.	=	=	*Spr, Thrn. 3. (a)

(a) Zieht man statt Spr, Thrn. 3. den Zug Lf, Kg. 3. so zieht er Sp, Lf. 6. und gewinnt einen Bauern.

6.	Lfr, Lf. 5.	=	=	Kn, 3.
7.	Sp, Lf. 6.	=	=	*B, Lfr. 4.
8.	B, Kn. 5.	=	=	*B, Lf. 3.
9.	Sp, Kg. 7.	=	=	Lf, Kg. 3.
10.	Lfr, Kg. 3.	=	=	Kn, Kg. 3.
11.	B, Lf. 5.	=	=	Lfr, Sp. 5.†.
12.	Kg, Lfr. 7.	=	=	Sp, Kn. 2.
13.	Kn, Sp. 6.	=	=	Sp, Kg. 4.
14.	B, Lfr. Kg. 4.	=	=	Spr, 5.†.
15.	Kg, Lfr. 8.	=	=	Kn, Kg. 2.
16.	B, Th. 6.	=	=	Lfr, Th. 4.

	Schwarz.			Weiß.
17.	B, Thrn. 6.	=	=	Spr, Thrn. 3.
18.	Lf, Thrn. 3.	=	=	B, Thrn. 3.
19.	Sp, Spr. 6.	=	=	Thrn, Lfr. 1.
20.	Sp, Thrn. 4.	=	=	Kg, Lf. 1.
21.	Kn, Kg. 6.	=	=	Kn, Spr. 4.
22.	Sp, Lfr. 5.	=	=	Thrn, Spr. 1. (b)

(b) Anstatt den Thurn des Königs hieher zu ziehen, wäre es besser gewesen, den Thurn der Königinn durch Wegnehmung des Bauers der feindlichen Königinn aufzuopfern; man hätte nachher seinen Springer genommen, und seinem Könige Schach geboten, auch das Spiel in weit wenigern Zügen gewonnen. Die Folge des Spiels wird es beweisen. Es wird, des vorgegebenen Vortheils ungeachtet, auf dem Punkt stehen, verloren zu werden, und zwar durch die Würkung seiner Bauern, die man durch Wegnehmung des Bauers seiner Königinn hätte schwächen können. Indessen wird dadurch die Ausführung dieses Spiels noch lehrreicher werden.

23.	B, Sp. 5.	=	=	Lfr, Lf. 2.
24.	Kg, Lfr. 7.	=	=	Th, Kn. 2.
25.	B, Spr. 6.	=	=	Th, Spr. 2.
26.	Thrn, Spr. 8.	=	=	* B, Thrn. 4.
27.	B, Thrn. 5.	=	=	Kn, Spr. 5.
28.	B, Th. 5.	=	=	* Lfr, Kn. 1.
29.	Sp, Kg. 3.	=	=	Lfr, Thrn. 5.
30.	Sp, Spr. 2.	=	=	Thrn, Spr. 2.
31.	B, Sp. 4.	=	=	B, Sp. 4.
32.	B. Th, Sp. 4.	=	=	Lfr, Kn. 1.
33.	B, Kn. 4.	=	=	B, Thrn. 5.

Schwarz.		Weiß.
34. B, Lf. 4.	=	B, Spr. 6. †
35. Thrn Spr. 6.	=	Kn, Spr. 6. †
36. Kn, Spr. 6.	=	Thrn, Spr. 6.
37. Kg, Spr. 6.	=	Lfr, Spr. 4.
38. B, Kg. 3.	=	B, Lfr. 5. †
39. Kg, Spr. 7.	=	*Lfr, Thrn. 5. (c)

(c) Durch diesen Zug wird der feindliche König abgehalten, das Feld Kg. Lfr. 7. zu gewinnen, und den Fortgang der diesseitigen Bauern zur Dame zu verhindern. Hätte man statt * Lfr, Thrn. 5. den Zug B, Lfr. 6. gethan, so wäre das Spiel verloren gewesen. Z. B.

Schwarz.		Weiß.
39.	=	B, Lfr. 6. †.
40. Kg, Lfr. 7.	=	Lfr, Thrn. 5. †.
41. Kg, 6.	=	B, Lfr. 7.
42. Kg, 7.	=	B, Kg. 6.
43. B, Kn. 3.	=	Lfr, 3.
44. B, Lf. 3.	=	B, Lf. 3.
45. B, Lf. 3.	=	B, Thrn. 4.

46. B, Kg. 2. macht sich ungehindert eine neue Königinn, und gewinnt das Spiel.

Schwarz.		Weiß.
40. B, Kn. 3.	=	B, Lfr. 6. †.
41. Kg, Lfr. 8.	=	B, Kg. 6.
42. B, Lfr. 3.	=	B, Kg. 7. †.
43. Kg, Spr. 8.	=	B, Kg. 8. Kn. † gewinnt

Drittes

Drittes Spiel.

Worinnen der, der den Thurn vorgiebt, dem andern Gambit von der Königinn giebt. a)

(a) Wegen des Gambits von der Königinn s. den zweeten Abschnitt des vierten Kap. dieser Abhandlung. Es wird hier nur berührt, um zu lehren, wie man sich gegen einen geübtern Spieler vertheidigen soll, der, weil er einen Thurn vorgegeben hat, das Spiel mit dem Gambit anfängt.

	Schwarz.		Weiß.
1.	B, Kn. 5.	= =	B, Kn. 4. (b)

(b) Statt dessen könnte man auch füglich den Bauern des Läufers der Königinn zween Schritte vorsetzen, und ziehen B, Lfr. 4. S. den Verfolg dieses Spiels im vierten Kap. erst. Abschnitt, neuntes Spiel.

2.	B, Lf. 5.	= =	B, Lf. 5.
3.	B, Kg. 5.	= =	*B, Kg. 4.
4.	B, Kn. 4.	= =	*B, Lfr. 4. (c)

(c) Man zieht diesen Bauern, und die Linie seiner Bauern mitten auf dem Brette zu stören, oder wenigstens ihnen andre entgegen zu setzen. Denn den Bauern vom Gambit B, Lf. 5. muß man gar nicht zu vertheidigen suchen.

5.	Lfr, Lf. 5.	= =	Spr, Lfr. 3.
6.	Sp, Lf. 6.	= =	Lfr, Lf. 4.
7.	Lf, Spr. 4.	= =	Kg, Spr. 1.
8.	B, Lfr. 6.	= =	Lfr, Spr. 8.
9.	Thrn, Spr. 8.	= =	B, Thrn. 3.
10.	Lf, Thrn. 5.	= =	*B, Spr. 4.
11.	Lf, Lfr. 7.	= =	B, Kg. 5.

	Schwarz.			Weiß.
12.	B, Kg. 5.	=	=	Lf, Spr. 5.
13.	Kn, 6.	=	=	Sp, Kn. 2.
14.	B, Thrn. 6.	=	=	Lf, Thrn. 4.
15.	B, Spr. 5.	=	=	Lf, Spr. 3.
16.	B, Thrn. 5.	=	=	* Kg, Spr. 2.
17.	Lf, Kg. 6.	=	=	* Spr, Thrn. 2.
18.	Kg, Lf. 8.	=	=	Thrn, Lfr. 6.
19.	Kn, Kg. 7.	=	=	Kn, Lfr. 3.
20.	B, Th. 6.	=	=	Th, Lfr. 1.
21.	B, Thrn. 4.	=	=	Lf, Kg. 1.
22.	Sp, 4.	=	=	Sp, 3.
23.	Lfr, Kn. 6.	=	=	Lf, Sp. 4.
24.	Lfr, Sp. 4.	=	=	B, Lf. 3.
25.	B, Lf. 3.	=	=	B, Lf. 3.
26.	Lfr, Kn. 6.	=	=	Th, Kn. 1.
27.	Kg, Lf. 7.	=	=	Spr, Lfr. 1.
28.	Thrn, Kn. 8.	=	=	Spr, Kg. 3.
29.	B, Sp. 6.	=	=	Spr, Kn. 5. †
30.	Lf, Kn. 5.	=	=	Th, Kn. 5.
31.	Thrn, Kn. 7.	=	=	Thrn, Spr. 6.
32.	B, Th. 5.	=	=	* Sp, Kn. 2.
33.	Lfr, Lf. 5. (d)		=	* Sp, Lf. 4.

(d) Der Schwarze sucht von nun an bloß das Spiel um einige Züge zu verlängern, welches er, wenn diesseits kein Fehler begangen wird, ohne Rettung verlieren muß. Es erhellet daraus, daß er in diesem Falle weder einen Thurn, noch einen andern Stein vorgeben kann, weil der geringste vorgegebene Stein, wenn alles gleich ist, und von keiner Seite Fehler gemacht werden, den Gewinn des Spiels unfehlbar entscheidet.

	Schwarz.		Weiß.
34.	Thrn. Kn. 5.	= =	B, Kn. 5.
35.	B, Kg. 4.	= =	Kn, Lfr. 6.
36.	Kn, Lfr. 6.	= =	Thrn, Lfr. 6.
37.	Kg, Sp. 7.	= =	Sp, Kn. 6. †.
38.	Kg, Lf. 7.	= =	Sp, Kg. 4.
39.	Lfr, Kg. 3.	= =	B, Kn. 6. †.
40.	Kg, Kn. 7.	= =	Thrn, Lfr. 7. †.
41.	Kg, Kn. 8.	= =	*Sp, Lfr. 6.
42.	Kg, Lf. 8.	= =	Thrn, Lfr. 8. †.
43.	Kg, Sp. 7.	= =	B, Kn. 7. gewinnt.

Dasselbe Spiel auf eine andere Art.

Anstatt, beym dritten Zuge, den Bauern des Königs zween Schritte vorzurücken, läßt er denselben nur einen Schritt thun.

1.	B, Kn. 5.	= =	B, Kn. 4.
2.	B, Lf. 5.	= =	B, Lf. 5.
3.	B, Kg. 6.	= =	*B, Lfr. 4. (a)

(a) Im vorigen Spiel hatte er beym dritten Zuge den Bauern des Königs zween Schritte vorwärts gezogen, dem der diesseitige Bauer gleichfalls zween Schritte entgegen gegangen war, und zwar aus einer von beyden Ursachen, entweder um seine Mittelbauern in Unordnung zu bringen, oder um die diesseitigen in der Mitte festzusetzen. Im gegenwärtigen Spiel, da er nicht das Herz hat, den Bauern seines Königs zween Schritte vorzusetzen, zieht man den Bauern des Läufers des diesseitigen Königs zween Schritte, und zwar immer aus demselbigen Grunde, nehmlich die Festsetzung seiner

Bauern

Bauern mitten auf dem Brette zu verhindern. Der Erfolg wird es deutlich lehren, wie nützlich diese Bauern mitten auf dem Brette sind, und welchen wichtigen Einfluß sie auf den Gewinn, oder die Vertheidigung des Spiels haben.

Schwarz.		Weiß.
4. Lfr, Lf. 5.	= =	B, Kg. 3.
5. B, Lfr. 6.	= =	Spr, Lfr. 3.
6. B, Th. 6.	= =	B, Lf. 4.
7. Kn, Sp. 6.	= =	Kn, 2.
8. Spr, Kg. 7.	= =	Sp, Lf. 3. (b)

(b) Es ist immer rathsam, die Springer nicht eher zu ziehen, als bis die Bauern der Läufer des Königs und der Königinn vorgerückt sind. Denn wenn man sie auf das dritte Feld dieser Läufer setzt, ehe ihre Bauern gezogen sind, so hindern sie offenbar den Gang dieser Bauern, die doch zur Unterstützung der Bauern des Königs und der Königinn bestimmt sind. Diese Vorschrift leidet indessen ihre Ausnahme, und oft muß man, dem Plan des Angriffs oder der Vertheidigung gemäß, die Springer ziehen, ehe man Zeit gehabt, den Bauern des Läufers des Königs oder der Königinn vorzurücken.

9. Lfr, Spr. 4.	= =	B, Th. 3.
10. Lfr, Lf. 3.	= =	Kn, Lf. 3.
11. Sp, Lf. 6.	= =	Lfr, Kn. 3.
12. Kg, Spr. 8.	= =	B, Lf. 5.
13. Kn, Lf. 7.	= =	Kg, Spr. 1.
14. B, Kg. 5.	= =	B, Kg. 5.
15. B, Kg. 5.	= =	* Spr, 5.
16. Thrn, Lfr. 1. †	= =	Lfr, 1.
17. B, Thrn. 6. †	= =	Spr, Lfr. 3.

	Schwarz.	Weiß.
18.	Lf, Lfr. 5.	B, Sp. 4.
19.	Spr, 6.	Lf, Sp. 2.
20.	Kg, Thrn. 8.	Th, Kn. 1.
21.	Lf, Kg. 6.	*B, Th. 4. (c)

(c) Man thut diesen Zug in der Absicht, um hernach den Bauern des Springers zu ziehen, und den seinigen wegzujagen, der seinen Mittelbauern B, Kg. 5. unterstützt. Dadurch wird er genöthigt, diesen Bauern vorzurücken, und durch dieses Mittel kann man mit dem Springer des Königs den Zug thun Spr, Kn. 4.

22.	B, Kg. 4.	Spr, Kn. 4.
23.	Sp, Kn. 4.	Kn, 4.
24.	Spr, Lfr. 8.	B, Sp. 5.
25.	B, Sp. 5.	B, Sp. 5.
26.	Lf, Spr. 8.	B, Sp. 6.
27.	Kn, Lfr. 7.	Lfr, Sp. 5.
28.	Kn, Spr. 6.	*B, Lf. 6.
29.	B, Lf. 6.	Lfr, Lf. 6.
30.	Spr, Kg. 6.	Kn, Kg. 5.
31.	Spr, 5.	Kg, Thrn. 1.
32.	Spr, Lfr. 7.	Kn, 4.
33.	Spr, Kn. 8.	Lfr, Kn. 5.
34.	Lf, Kn. 5.	Kn, 5.
35.	Spr, Lf. 6.	Th, Lf. 1.
36.	Spr, Kg. 7.	Kn, 8. †.
37.	Spr, 8.	Th, Lf. 8.
38.	Kn, Lfr. 7.	Kn, Spr. 8. †.
39.	Kn, Spr. 8.	Th, Spr. 8. †.
40.	Kg, Spr. 8.	B, Sp. 7. gewinnt.

Zweeter

Zweeter Abschnitt.

Vom Vorgeben eines Springers.

Erstes Spiel.

	Schwarz.		Weiß.
1.	B, Kg. 5.	= =	B, Kg. 4.
2.	Lfr, Lf. 5.	= =	Lfr, Lf. 4.
3.	Spr, Lfr. 6.	= =	B, Kn. 3.
4.	B, Thrn. 6.	= =	Spr, Lfr. 3.
5.	B, Kn. 6.	= =	B, Lf. 3.
6.	Rg, Spr. 8.	= =	Rg, Spr. 1.
7.	B, Lf. 6.	= =	B, Kn. 4.
8.	B, Kn. 4.	= =	B, Kn. 4.
9.	Lfr, Sp. 6.	= =	*Lfr, Kn. 3. (a)

(a) Man kann vorher sehen, daß der Schwarze durch den Zug B, Kn. 5. den diesseitigen Läufer verjagen wird; man zieht ihn also je eher je lieber zurück: denn, wenn dies geschehen ist, und der Gegner zieht alsdann B, Kn. 5. so kann man B, Kg. 5. ziehn, und dadurch zween Bauern auf der Mitte festsetzen, welches auf den Gewinn, oder auf die bessere Vertheidigung des Spiels einen wesentlichen Einfluß hat, und nicht oft genug kann empfohlen werden.

10.	Lf, Spr. 4.	= =	Lf, Kg. 3.
11.	Thrn, Kg. 8.	= =	Sp, Lf. 3.
12.	Lfr, Lf. 7.	= =	B, Thrn. 3. (b)

(b) Man muß niemals zugeben, daß die Läufer oder Springer des Gegners in dem diesseitigen Spiele festen Fuß fassen. Hätte man nicht Zeit gehabt, durch Vorrückung der Thurnbauern ihr Vorrücken

zu

zu verhindern, so muß man wenigstens je eher je lieber diese Bauern ziehen, und sie damit wegjagen.

In der Anwendung wird man indessen sehen, daß diese Regel Ausnahmen leidet, und daß dieses Vorziehen des Thurnbauern des Königs besonders schädlich wird, wenn dem Konige gleich nachher von der feindlichen Königinn Schach geboten werden kann.

Schwarz.		Weiß.
13. Lf, Thrn. 5.	= =	Th, Lf. 1. (c)

c) Man zieht den Thurn der Königinn hierher, um beym Zurückziehen des Läufers auf das Feld des Springers den Thürnen die Freyheit zu verschaffen, daß sie sich einander unterstützen können. Man kömmt dadurch in den Stand, beym siebzehnten Zuge den Bauern des Königs vorzurücken, und dadurch des Gegners ganzen Angriff zu stören, und den freyen Gang seiner Steine zu hindern. Ueberdies muß man, so viel möglich, die Thürne gegen offene Felder richten, das heißt, gegen solche, wo keine Bauern mehr vorstehen, die ihren Gang verhindern können, es wäre denn, daß man sie zur Deckung solcher Bauern nöthig hätte, die keinen Bauern zur Unterstützung bey sich haben.

14. Lf, Spr. 6.	= =	Spr, Kn. 2.
15. *B, Kn. 5.	= =	*B, Lfr. 3. (d)

(d) Man zieht diesen Bauern, um den Bauern des Königs zu decken, und zween Bauern auf der Mitte des Bretts zu behalten.

Inzwischen ist hierbey zu merken, daß es, beym Anfange eines Spiels, seine Unbequemlichkeiten hat, diesen Bauern des Läufers des Königs, wenn dieser noch nicht gerocht hat, vorzuziehen. Der Gegner kann alsdann den Springer seines Königs

welche die diesseits vorgezogenen Steine wegjagen können; überdies setzt ihn der hierher gezogene Springer in die Gefahr des plötzlichen Mattwerdens.

Schwarz.		Weiß.
32. Kn, Lf. 7.	=	Thrn, Spr. 1. gewinnt.

Zweytes Spiel.

1. B, Kg. 5.	= =	B, Kg. 4.
2. Spr, Lfr. 6.	= =	B, Kn. 3.
3. Lfr, Lf. 5.	= =	B, Lfr. 4.
4. B, Kn. 6.	= =	*B, Lfr. 5. (a)

(a) Man zieht diesen Bauern, um dem Gange des Läufers seiner Königinn eine Hinderniß in den Weg zu legen, und im Stande zu seyn, ihn desto geschwinder anzugreifen, wenn er auf der Seite seines Thurns rochet.

5. B, Thrn. 6.	= =	B, Lf. 3.
6. *B, Kn. 5.	= =	*Kn, Lfr. 3. (b)

(b) Wenn man, anstatt den Zug Kn, Lfr. 3. zu thun, den angebotenen Bauern wegnähme, so würde man gerade zu des Gegners Absichten erfüllen, der durch den Zug B, Kn. 5. bloß die diesseitigen Mittelbauern zu trennen suchte.

7. B, Lf. 6.	= =	Lf, Kg. 3.
8. Lfr, Kn. 6.	= =	Sp, Kn. 2.
9. Kg, Spr. 8.	= =	Kg, Lf. 1. (c)

(c) Es ist gut, auf der Königinnseite zu rochen, wenn die feindlichen Bauern auf dieser Seite nicht weit vorgerückt sind, und des Gegners Steine ihre Richtung nicht auf den diesseitigen König haben, zumal wenn

wenn jener auf seiner Thurnseite gerocht hat, wie in gegenwärtigem Spiel, weil man alsdann um so viel mehr freye Hand bekömmt, den Angriff einzurichten, und sich gegen seinen König Oeffnungen zu verschaffen, wie sich solches aus dem Verfolg des Spiels ergeben wird.

Schwarz.		Weiß.
10. *Lfr, Lf. 7. (d)	= =	*B, Spr. 4. (e)

(d) Wenn er seinen Läufer nicht zurückzöge, so würde der Bauer seiner Königinn geschlagen werden, sobald man diesseits den Springer seines Königs weggejagt hätte, wie sich solches nach wenigen Zügen ausweisen wird.

(e) Dieser Bauer wird immer mit Vortheil vorgerückt, wenn er nur unterstützt ist, und zwar um sich Oeffnung gegen den feindlichen König zu verschaffen, der dies nicht abwenden kann, wenn er, wie im gegenwärtigen Spiel, den Bauern seines Thurns vorgezogen hat.

11. Spr, Thrn. 7.	= =	B, Thrn. 4.
12. B, Lfr. 6.	= =	Spr, Thrn. 3.
13. *B, Kn. 4. (f)	=	B, Kn. 4.

(f) Dieser Zug ist der beste, den er nach den Umständen thun kann; es ist aber gar keine Gefahr dabey, diesen angebotenen Bauern zu nehmen, da er, nach der Lage seines Spiels von dieser Oeffnung gegen den diesseitigen König keinen Nutzen ziehen kann, vielmehr gegen den seinigen selbst eine Oeffnung gemacht wird, die er zu verhüten nicht im Stande ist.

14. B, Kn. 4.	= =	Lf, Lfr. 4.
15. Lfr. 4.	= =	Kn, Lfr. 4.
16. B, Sp. 5.	= =	Sp, Lfr. 3.

	Schwarz.	Weiß.
17.	B, Lf. 5.	*B, Spr. 5.
18.	B. Lfr, Spr. 5.	B, Spr. 5.
19.	*B, Thrn. 5. (g)	Spr, Lfr. 2.

(g) Er zieht diesen Bauern, um seinen König nicht zu blößen, welches er aber in der Folge doch nicht vermeiden kann.

20.	Kn, Kg. 8.	Kn, Thrn. 4.
21.	B, Spr. 6.	☞ B, Spr. 6.
22.	Kn, Spr. 6.	Lfr, Kg. 2.
23.	Lf, Kg. 6.	Kn, Thrn. 5.
24.	Kn, Spr. 7.	B, Spr. 6.
25.	Spr, Lfr. 6.	Kn, Spr. 5.
26.	Lf, Th. 2.	*Sp, Kg. 5.
27.	Th, Kg. 8.	*Spr, 4.
28.	Spr, 4.	Sp, Spr. 4.
29.	Th, Kg. 6.	*Sp, Thrn. 6. †. gewinnt.

☞ Abänderung dieses Spiels beym ein und zwanzigsten Zuge, wo man B, Lfr. 6. anstatt B, Spr. 6. ziehen kann.

	Schwarz.	Weiss.
21.		*B, Lfr. 6.
22.	*Thrn, Lfr. 7. (h)	Lfr, Thrn. 3.

(h) Er thut diesen Zug, um seinem Springer freyes Spiel zu verschaffen.

Schwarz.		Weiß.
23. Lf, Sp. 7.	= =	*Kn, Lfr. 4.
24. Spr, Lfr. 8.	= =	*Sp, Kg. 5.
25. Thrn, 7.	= =	*Th, Lfr. 1. (i)

(i) Man muß den Bauern B, Lfr. 6. nicht weiter vorsetzen, weil er, mit der Unterstützung, die er hat, die Stärke des diesseitigen Spiels ausmacht, und mehr werth ist, als der Thurn, den man bey dem Tausch gewinnen könnte.

26. Th, Kn. 8.	= =	Spr, Kn. 1.
27. Thrn, Lfr. 7.	= =	*Lfr, Spr. 2. (k)

(k) Wenn man die Wahl hat, entweder einen Stein des Gegners zu schlagen, oder irgend einen andern Vortheil über ihn zu erhalten, als z. B. den Tausch des Thurns in gegenwärtigem Spiel, und man diesen Vortheil doch gewiß in Händen hat, so muß man, anstatt diesen Stein oder Bauern zu schlagen, oder anstatt sich des gedachten Vortheils auf der Stelle zu bedienen, die Zeit besser wahrnehmen, und lieber durch Vorrückung oder Freymachung eines Steins den Angriff verstärken, wie im gegenwärtigen Falle, wo durch den Zug Lfr, Spr. 2. dem diesseitigen Thurne, der das Spiel entscheiden muß, freyer Gang verschafft wird.

~~Schwarz.~~

28. Kg, Thrn. 7.	= =	*Thrn, 5. †. (l)

(l) Es ist klar, daß man dieses Spiel gewinnen muß, man mag ziehen, was man will. Die Aufopferung des diesseitigen Thurns ist aber doch, den Umständen nach, der beste Zug, weil man sich dadurch freye Hand verschafft, ihm den Bauern B, Spr. 5. entgegen zu rücken, welches mit den wenigst möglichen Zügen das Spiel entscheidet.

	Schwarz.			Weiß.
29.	B, Thrn. 5.	=	=	Kn, Lfr. 5. †.
30.	Kg, Spr. 8.	=	=	*B, Spr. 6.
31.	Spr, 6.	=	=	Kn, Spr. 6. †.
32.	Kg, Lfr. 8.	=	=	Kn, Thrn. 6. †.
33.	Kg, Spr. 8.	=	=	Th, Lfr. 5. oder Sp, Spr. 6. gewinnt.

Dasselbe Spiel auf eine andere Art.

Der Schwarze sieht die Gefahr, die er läuft, wenn er auf seiner Thurnseite rochet, weil die diesseitigen Bauern von dieser Seite so weit vorgedrungen sind; er macht also Anstalt, auf seiner Königinnseite zu rochen, und zieht deshalb, beym neunten Zuge, Lf, Kn. 7.

1.	B, Kg. 5.	=	=	B, Kg. 4.
2.	Spr, Lfr. 6.	=	=	B, Kn. 3.
3.	Lfr, Lf. 5.	=	=	B, Lfr. 4.
4.	B, Kn. 6.	=	=	*B, Lfr. 5.
5.	B, Thrn. 6.	=	=	B, Lf. 3.
6.	*B, Kn. 5.	=	=	*Kn, Lfr. 3.
7.	B, Lf. 6.	=	=	Lf, Kg. 3.
8.	Lfr, Kn. 6.	=	=	Sp, Kn. 2.
9.	L, Kn. 7.	=	=	*B, Th. 4. (a)

(a) Man zieht diesen Bauern, und nachher den Bauern des Springers der Königinn, um sich Oeffnung gegen den feindlichen König zu verschaffen, im Fall derselbe auf seiner Königinnseite rochen sollte.

Schwarz.			Weiß.
10.	Kn, Lf. 7.	= =	B, Sp. 4.
11.	B, Kn. 4.	= =	B, Kn. 4.
12.	*Lfr, Sp. 4.	= =	B, Kg. 5.
13.	Kn, Kg. 5.	= =	Th, Sp. 1.
14.	B, Th. 5. (b)	= =	Spr, Kg. 2.

(b) Wenn er Kn, Lf. 3. zöge, so müßte man ziehen Kn, 1. um sich von dieser Seite zu decken.

15.	Kg, Spr. 8.	= =	B, Spr. 4. (c)

(c) Das Vorrücken dieses Bauers, nach den oben gegebenen Vorschriften, bringt keinen Zeitverlust, in Absicht der gegen den feindlichen König zu machenden Oeffnung, zuwege. Aus dieser Ursach rochet man auch nicht, sondern läßt vielmehr den König sich an die Bauern anschließen, um sie zu unterstützen, und sich gegen jeden Angriff zu decken, unterdessen man den diesseits entworfenen Angriff fortsetzt.

16.	Spr, Thrn. 7.	= =	B, Thrn. 4.
17.	B, Lfr. 6.	= =	*Kg, Lfr. 2. (d)

(d) Durch diesen Zug wird, wenn man erst dem Läufer freyen Gang verschaft hat, auch den Thürnen Freyheit gegeben, sich einander zu unterstützen.

18.	B, Sp. 5.	= =	B, Sp. 5.
19.	B, Sp. 5.	= =	B, Kn. 4.
20.	Kn, Kg. 7.	= =	*Spr, Lf. 1.
21.	Lf, 6.	= =	B, Kn. 5.
22.	Lf, Kn. 7.	= =	Spr, Kn. 3.
23.	Lfr, Kn. 6.	= =	*Spr, Lfr. 4.
24.	*Lfr, 4. (e)	= =	Kn, Lfr. 4.

(e) Da ihm dieser Springer auf dem Felde, worauf er gesetzt worden, sehr beschwerlich fällt, so sieht er sich genogenöthigt, Stein um Stein zu tauschen, um sich denselben vom Halse zu schaffen.

Schwarz.		Weiß.
25.	Th, Sp. 8. =	= *Sp, Lfr. 3. (f)

(f) Durch den Springer auf diesem Felde setzt man sich in den Stand, den Bauern des Springers des Königs anrücken zu lassen, um gegen seinen König eine Oeffnung zu machen.

26.	Thrn, Kg. 8. =	= Lfr, Kn. 3.
27.	B, Sp. 4. =	= *B, Spr. 5.
28.	B, Spr. 5. =	= B, Spr. 5.
29.	B, Spr. 5. =	= Sp, Spr. 5.
30.	Spr, 5. =	= Kn, Spr. 5.
31.	Kn, Kg. 5. =	= Th, Spr. 1.
32.	Kn, Sp. 2. †. =	= Kg, Lfr. 3.
33.	Thrn, Lfr. 8. (g)	= Kn, Thrn. 6.

(g) Er zieht den Thurn hierher, um zu verhindern, daß der Bauer des Läufers des diesseitigen Königs nicht vordringe.

34.	Kg, Lfr. 7. =	= Kn, 6.
35.	Th, Kn. 8. =	= Thrn, 7.
36.	Thrn, Spr. 8. =	= *B, Kg. 5. (h)

(h) Dieser Zug ist entscheidend. Es scheint zwar, als wenn dadurch der Bauer B, Lfr. 5. und selbst der diesseitige Läufer aufgeopfert würde, weil, wenn er den Bauern B, Lfr. 5. nimmt, zugleich der diesseitige Läufer und die Königinn angegriffen wird; allein man läßt ihn gar nicht mehr aus dem Schach, bis er matt wird.

Schwarz.		Weiß.
37.	Lf, Lfr. 5.	B, Kg. 6. †.
38.	Kg, Lfr. 6.	Lf, Spr. 5. †.
39.	Kg, Spr. 6.	Lfr, 5. †.
40.	Kg, Lfr. 5.	Kn, Lfr. 4. †.
41.	Kg, Spr. 6.	Kn, Kg. 4. †. matt.

Dasselbe Spiel auf eine andere Art.

Der Schwarze nimmt beym vierten Zuge, anstatt den Bauern seiner Königinn einen Schritt vorzurücken, mit seinem Läufer den Springer des diesseitigen Königs, damit selbiger nicht auf dieser Seite rochen könne.

Es ist nicht sein Spiel, auf diese Weise Stein um Stein zum Tausch hinzugeben. Damit man indessen lerne, wie in solchem Falle gespielt werden muß, so kann im vierten Kapitel, im ersten Abschnitt, im dritten Theil, nachgesehen werden, wie das Spiel durchgespielt wird, und wie man es gewinnen muß, wenn man einen Stein vorbekömmt.

Dasselbe Spiel auf eine andere Art.

Anstatt den Bauern des Thurns des Königs einen Schritt vorzurücken, opfert der Schwarze beym fünften Zuge noch einen Stein gegen drey Bauern auf.

Schwarz.

	Schwarz.			Weiß.
1.	B, Kg. 5.	=	=	B, Kg. 4.
2.	Spr, Lfr. 6.	=	=	B, Kn. 3.
3.	Lfr, Lf. 5.	=	=	B, Lfr. 4.
4.	B, Kn. 6.	=	=	*B, Lfr. 5.
5.	*Spr, Kg. 4.	=	=	B, Kg. 4.
6.	Kn, Thrn. 4. †	=	=	Kg, Kn. 2.
7.	Kn, Kg. 4.	=	=	Kn, Lfr. 3.
8.	Lf, Lfr. 5.	=	=	Kn, Kg. 4.
9.	Lf, Kg. 4.	=	=	Sp, Lf. 3.
10.	Lf, Spr. 6.	=	=	*B, Spr. 4. (a)

(a) Durch diesen wichtigen Zug wird der Gegner verhindert, den Bauern des Läufers seines Königs vorzurücken, und dadurch alle seine Bauern auf der Mitte festzusetzen. Man würde dadurch diesseits den freyen Gang der Steine einbüßen, und das Spiel unvermeidlich verlieren.

11.	Lfr, Sp. 4.	=	=	*B, Thrn. 4. (b)

(b) Wenn dieser Bauer nicht gezogen würde, so würde er den diesseitigen Thurn mit seinem Läufer angreifen, und einen Stein gewinnen.

12.	B, Thrn. 5.	=	=	B, Spr. 5.
13.	B, Kn. 5.	=	=	B, Th. 3.
14.	Lfr, Lf. 3. †.	=	=	Kg, Lf. 2.
15.	Kg, Lf. 8.	=	=	B, Sp. 4.
16.	*B, Lfr. 5.	=	=	Spr, Lfr. 3.
17.	B, Kn. 4. †.	=	=	Kg, Sp. 3.
18.	Thrn, Kg. 8.	=	=	Lfr, Lf. 4.
19.	B, Kg. 4.	=	=	*Spr, Kg. 1. (c)

(c) Wenn man den Springer auf Spr, Kn. 2. zurück ziehen wollte, so würde dadurch der Gang des schwar-

schwarzen Läufers gehindert werden. Der Gegner würde diesen Umstand benutzen, und gleich B, Lfr. 4. ziehen. Er hätte alsdann drey **Freybauern**, und überhaupt ein sehr vortheilhaftes Spiel. Freybauern (pions passés) heißen diejenigen, die auf ihrer Reyhe keinen feindlichen Bauern mehr vor sich haben, der ihr Vordringen verhindern könnte. Ein solcher Freybauer, wenn er unterstützt werden kann, ist von überaus großem Nutzen, weil er die Steine deckt, die man in das feindliche Spiel eindringen läßt.

	Schwarz.		Weiß.
20.	B, Th. 6.	= =	Lf, Lfr. 4.
21.	B, Kg. 3.	= =	Spr, 2.
22.	Thrn, Kg. 7.	= =	*Lfr, Kn. 3.
23.	Lf, Lfr. 7.†.	= =	Kg, Sp. 2.
24.	B, Spr. 6.	= =	Thrn, Kg. 1.
25.	Th, Kg. 8.	= =	B, K. 3.
26.	*B, Lf. 3.†.	= =	Kg, K. 3.
27.	B, Kg. 2.	= =	*Kg, Kn. 2.
28.	Lf, Kn. 5.	= =	Spr, Kg. 3.
29.	Lf, Lfr. 3.	= =	Lfr, Kg. 2.
30.	Th, Kn. 8.†.	=	Kg, Lf. 3. (d) gewinnt.

(d) Wollte man den Schach mit dem Läufer decken, so würde der Gegner Lf, Kg. 4. ziehen, und einen Stein gewinnen. Es fällt in die Augen, daß dieses Spiel, ungeachtet des vorgegebenen, und des nachher noch dazu von Seiten des Schwarzen gegen drey Bauern aufgeopferten Steins, diesseits verlohren werden müßte, wenn man nicht immer die am richtigsten berechneten Züge thäte, z. B. den zehnten *B, Spr. 4. den neunzehnten *Spr, Kg. 1. u. s. w. Dieses Beyspiel ist blos gewählt, um zu lehren, wie man sich gegen das Eindringen einer

über-

überlegenen Anzahl Bauern vertheidigen soll. Man kann übrigens diesem Angriffe vorbeugen, wenn man, anstatt B, Lfr. 5. beym vierten Zuge Spr, Lfr. 3. zieht. Dadurch wird der beym sechsten Zuge von der Königinn gebotene Schach abgewendet, und folglich der ganze Angriff vereitelt.

Drittes Spiel.

Der Schwarze, der einen Springer vorgiebt, giebt Gambit.

Schwarz.		Weiß.
1. B, Kg. 5.	= =	B, Kg. 4.
2. B, Lfr. 5.	= =	*B, Kn. 4.(a)

(a) Man könnte füglich diesen angebotenen Bauern, den man Gambit nennt, nehmen, und ziehen B, Lfr. 5. Da aber der Unterricht, wie dieses Spiel zu spielen und zu vertheidigen ist, erst in der Folge vorkömmt, (siehe unten den zweeten Abschnitt des vierten Kapitels) so ist es gegen einen überlegenen Spieler weit sicherer, diesen angebotenen Bauern nicht zu nehmen, sondern vielmehr den Bauern der Königinn zween Schritte vorzurücken. Man entgeht dadurch der Verlegenheit, eine noch nicht geläufige Vertheidigung zu übernehmen, und bringt das Spiel wieder in das gewöhnliche Gleis zurück.

3. B, Kn. 4.(b)	=	Kn, 4.

(b) Thäte der Gegner anstatt B, Kn. 4. den Zug B, Kg. 4. oder B, Lfr. 4. so zöge man dagegen Kn, Thrn. 5. †. und gewönne das Spiel.

4. Spr, Lfr. 6.	=	*B, Kg. 5.
5. Spr, Kg. 4.	=	*Lf, Kg. 3.

	Schwarz.			Weiß.
6.	Lfr, Kg. 7.	=	=	Sp, Lf. 3.
7.	Spr, Lf. 3.	=	=	Kn, Lf. 3.
8.	Kg, Spr. 8.	=	=	Kg, Lf. 1.
9.	*Kg, Thrn. 8.	=	=	B, Lfr. 4.
10.	B, Sp. 6.	=	=	Lfr, Lf. 4.
11.	Lf, Sp. 7.	=	=	*Kn, 2. (c)

(c) Durch den Zurückzug der Königinn auf dieses Feld wird der Bauer des Springers des diesseitigen Königs gedeckt, und zugleich der Bauer der feindlichen Königinn angegriffen. Ueberhaupt ist es allezeit rathsam, die Königinn auf die zwote Linie des Schachbretts zu bringen, um die auf derselben stehenden Bauern zu unterstützen; unterdessen die Thürne die erste Linie, auf welcher der König steht, vertheidigen.

12.	Lf, 8. (d)	=	=	Spr, Lfr. 3.

(d) Er hatte seinen Läufer auf Lf, Sp. 7. gezogen, um den Bauern seiner Königinn vorzurücken, und dadurch seine Bauern auf der Mitte festzusetzen. Da ihm dieser Entwurf fehlgeschlagen, muß er den Läufer auf sein Feld zurück ziehen, um nicht einen Bauern zu verlieren. Wenn man vorgiebt, wagt man zuweilen einen Zug, in der Hoffnung, daß der Gegner die Folgen davon nicht einsehen wird; spielt dieser immer richtig, so kann man ihm nichts mehr vorgeben.

13.	B, Th. 5.	=	=	B, Thrn. 3.
14.	B, Lf. 6.	=	=	B, Spr. 4.
15.	*B, Sp. 5.	=	=	Lfr, Kn. 3.
16.	B, Spr. 6.	=	=	B, Lfr. 5.
17.	B, Lfr. 5.	=	=	Th, Spr. 1.

	Schwarz.		Weiß.
18.	B, Kn. 5.	= =	Th, Spr. 3. (e)

(e) Man kann auch Kn, Spr. 2, ziehn, und ihn dadurch zwingen, Königinn um Königinn, und Thurn um Thurn zu tauschen, welches den Gewinn des Spiels nach sich ziehen müßte. Hier wird bloß deshalb anders gezogen, damit man einen Angriff entwerfen und ausführen lerne.

19.	Lf, Kg. 6.	= =	Thrn, Spr. 1.
20.	Thrn, Spr. 8.	= =	*Spr, Kn. 4.
21.	Kn, 7.	= =	Kn, Spr. 2.
22.	Thrn, Spr. 3.	= =	Kn, Spr. 3.
23.	Th, Spr. 8.	= =	Kn, Lfr. 2.
24.	Th, Lfr. 8.	= =	Thrn, Spr. 2.
25.	Lfr, Kn. 8.	= =	Kn, Spr. 1.
26.	B, Th. 4.	= =	Kn, 1.
27.	B, Sp. 4.	= =	Kn, Thrn. 5.
28.	B, Th. 3.	= =	B, Sp. 3. (f)

(f) Man sehe die Anmerkung (d) über das zweyte Spiel im ersten Abschnitte dieses Kapitels, S. 38.

29.	Lfr, Sp. 6.	= =	Kn, Thrn. 6.
30.	Kn, Lfr. 7.	= =	Spr, Kg. 6.
31.	Lfr, Kg. 3. †.	= =	Kg, Sp. 1.
32.	Th, Spr. 8.	= =	Thrn, Spr. 8. †.
33.	Kg, Spr. 8.	= =	* Lfr, 5.
34.	Lfr. 4.	= =	Lfr, Thrn. 7. †. gewinnt.

Viertes

Viertes Spiel.

Der den Stein vorbekömmt, kann damit anfangen, daß er den Bauern des Läufers der Königinn zween Schritte vorrückt. (a)

(a) Man fängt mit diesem Zuge an, um dem Springer der Königinn freyen Gang zu schaffen, ohne dem Bauer des Läufers der Königinn hinderlich zu fallen.

Schwarz.		Weiss.
1.	B, Kg. 5. . .	*B, Lf. 4.
2.	*B, Lfr. 5. . .	Sp, Lf. 3.
3.	Spr, Lfr. 6. . .	B, Kn. 4.
4.	*B, Kg. 4. (b) . .	Lf, Spr. 5. (c)

(b) Wenn man zween vorgerückte Bauern neben einander stehen hat, und der eine derselben von einem darauf eindringenden Bauer angegriffen wird, so ist es besser, den angegriffenen Bauern vorzurücken, als den angebotenen damit zu schlagen, damit man, so lange als nur immer möglich, zween verbundene Mittelbauern behalte. Mittelbauern nennt man die mit einander verbundene Bauern des Königs und der Königinn, oder des Königs und seines Läufers, oder der Königinn und ihres Läufers. Diese also verbundene Bauern sind von der größten Wichtigkeit, theils um die Richtung und das Spiel der feindlichen Steine auf den diesseitigen König zu unterbrechen, theils um die Steine zu unterstützen, womit man in der Folge in sein Spiel eindringen will. Auch kann man sich durch diese zween verbundene Bauern um einen Stein stärker rechnen, wenn man sie bis zu Ende des Spiels beybehalten kann, weil der Gegner gezwungen wird, einen seiner Steine aufzuopfern, um um zu verhindern, daß nicht einer oder der andre dieser Bauern in die Dame komme; woraus dann der aus denselben zu ziehende Vortheil für den Gewinn, oder die bessere Vertheidigung des Spiels leicht zu ermessen ist.

(c) Wenn man nicht diesen Läufer hervorbrächte, ehe und bevor der Bauer des diesseitigen Königs gezogen wird, so würde er gar unthätig bleiben müssen, und noch dazu der Thätigkeit der übrigen Steine hinderlich seyn.

Schwarz.

5. Lfr, Sp. 4. (d) = = *Kn, Sp. 3. (e)

(d) Er zieht nicht nach den vorhergehenden Vorschriften B, Thrn. 6. weil es ihm nicht vortheilhaft ist, wenn man gereizt wird, Stein um Stein zu nehmen.

(e) Obgleich das Spiel es mit sich bringt, Stein um Stein zu nehmen, wenn man einen Stein vorbekommt, so tauscht man doch alsdann nicht gern, wenn der diesseitige Stein (so wie der Läufer im gegenwärtigen Falle) dem Spiele des Gegners beschwerlich ist, und ihn, wenigstens vor der Hand, an dem Gebrauche seines Springers und seiner Königinn verhindert, welche letztere sogleich thätig werden würde, wenn man den Springer schlüge. Es ist noch immer Zeit dazu zu schreiten, wenn er den Bauern seines Thurns auf den diesseitigen Läufer anrücken läßt. Die allgemeine Regel ist: Man nehme nicht Stein um Stein, wenn man die Wahl hat, und diese Zeit nützlicher dazu anwenden kann, den eignen Steinen freyen Gang zu verschaffen, oder den entworfenen Angriff zu verfolgen. Die Wissenschaft des Schachspiels ist die Wissenschaft Zeit zu gewinnen; wer dies am besten versteht, ist dem andern überlegen.

6. Lfr, Th. 5. (f) = = *B, Lf. 5.

(f) Thäte

(f) Thäte er, anstatt Lfr, Th. 5. den Zug Lfr, Kn. 6. so würde man dagegen Sp, Kn. 5. ziehen, und das Spiel gewinnen.

Schwarz.				Weiß.
7.	B, Lf. 6.	=	=	B, Kg. 3.
8.	Lfr, Lf. 7.	=	=	Lfr, Lf. 4.
9.	Kn, Kg. 7.	=	=	Spr, Kg. 2.
10.	*B, Kn. 6.	=	=	B, Kn. 6.
11.	Lfr, Kn. 6.	=	=	*B, Th. 4.
12.	B, Sp. 6.	=	=	*B, Thrn. 3. (g)

(g) Wenn man, anstatt *B, Thrn. 3. zu ziehen, beym zwölften Zuge rochte, so würde er ziehen Lfr, Thrn. 2. †. und nachher Spr, 4. †. und dadurch nicht allein einen Bauern, sondern auch den Vortheil gewinnen, den diesseitigen König geblößt zu haben.

13.	Lf, Kn. 7.	=	=	Kg, Spr. 1.
14.	Kg, Lf. 8.	=	=	*B, Kn. 5. (h)

(h) Dieser Bauer dringt vor; um seinen König zu blößen, wenn er ihn nimmt; nimmt er ihn nicht, so ist es immer ein Freybauer, der ihn das Spiel verlieren macht, wie die Folge solches lehren wird.

15.	B, Lf. 5.	=	=	*B, Th. 5.
16.	Lfr, Lf. 7.	=	=	Lfr, Th. 6. †.
17.	Kg, Sp. 8.	=	=	Thrn, Kn. 1. (i)

(i) Dies geschieht, um den Freybauern zu unterstützen, nach der oben beym zweyten Spiel gegebenen Vorschrift.

18.	Lf, Kg. 8. (k)	=	=	Sp, 5.

(k) Er zieht seinen Läufer zurück, um seinem Thurn freye Richtung gegen den diesseitigen Freybauern zu verschaffen.

Schwarz.		Weiß.
19. Lfr, Kg. 5.	= =	*B, Kn. 6.
20. Kn, 7.(l)	= =	B, Sp. 6.

(l) Hier wird der Nutzen des Freybauern sichtbar. Hätte er, anstatt seine Königinn zurückzuziehen, den Bauern genommen, und gezogen Lfr, Kn. 6. — Sp, Kn, 6., Th, Kn. 6. — Thrn. Kn. 6., Kn, 6., so verlor er seine Königinn durch den vom diesseitigen Läufer gebotenen Schach.

21. B, Sp. 6.	= =	*Sp, Lf. 7. gewinnt

Fünftes Spiel.

Der Schwarze giebt den Springer des Königs vor.

Schwarz.		Weiß.
1. B, Kg. 5.	= =	B, Kg. 4.
2. Lfr, Lf. 5.	= =	Lfr, Lf. 4.
3. Kg, Spr. 8.	= =	Spr, Kg. 2.(a)

(a) Wenn man erst den Läufer des Königs vorgebracht hat, ist es zuweilen nützlich, den Springer des Königs hierher zu ziehen, damit man sich die Freyheit verschaffe, den Bauern des Läufers des Königs zween Schritte vorzurücken.

4. B, Lf. 6.	= =	Kg, Spr. 1.
5. B, Kn. 5.	= =	B, Kn. 5.
6. B, Kn. 5.	= =	Lfr, Sp. 3.
7. Sp, Lf. 6.	= =	B, Lf. 3.
8. Lf, Spr. 4.	= =	*Kg, Thrn. 1.
9. Lf, Kg. 6.(b)	= =	B, Kn. 4.

(b) Wer vorgiebt, hält sich zuweilen damit auf, daß er Züge wagt, von denen er glaubt, daß ein ungenähter Spieler dadurch überrascht werden wird. Hätte man den König nicht zurückgezogen, um den Bauern seines Läufers gegen den Läufer der feindlichen Königinn anrücken zu lassen, so würde dieser Läufer, wenn er seine Richtung gegen die diesseitige Königinn behalten hätte, dem Spiele sehr beschwerlich und hinderlich geworden seyn.

	Schwarz.			Weiß.
10.	Lfr, Sp. 6.	=	=	B, Kg. 5.
11.	Sp, Kg. 5.	=	=	B, Lfr. 4.
12.	Sp, Spr. 4.	=	=	*Kn, Kg. 1. (c)

(c) Man zieht die Königinn hierher, um den Gegner zu verhindern, daß er mit der seinigen nicht das Feld Kn, Thrn. 4. beziehe, welches den Verlust des Spiels nach sich ziehen würde.

13.	Sp, Thrn. 6.	=	=	Spr, Kn. 4.
14.	Lfr, Kn. 4.	=	=	B, Kn. 4.
15.	*Sp, Lfr. 5.	=	=	Kn, Kg. 5.
16.	Kn, Thrn. 4.	=	=	*Kg, Spr. 1. (d)

(d) Man zieht den König auf dieses Feld zurück, um dem Schach des Springers und dem daraus folgenden Verluste des Spiels auszuweichen.

17.	Kn, 8.	=	=	Sp, Lf. 3.
18.	Kn, Sp. 6.	=	=	Sp, Kn. 5.
19.	Kn, 4. (e)	=	=	Kn, 4.

(e) Er sieht sich genöthigt, entweder seinen Bauern B, Kn. 5. umsonst zu verlieren, oder zu leiden, daß Königinn um Königinn getauscht werde, damit er dagegen den Bauern B, Kn. 4. nehmen könne. Dies ist die nothwendige Folge von den Zügen, die er gethan hat, um den weißen Spieler in die Falle zu locken. Sobald dieser geschickt genug ist, ihnen auszuweichen, kann ihm kein Stein mehr vorgegeben werden.

Schwarz.		Weiß.
20.	Sp, Kn. 4.	Sp, Lf. 7.
21.	Sp, 3.	B, Sp. 3.
22.	Th, Lf. 8.	Sp, Kg. 6.
23.	B, Kg. 6.	Th, 7.
24.	Th, Lf. 7.	Lf, Kg. 3.
25.	Th, Kn. 7.	B, Sp. 4.
26.	Thrn, Lf. 8.	Lf, 5.
27.	Thrn, Lf. 7.	*B, Thrn. 3.
28.	Th, Kn. 2.	Thrn, Lfr. 2.
29.	Th, Kn. 1.†.	Kg, Thrn. 2.
30.	Thrn, Kn. 7.	B, Sp. 4.
31.	B, Thrn. 6.	B, Thrn. 4.
32.	Th, Sp. 1.	B, Thrn. 5.
33.	Thrn, Kn. 1.	*Thrn, Spr. 2. (f)

(f) Man zieht den Thurn auf dieses Feld zurück, um den Bauern B, Spr. 4. zu unterstützen, der in der Folge durch das beständige Schachbieten der feindlichen Thürne unbedeckt stehen würde.

34.	B, Sp. 5.	Th, Sp. 7.
35.	Thrn, Lfr. 1.	Lf, Kn. 6.
36.	Th, Kn. 1.	Lf, Kg. 5.
37.	Thrn, 1.†.	Kg, Spr. 3.
38.	Th, Kn. 3.†.	Kg, Lfr. 2.
39.	Th, Kn. 2.	Kg, Lfr. 3.
40.	Thrn, Lfr. 1.†.	Kg, Spr. 3.
41.	Th, Kn. 3.†.	Kg, Thrn. 2.
42.	Thrn, Lfr. 3.	Thrn, Lf. 2. (g)

(g) Dies

(g). Dies ist ein wichtiger Zug, um den Gegner matt zu machen, und zugleich dem unaufhörlichen Schachbieten seiner Thürne auszuweichen, und sich zu seiner Zeit mit diesem nunmehro freygemachten Thurn dagegen zu decken.

Schwartz.		Weiß.
43.	Thrn, 3.†.	Kg, Spr. 1.
44.	Thrn, Spr. 3.†.	Kg, Lfr. 1.
45.	Th, Lfr. 3.†.	Kg, 2.
46.	Th, Kg. 3.†.	Kg, Kn. 1.
47.	Th, Kn. 3.†.	Thrn, Kn. 2.(h)

(h) Itzt ist es Zeit, den Schach mit dem Thurne zu decken, und den Gegner zu zwingen, Thurn um Thurn zu tauschen, welches er thun muß, um dem Matt zu entgehen, womit er augenblicklich bedrohet wird, wenn man Thrn, Kn. 8. zöge.

48.	Th, Kn. 2.†.	Kg, Kn. 2. gewinnt.

Dasselbe Spiel auf eine andere Art.

1.	B, Kg. 5.	B, Kg. 4.
2.	Lfr, Lf. 5.	Lfr, Lf. 4.
3.	*B, Lf. 6.	Spr, Lfr. 3.
4.	B, Kn. 6.(a)	*B, Lf. 3.

(a) Er wagt es nicht, B, Kn. 5. zu ziehen, um seine Bauern in der Mitte festzusetzen, denn wenn man dagegen sogleich B, Kn. 5. zöge, und nachher dem Könige mit dem Läufer Schach böte, so könnte er den Tausch von Stein um Stein nicht verhindern.

5.	Kg, Spr. 8.	B, Kn. 4.
6.	B, Kn. 4.	B, Kn. 4.

Schwarz.		Weiß.
7. Lfr, Sp. 6.	. .	B, Thrn. 3.
8. B, Thrn. 6.	. .	Kg, Spr. 1.
9. Kg, Thrn. 8. (b)	. .	*Lfr, Kn. 3. (c)

(b) Man thut immer klug, wenn man den König auf dieses Feld zurückzieht, damit ihm nicht von der Königinn, oder dem Läufer des feindlichen Königs, unvermuthet Schach geboten werde, im Fall man den Bauern des Läufers des Königs gezogen hätte, oder zu ziehen Willens wäre.

(c) S. die Anmerkung (a) über das erste Spiel dieses Abschnitts, S. 48.

10. Lf, Kg. 6.	. .	Lf, Kg. 3.
11. Sp, Kn. 7.	. .	*Spr, Thrn. 2. (d)

(d) Dieser Springer wird oft mit Nutzen zurückgezogen, wenn man eine günstige Gelegenheit sieht, den Bauern des Läufers des diesseitigen Königs zween Schritte vorzurücken.

12. Sp, Lfr. 6.	. .	*B, Lfr. 4.
13. Lfr, Lf. 7.	. .	B, Lfr. 5.
14. Lf, Kn. 7.	. .	Spr, 4.
15. Spr, Thrn. 7. (e)	.	*B, Kg. 5.

(e) Es erhellet, daß man, wenn man einen Stein vorbekömmt, den Gegner, so viel als möglich, dahin bringen muß, sich entweder Stein um Stein nehmen zu lassen, wodurch man am Ende das Spiel gewinnt, oder seine Steine zurückzuziehen, wodurch man Zeit gewinnt, mit den diesseitigen Steinen, wie im gegenwärtigen Spiel, auf ihn einzudringen.

16. B, Kn. 5.	. .	*B, Lfr. 6. gewinnt.

Sechstes Spiel.

Der den Springer des Königs vorgiebt, zieht zum Anfange den Bauern des Läufers seiner Königinn.

	Schwarz.		Weiß.
1.	B, Lf. 5.	. .	B, Kg. 4.
2.	Sp, Lf. 6.	. .	B, Lfr. 4.
3.	B, Kg. 6.	. .	*B, Lf. 3.
4.	B, Kn. 5.	. .	B, Kg. 5.
5.	B, Kn. 4.	. .	*B, Kn. 3. (a)

(a) Es ist von Wichtigkeit, diesen Bauern zu ziehen, damit der Gegner mit dem Bauern seiner Königinn nicht weiter eindringen möge, welches er gewiß augenblicklich thun, und dadurch das diesseitige Spiel in eine üble Lage bringen würde.

6.	Lfr, Kg. 7.	. .	Spr, Lfr. 3.
7.	Kg, Spr. 8.	. .	Lfr, Kg. 2.
8.	B, Lfr. 6.	. .	Kg, Spr. 1.
9.	Kn, Lf. 7.	. .	B, Lfr. 6.
10.	Lfr, 6.	. .	*B, Lf. 4.
11.	B, Th. 6.	. .	*B, Th. 4. (b)

(b) Man zieht diesen Bauern zween Schritte, damit der Gegner mit dem Bauern des Springers seiner Königinn nicht zween Schritte vordringen möge.

12.	Lfr, Kg. 7.	. .	Spr, 5.
13.	Lfr, Spr. 5.	. .	B, Spr. 3.
14.	Thrn, Kg. 8.	. .	Sp, Kn. 2.
15.	B, Kg. 5.	. .	Lfr, Spr. 4.
16.	Lf, Spr. 4.	. .	Kn, Spr. 4.

	Schwarz.	Weiß.
17.	Sp, 4.	Thrn, Lfr. 3.
18.	Kn, Kg. 7.	Sp, Kg. 4.
19.	Kg, Thrn. 8.	*B, Spr. 6.
20.	B, Thrn. 6.	*Sp, Spr. 5.
21.	Thrn, Lfr. 8. (c)	Spr, Lfr. 7. †.

(c) Nähme er den diesseitigen Springer, so würde er bald matt seyn.

	Schwarz.	Weiß.
22.	Kg, Spr. 8.	*Kn, Thrn. 5.
23.	Sp, Lf. 6.	Lf, Thrn. 6.
24.	B, Thrn. 6.	Kn, Thrn. 6.
25.	Thrn, Lfr. 7.	Thrn, Lfr. 7. gewinnt.

Dasselbe Spiel auf eine andere Art.

	Schwarz.	Weiß.
1.	B, Lf. 5.	B, Kg. 4.
2.	Sp, Lf. 6.	B, Lf. 4.
3.	B, Kg. 6.	*Lfr, Sp. 5.
4.	B, Kn. 5.	B, Kg. 5.
5.	Lf, Kn. 7.	*Lfr, Lf. 6.
6.	B, Lf. 6. (a)	*B, Lf. 4. (b)

(a) Zween Bauern hinter einander sind eben nicht schädlich, wenn sie nur mit zween andern verbunden sind. Es findet sich gemeiniglich in der Folge Gelegenheit, sie wieder von einander zu bringen.

(b) Man zieht sogleich diesen Bauern zween Schritte vorwärts, damit der seinige nicht vordringe. Wenn er ihn nähme, so würde er seine Mittelbauern trennen, und zwar ohne allen Nutzen, weil sein Bauer bald wieder genommen werden würde.

Schwarz.		Weiß.
7. Lfr, Kg. 7.	= =	Sp, Lf. 3.
8. Kg, Spr. 8. (c)	= =	Spr, Lfr. 3.

(c) Er wagt es nicht, seinen Bauern B, Kn. 5. auf den diesseitigen Springer anrücken zu lassen, weil dieser dadurch die Freyheit erhalten würde, auf das Feld Sp, Kg. 4. zu springen. Es ist eine Hauptregel, keinen Bauern vorwärts zu ziehen, wenn er den Gang der feindlichen Springer aufhält, oder ihnen das Eindringen in das diesseitige Spiel verwehrt.

9. B, Lfr. 6.	= =	Kg, Spr. 1.
10. B, Kg. 5.	= =	Spr, Kg. 5.
11. Lf, Kg. 8.	= =	B, Kn. 3.
12. Kn, Lf. 7.	= =	Lf, Kn. 2.
13. B, Spr. 5.	= =	Kn, Kg. 2.
14. Lfr, Kn. 6.	= =	Th, Kg. 1.

In dieser Lage muß der Vortheil des vorbekommenen Steins den Gewinn des diesseitigen Spiels bewirken.

Zweytes Kapitel.

Vom Vorgeben eines Bauers und eines Zuges, und eines Bauers und zweener Züge.

Der natürlichen Ordnung bey Beschreibung der Vortheile, die man geben oder empfangen kann, zufolge, hätten wir hier erst von den Spielen

Spielen handeln müssen, da man gegen einen Bauern und einen Zug, oder gegen einen Bauern und zween Züge, einen Stein vorbekömmt; es schien uns aber lehrreicher, zuerst von dem Vorgeben eines Bauers und eines Zuges zu handeln, denn wenn man erst diesen Vortheil zu benutzen weiß, so lernt man sich hernach desto leichter vertheidigen, wenn man zum Ersatz dieses vorgegebenen Vortheils einen Stein dagegen vorbekömmt.

Dieses Kapitel hat zween Abschnitte. Der erste handelt vom Vorgeben eines Bauers und zweener Züge; der zwete vom Vorgeben eines Bauers und eines Zuges.

Wenn ein Bauer vorgegeben wird, so ist es nach der Regel allemal der Bauer des Läufers des Königs.

Erster Abschnitt.

Vom Vorgeben eines Bauers und zweener Züge.

Erstes Spiel.

Weiß.	Schwarz.
1. B, Kg. 4. und B, Kn. 4. (a)	B, Kg. 6.

(a) Bey zween Zügen hat man die Wahl, zu ziehen was man will. Man könnte also auch ziehen B, Kg. 4. und Lfr, Kn. 3. oder B, Kg. 4. und Spr, Lfr. 3. Man wählt aber B, Kn. 4. zum zweeten Zuge, als den bequemsten, um die diesseitigen Bauern auf der Mitte festzusetzen, und den übrigen Steinen einen freyen Gang zu verschaffen.

2. B,

	Weiß.			Schwarz.
2.	B, Lfr. 4.	=	=	B, Lf. 5.
3.	B, Lf. 3.	=	=	B, Kn. 5.
4.	B, Kn. 5.	=	=	B, Spr. 6. (b)

(b) Er zieht diesen Bauern, um das Vordringen der diesseitigen auf der Seite, wo er am schwächsten ist, zu verhindern. Man muß aber den Bauern des Thurns dagegen anrücken lassen, um ohne Zeitverlust den vorgegebenen Vortheil zu benutzen.

5.	*B, Thrn. 4.	=	=	Lfr, Spr. 7.
6.	B, Thrn. 5.	=	=	Spr, Kg. 7.
7.	B, Thrn. 6.	=	=	Lfr, 8.
8.	*B, Spr. 4.	=	=	*B, Kn. 4.
9.	*B, Kn. 4.	=	=	Spr, Lf. 6. (c)

(c) Der Bauer des Springers des Königs, den man beym achten Zuge zween Schritte vorgerückt hat, verhindert ihn, seinen Springer auf Spr, Lfr. 5. zu setzen, wodurch sein Spiel ungemein aufgehalten, und diesseits der Gewinn desselben versichert wird.

10.	B, Th. 3.	=	=	Lfr, Kg. 7.
11.	Spr, Lfr. 3.	=	=	B, Sp. 6.
12.	Sp, Lf. 3.	=	=	Sp, Th. 6.
13.	*Lfr, Sp. 5.	=	=	Lf, Sp. 7.
14.	*Kn, Th. 4.	=	=	Sp, 8.
15.	Kn, Lf. 2.	=	=	B, Th. 6.
16.	*Lfr, Kn. 3.	=	=	Kn, 7.
17.	Lf, Kg. 3. (d)	=	=	B, Th. 5.

(d) Man könnte zwar itzt gleich den Bauern des Läufers des Königs vorrücken, wie solches beym ein und zwanzigsten Zuge geschehen wird, man thut aber besser, wenn man zuförderst allen Steinen einen venischen Gang verschafft, und dadurch den entworfenen Angriff desto sicherer macht. Versäumt man dieses, so kann er leicht fehlschlagen.

Weiß.		Schwarz.
18. *Kg, Lfr. 2. (e)	= =	Lf, Th. 6.

(e) Weil man den Bauern des Springers des Königs zween Schritte vorgerückt hat, so darf man nicht mehr ans Rochen denken. Man setzt lieber den König auf das zweyte Feld seines Läufers. Er ist daselbst von den Bauern gedeckt, und im Stande, sowohl diese Bauern selbst, als auch die übrigen Steine zu unterstützen, mit welchen man den Gegner auf der Seite angreift, auf welcher er aus Mangel des vorgegebenen Bauern am schwächsten ist.

19. *Sp, 5. (f)	= =	Kg, Spr. 8.

(f) Man muß den Läufer des diesseitigen Königs zu erhalten suchen, weil er zum Gewinn dieses Spiels der beste Stein ist.

20. Th, Spr. 1.	= =	Kg, Thrn. 8.
21. *B, Lfr. 5.	= =	B, Lfr. 5.
22. B, Lfr. 5.	= =	Lf, Sp. 5.
23. *B, Spr. 6.	= =	Lf, Kn. 3.
24. B, Spr. 7. †.	= =	Kg, Spr. 8.
25. B, Lfr. 8. Kn. †.	= =	Kg, Lfr. 8.
26. Kn, 3. gewinnt.		

Zweytes

Zweytes Spiel.

Man zieht, beym dritten Zuge, B, Kn. 5. anstatt B, Lf. 3.

	Weiß.			Schwarz.
1.	B, Kg. 4. u. B, Kn. 4.	=	=	B, Kg. 6.
2.	B, Lf. 4.	=	=	B, Lf. 5.
3.	*B, Kn. 5.	=	=	B, Kn. 6.
4.	B, Lf. 4.	=	=	B, Kg. 5.
5.	Spr, Lfr. 3.	=	=	Kn, Lf. 7.
6.	Lfr, Kn. 3.	=	=	Spr, Lf. 6.
7.	Sp, Lf. 3.	=	=	B, Th. 6.
8.	*B, Lfr. 5.	=	=	B, Sp. 6.
9.	B, Thrn. 3.	=	=	B, Thrn. 6.
10.	Lf, Kg. 3.	=	=	Sp, Kn. 7.
11.	Kn, Kg. 2.	=	=	Lf, Sp. 7.
12.	*B, Spr. 4.	=	=	Lfr, Kg. 4.
13.	Kg, Lfr. 1.	=	=	Kg, Lf. 8.
14.	Th, Spr. 1.	=	=	Th, Lfr. 8.
15.	B, Thrn. 4.	=	=	Kg, Sp. 8.
16.	B, Spr. 5.	=	=	Spr, Kg. 8.
17.	Kn, 2.	=	=	B, Thrn. 5.
18.	Sp, Kg. 2.	=	=	Thrn, Spr. 8.
19.	Sp, Spr. 3.	=	=	Thrn, 8. (a)

(a) Wer einem Spieler, der die vorgegebenen Vortheile zu benutzen weiß, einen Bauern und zween Züge vorgiebt, sieht sich oft genöthigt, zu seiner Vertheidigung lauter Nothzüge, oder wohl gar ganz unbedeutende Züge zu thun, unterdessen jener alle nöthige Muße hat, sein Spiel aufs beste einzurichten, und einen Angriff ins Werk zu setzen, der ihm entweder noch mehrere Vortheile, oder auch

auch den unvermeidlichen Gewinn des Spiels zuwege bringt.

Weiß.		Schwarz.
20. Lfr, Kg. 2.	= =	Kg, Th. 7.
21. Spr, Kg. 1.	= =	B, Spr. 6.
22. *B, Lfr. 6.	= =	Spr, Lfr. 6.
23. B, Lfr. 6.	= =	Sp, Lfr 6.
24. Kg, Spr. 2.	= =	Lf, 8.
25. Th, Lfr. 1.	= =	Kn, 8.
26. Lf, Spr. 5.	= =	Th, Lfr. 7.
27. Lf, Lfr. 6.	= =	Lfr, 6.
28. Spr, Lfr. 3.	= =	Thrn, 7.
29. Spr, 5.	= =	Lfr, Spr. 5.
30. Th, Lfr. 7. †	= =	Thrn, Lfr. 7.
31. Kn, Spr. 3.	= =	Thrn. Lfr. 6.
32. Thrn, Lfr. 1. gewinnt.		

Drittes Spiel.

Der Schwarze, anstatt des Bauern des Läufers der Königinn, zieht, beym zweeten Zuge, den Bauern seiner Königinn zween Schritte.

Weiß.		Schwarz.
1. B, Kg. 4. u. B, Kn. 4.	=	B, Kg. 6.
2. B, Lfr. 4.	= =	*B, Kn. 5.
3. B, Kg. 5.	= =	B, Lf. 5.
4. B, Lf. 3.	= =	Sp, Lf. 6.
5. Spr, Lfr. 3.	= =	Spr, Thrn. 6.
6. Lfr, Kn. 3.	= =	Kn, Sp. 6.

Weiß.		Schwarz.
7. B, Th. 3.	= =	Lf, Kn. 7.
8. *Lfr, Lf. 2. (a)	= =	B, Lf. 4.

(a) Wenn er, ehe er seinen König durch den Zug Lf, Kn. 7. deckte, den diesseitigen Bauern B, Kn. 4. genommen hätte, so hätte man seinen Bauern mit dem Springer Spr, Lfr. 3. wieder genommen. Nahm er diesen Springer, so nahm man den seinigen wieder mit dem Bauer B, Lf. 3. und hätte er etwan geglaubt, diesen Bauern vermittelst des Zuges Kn, 4. zu erbeuten, so verlor er seine Königinn vermöge des Schachs, den man ihm durch Wegrückung des diesseitigen Läufers Lfr, Kn. 3. geboten hätte. Dies ist aber nicht mehr möglich, sobald er Lf, Kn. 7. gezogen hat; folglich ist der diesseitige Bauer B, Kn. 4. von Stund an in Gefahr, und muß durch die Königinn unterstützt werden, welches durch Wegrückung des Läufers auf das Feld Lfr, Lf. 2. geschieht.

9. Sp, Kn. 2.	= =	Lfr, Kg. 7.
10. Th, Sp. 1.	= =	Kg, Spr. 8.
11. B, Sp. 3.	= =	B, Sp. 3. (b)

(b) Nähme er mit seinem Thurn den diesseitigen Bauern B, Lfr. 4. so zöge man Sp, Lf. 4. und griffe zu gleicher Zeit seine Königinn und seinen Thurn an.

12. Sp, 3.	= =	Kn, Lf. 7.
13. *Kn, 3.	= =	B, Spr. 6.
14. *B, Thrn. 3.	= =	Th, Kg. 8.
15. B, Spr. 4.	= =	Kn, Lf. 8.
16. *B, Lfr. 5.	= =	Spr, Lfr. 7.
17. B, Spr. 6. gewinnt.	=	

F Vier=

Viertes Spiel.

Der Schwarze setzt, beym zweeten Zuge, den Springer seines Königs auf das dritte Feld seines Thurns.

	Weiß.	Schwarz.
1.	B, Kg. 4. u. B, Kn. 4.	B, Kg. 6.
2.	B, Lfr. 4.	Spr, Thrn. 6.
3.	B, Lf. 4.	Spr, Lfr. 7.
4.	Lfr, Kn. 3.	*Lfr, Sp. 4. †.
5.	*Sp, Lf. 3.	Lfr, Lf. 3. †.
6.	B, Lf. 3. (a)	Kg, Spr. 8.

(a) Es ist schon oben angeführt worden, daß ein Doppelbauer nicht immer schädlich sey.

7.	*Kn, Thrn. 5. (b)	B, Spr. 6.

(b) Man zieht die Königinn hierher, um ihn zur Vorrückung des Bauers seines Springers zu nöthigen, auf welchen man nachher den Bauern des diesseitigen Thurns anrücken läßt.

8.	Kn, Spr. 4.	Kg, Thrn. 8.
9.	*B, Thrn. 4.	B, Kn. 6.
10.	B, Thrn. 5.	B, Kg. 5.
11.	Kn, Spr. 3.	Kg, Spr. 7.
12.	*B, Lfr. 5.	Kn, Lfr. 6.
13.	Spr, Lfr. 3.	Thrn, Spr. 8.
14.	B. Thrn, Spr. 6.	B, Spr. 6.
15.	B, Kg. 5.	B, Kg. 5.
16.	Spr, 5.	Thrn, 8.
17.	*Kg, Spr. 1.	Spr, 5.
18.	Lf, Spr. 5.	Kn, 6.

Weiß.		Schwarz.
19. *B, Lf. 5. (c)	- -	Kn, Lf. 5. †.

(c) Man opfert diesen Bauern auf, um dem Läufer des diesseitigen Königs freyes Spiel zu verschaffen, welcher dann, mit Hülfe der übrigen Steine, den diesseitigen Gewinn des Spiels in wenig Zügen entscheiden muß.

20. Lf, Kg. 3.	- -	Kn, 6.
21. Th, Kn. 1.	- -	Kn, Lfr. 6.
22. B, Spr. 6.	- -	Kn, Spr. 6.
23. Kn, Kg. 5. †. gewinnt.		

Fünftes Spiel.

Man zieht, beym zweeten Zuge, den Bauern des Läufers der Königinn zween Schritte, anstatt den Bauern des Läufers des Königs zu ziehen.

Weiß.		Schwarz.
1. B, Kg. 4. u. B, Kn. 4.	- -	B, Kg. 6.
2. *B, Lfr. 4.	- - -	B, Lf. 5. (a)

(a) Er zieht diesen Bauern, um die diesseitigen zu trennen, und seinen Steinen Luft zu machen.

3. *B, Kn. 5.	- - -	B, Kn. 6.
4. B, Lfr. 4.	- -	Spr, Thrn. 6. (b)

(b) Wenn anstatt Spr, Thrn. 6. der Gegner B, Kg. 5. zöge, so stünde das Spiel eben so, wie das zweyte Spiel dieses Abschnitts. S. oben S. 79.

5. Spr, Lfr. 3.	- -	Spr, Lfr. 7.
6. Lfr, Kn. 3.	- -	Lfr, Kg. 7.

Weiß.		Schwarz.
7. Sp, Lf. 3.	= =	B, Kg. 5.
8. B, Lfr. 5.	= =	Kg, Spr. 8.
9. *B, Thrn. 4. (c)	=	B, Thrn. 6.

(c) Durch diesen Zug bereitet man den Angriff auf den feindlichen König, und beugt zugleich dem Angriffe vor, den er gegen den diesseitigen schmieden könnte, indem man sich durch diesen vorgerückten, und vom Thurn unterstützten Bauern gegen das Eindringen seiner Steine deckt.

10. B, Spr. 4.	= =	Sp, Th. 6.
11. *Kg, 2. (d)	= =	Sp, Lf. 7.

(d) Man kann, weil man noch nicht gerocht hat, den König eben so gut hierher ziehen, als auf das Feld Kg, Lfr. 2., zumal da er auf diesem Felde außer der Richtung des Thurns des feindlichen Königs steht.

12. Lf, Kg. 3.	= =	Lf, Kn. 7.
13. *Kn, 2.	= =	B, Th. 6.
14. *B, Spr. 5.	= =	B, Sp. 5.
15. Th, Spr. 1.	= =	B, Sp. 4.

16. Sp, Kn. 1. u. s. w. Der Schwarze mag nun spielen, wie er will, so hat er unfehlbar das Spiel verloren.

Sechstes Spiel.

Der Schwarze rückt beym ersten Zuge den Springer seiner Königinn vor.

Weiß.		Schwarz.
1. B, Kg. 4. u. B, Kn. 4.	=	Sp, Lf. 6.

2. B,

	Weiß.		Schwarz.
2.	B, Lfr, 4.	: :	B, Kn. 5. (a)

(a) Wenn der Schwarze, beym zweeten Zuge, anstatt den Bauern der Königinn zween Schritte vorzurücken, den Bauern des Königs zween Schritte zieht, so wirds gezogen:

2.	: : :	:	B, Kg. 5.
3.	B, Kg. 5.	:	Sp, Kg. 5.
4.	B, Kg. 5.	:	Kn, Thrn. 4. †
5.	Kg, Kn. 2.	:	Kn, Kg. 4.
6.	Kn, Kg. 2. gewinnt.		

3.	B, Kg. 5.	: :	Lf, Lfr. 5.
4.	B, Lf. 3.	: :	B, Kg. 6.
5.	Lfr, Kn. 3.	: :	Spr, Thrn. 6.
6.	Spr, Lfr. 3.	: :	Lfr, Kg. 7.
7.	Kg, Spr. 1.	: :	Kg, Spr. 8.
8.	B, Thrn. 3.	: :	Lf, Kn. 3.
9.	Kn, 3.	: :	Kn, 7.
10.	Lf, Kg. 3.	: :	Spr, Lfr. 5.
11.	*Lf, Lfr. 2.	: :	Th, Kg. 8.
12.	B, Spr. 4.	: :	Spr, Thrn. 6.
13.	*Lf, Kg. 3.	: :	B, Th. 6.
14.	Sp, Kn. 2.	: :	Sp, Kn. 8.
15.	*Kg, Spr. 2.	: :	B, Lf. 6.
16.	Kg, Spr. 3.	: :	B, Sp. 5.
17.	*B, Thrn. 4.	: :	Sp, 7.
18.	*Thrn, 1.	: :	B, Lf. 5.
19.	*Spr, 5.	: :	Lfr, Spr. 5.

20. B. Thrn, Spr, 5. gewinnt einen Stein, oder giebt Matt.

Zweeter Abschnitt.

Vom Vorgeben eines Bauers und eines Zuges.

Erstes Spiel.

Der den Bauern und Zug vorgiebt, fängt damit an, daß er den Bauern des Königs einen Schritt vorrückt.

	Weiß.		Schwarz.
1.	B, Kg. 4.	. .	B, Kg. 6.
2.	B, Kn. 4.	. .	B, Lf. 5.
3.	B, Lf. 3.	. .	B, Kn. 4.
4.	B, Kn. 4.	. .	Sp, Lf. 6.
5.	B, Lfr. 4.	. .	B, Spr. 6.
6.	Spr, Lfr. 3.	. .	Lfr, Spr. 7.
7.	Sp, Lf. 3.	. .	Spr, Kg. 7.
8.	Lf, Kg. 3.	. .	Kg, Spr. 8.
9.	* Kn, 2.	. .	B, Kn. 6.
10.	Lfr, Kn. 3.	. .	B, Th. 6.
11.	* Kg, Lf. 1. (a)	. .	B, Sp. 5.

(a) Es ist schon oben angemerkt worden, daß es oft zuträglich sey, auf der Seite der Königinn zu rochen, zumal wenn der Gegner auf der Seite seines Thurns gerocht hat. Ueberhaupt läßt sich eher eine Oeffnung gegen den König machen, wenn er auf der Seite seines Thurns gerocht hat, weil die Steine, nach dem Maaße, wie sie hervorgerückt werden, ihre natürliche Richtung gegen diese Seite haben.

	Weiß.		Schwarz.
12.	*B, Spr. 4.	- -	Kn, Lf. 7.
13.	*Kg. Sp. 1.	- -	Th, Sp. 8.
14.	B, Thrn. 4.	- -	Sp, Th. 7.
15.	B, Thrn. 5.	- -	Lf, Kn. 7.
16.	B, Spr. 6.	- -	B, Spr. 6.
17.	Spr, 5.	- -	B, Sp. 4.
18.	*Kn, Thrn. 2.	- -	Thrn, Kn. 8.
19.	Kn, Thrn. 7. †	- -	Kg, Lfr. 8.
20.	Sp, Kg. 2.	- -	B, Th. 5.
21.	*B, Kg. 5. (b)	- -	B, Kn. 5.

(b) Man zieht diesen Bauern, um dem Läufer des feindlichen Königs, der nebst seiner Königinn, einem Thurn und zween vorgedrungenen Bauern gegen den diesseitigen seine Richtung hat, den Weg zu versperren; überdies greift man dadurch seinen Bauern B, Spr. 6. an, den er gar nicht retten kann.

22.	Lfr, Spr. 6.	- -	Spr, 6.
23.	Kn, Spr. 6.	- -	Lf, 8.
24.	* Thrn, 7. gewinnt.		

Dasselbe Spiel auf eine andere Art.

Oder Zurückführung des ersten Spiels auf den zweeten Zug, da der Schwarze, anstatt des Bauers des Läufers seiner Königinn, den Bauern seiner Königinn zween Schritte vorrückt.

	Weiß.		Schwarz.
2.	&c.	- -	B, Kn. 5.
3.	&c. B, Kg. 5.	- -	B, Lf. 5.

 4. B,

Weiß.		Schwarz.
4. B, Lf. 3.	- -	Sp, Lf. 6.
5. *Lfr, Sp. 5. (a)	- -	Lf, Kn. 7.

(a) Man kann nach den Umständen keinen bessern Zug thun, als daß man den Läufer des diesseitigen Königs gegen seinen Springer anrücken läßt, und denselben wegnimmt, ehe er seine Königinn auf das Feld Kn, Sp. 6. ziehen kann, sonst würde man schwerlich den durch diesen Springer angegriffenen Bauern der Königinn retten: Und da er auch, vor dem Zuge Sp, Lf. 6. durch den Zug Kn, Sp. 6. den diesseitigen Zug Lfr, Sp. 5. zu verhindern suchen möchte, so könnte man füglich, um ihm zuvorzukommen, anstatt B, Lf. 3. beym vierten Zuge Lfr, Sp. 5. ziehen.

6. Lfr, Lf. 6. (b)	- -	Lf, 6.

(b) Wenn man nicht Lfr, Lf. 6. zöge, so würde er Sp, Kg. 5. ziehen, und einen Bauern gewinnen. Man opfert zwar dadurch den Läufer des Königs auf, der einer der besten Steine des Spiels ist, und den man den Angriffsläufer nennt; allein dieser Stein wird weniger nützlich, wenn, wie im gegenwärtigen Spiel, der Gegner den Bauern seines Königs nur einen Schritt vorgerückt hat, weil alsdann dieser Läufer das Feld des Bauern des feindlichen Königsläufers nicht bestreichen kann.

7. Kn, Spr. 4.	- -	Kn, 7.
8. *Spr, Lfr. 3. (c)	- -	Kg, Lf. 8.

(c) Es ist oben die Vorschrift gegeben worden, daß man die Springer nicht eher versetzen solle, als bis man die Bauern der Läufer gezogen hat; allein diese Vorschrift leidet ihre Ausnahmen. Wenn man, im vorliegenden Falle, B, Lfr. 4. zöge, anstatt *Spr, Lfr. 3. so versperrte man dem Läufer der

der diesseitigen Königinn den Weg, und der Gegner würde die ihm dadurch gelassene Zeit benutzen, und erst Spr, Thrn. 6. hernach aber Spr, Lfr. 5. ziehen.

Weiß.		Schwarz.
9.	Kg, Spr. 1.	* B, Lf. 4.
10.	B, Sp. 3.	Spr, Kg. 7.
11.	Lf, Spr. 5. (d)	B, Thrn. 5.

(d) Man macht sich einen Stein loß, und nimmt zugleich dem Gegner die Freyheit, sich seines Springers zu bedienen, der nicht eher brauchbar wird, als bis er seinen Thurn aus der Richtung auf den diesseitigen Läufer weggezogen hat; hierdurch wird also seinerseits ein Zeitpunkt verloren, und diesseits gewonnen. Die Wissenschaft dieses Spiels besteht darinn, dem Gegner Zeit abzugewinnen, indem man ihn nöthigt, gezwungene und folglich unbedeutende Züge zu thun. Eine Wahrheit, die man sich nicht fest genug einprägen kann!

12.	Kn, Thrn. 3.	Th, Kg. 8.
13.	* Spr, Thrn. 4. (e)	Kg, Sp. 8.

(e) Man schafft hierdurch der Königinn Luft, und hindert den Gegner, seinen Springer zu gebrauchen, den er nicht mit Nutzen auf Spr, Lfr. 5. ziehen kann.

14.	Sp, Kn. 2.	B, Sp. 3.
15.	B, Sp. 3.	B, Th. 6.
16.	Kn, 3.	* Th, Kn. 8. (f)

(f) Er zieht seinen Thurn wieder auf dieses Feld, um ihm die Richtung auf den diesseitigen Bauern B, Kn. 4. zu geben, wenn er in der Folge Lf, Sp. 5. gezogen, und dadurch diesseits den gezwungenen

Zug B, Lf. 4. bewirkt haben wird, wodurch der diesseitige Bauer B, Kn. 4. in Gefahr bleibt. Man kann aber diesem Streiche vorbeugen, wenn man Thrn, Lf. 1. zieht, und ihn dadurch nöthigt, seinen Thurn wieder auf die Reyhe des Läufers seiner Königinn zu setzen. Die allgemeinen Regeln hierbey sind:

1) Man muß in die Absichten des Gegners und in die Gründe eindringen, aus welchen er diesen oder jenen Zug gethan hat, sonst ist man nicht mehr im Stande, ihm auszuweichen.

2) Wenn der gemachte Entwurf eines Angriffs nicht mehr auszuführen steht, weil der Gegner ihn entdeckt hat, so muß man den Stein, der zur Ausführung dieses Entwurfs bestimmt war, ohne Zeitverlust zu einem andern Versuch, oder wenigstens zu seiner eignen Vertheidigung anwenden.

	Weiß.		Schwarz.
17.	Thrn, Lf. 1.	- -	Th, Lf. 8.
18.	*B, Lf. 4.	- -	Thrn, Spr. 8.
19.	B, Lfr. 4.	- -	Kn, Kg. 8.
20.	*Lf, Kg. 7. (g)	- -	Lfr, Kg. 7.

(g) Da der diesseitige Springer und Läufer auf der Stelle, wo sie stehen, forthin unnütz sind, so giebt man Stein um Stein, um die Zeit nicht mit ihrer Zurückziehung zu verschwenden.

21.	Spr, Lfr. 3.	- -	B, Spr. 6.
22.	Spr, 5.	- -	Kn, 7. (h)

(h) Er nimmt den Springer nicht, obgleich daraus diesseits ein Doppelbauer entstehen würde, aus zwo Ursachen:

1) Weil der diesseitige Doppelbauer den König desto besser gegen den Angriff decken würde, den er von dieser Seite zu vollführen Willens ist.

2) Weil ihm sein Läufer, zur Verhinderung des Vordringens der diesseitigen Bauern von der linken Seite, unentbehrlich ist.

Weiß.		Schwarz.
23. Sp, Lfr. 3.	= =	Th, Kn. 8.
24. *Thrn, Kn. 1. (i)	=	Lfr, Spr. 5.

(i) Man zieht den Thurn hierher, um den Bauern Kn. 4. zu decken.

25. Sp, Spr. 5.	= =	Thrn, Spr. 7.
26. *Sp, Lfr. 3.	= =	Th, Spr. 8.
27. B, Thrn. 4.	= =	Kn, Kg. 7.
28. *B, Spr. 3. (k)	= =	Kn, Sp. 4.

(k) Würde dieser Bauer nicht gerückt, so zöge er B, Lf. 4. und darauf Lf, Lfr. 3. wodurch alsdann der diesseitige Bauer B, Thrn. 4. im Bloßen bleiben würde.

29. *Sp, Kg. 1.	= =	Thrn, Lf. 7. (l)

(l) S. oben Anmerkung (f).

30. Sp, Lf. 2.	= =	Kn, Kg. 7.
31. Sp, Kg. 3. (m)	= =	Thrn, Kn. 7.

(m) Dies ist das Feld, wohin man schon mit diesem Springer zielte, als man beym neun und zwanzigsten Zuge Sp, Kg. 1. zog. Durch diesen Springer auf diesem Felde wird man in den Stand gesetzt, seinen Bauern B, Kn. 5. zu nehmen, welches man nicht eher wagen mußte, als bis man im Stande war, seinen Läufer mit dem auf Sp, Kg. 3. gezogenen Springer zu nehmen, weil dieser durch seinen

seinen Bauern B, Kg. 6. unterstützter Läufer das Vordringen der diesseitigen Mittelbauern, in denen die ganze Stärke des Spiels besteht, verhindert hätte.

	Weiß.	Schwarz.
32.	B, Kn. 5.	Lf, Kn. 5.
33.	Sp, Kn. 5.	Thrn, Kn. 5.
34.	Thrn, Lf. 1.	Kn, 7.
35.	Th, 4.	Kg, Th. 7. (n)

(n) Man ist oft genöthigt, sowohl beym Angriff, als bey der Vertheidigung, unnütze und zwecklose Züge zu thun, weil man nichts bessers vornehmen kann.

36.	Th, Lf. 4.	Thrn, Sp. 5.
37.	Th, Lf. 7.	Kn, 5.
38.	*Thrn, Lf. 4.	Kg, Sp. 8.
39.	Kn, Lf. 3.	Kg, Th. 7.
40.	*Thrn, Sp. 4.	Thrn, Sp. 4.
41.	Kn, Sp. 4.	Kn, Lfr. 3.
42.	Kn, Lf. 3.	Kn, Kg. 4.
43.	Th, Kg. 7.	Th, Kn. 8.
44.	*Th, Kg. 6. (o)	Kn, 4.

(o) Man nimmt diesen Bauern, weil man gar nicht Gefahr läuft, den Bauern B, Kn. 4. zu verlieren, den er nicht anders, als mit der Königinn nehmen kann; denn nähme er ihn mit dem Thurne, so wäre er auf der Stelle matt.

45.	Kn, 4.	Th, Kn. 4.
46.	Th, Spr. 6.	Th, Sp. 4.
47.	B, Kg. 6.	Th, Sp. 3.
48.	*Th, Spr. 5. (p)	B, Sp. 5.

(p) Ein

(p) Ein wichtiger Zug, um den diesseitigen Bauern B, Kg. 6. in die Dame zu bringen.

Weiß.		Schwarz.
49.	*Kg, Spr. 2. (q) - -	B, Th. 5.

(q) Wenn man den König nicht vorrücken ließe, so würde der Gegner den Bauern B, Kg. 6. mit seinem Thurn angreifen; wollte man ihn aber mit dem Thurn durch den Zug Th, Kg. 5. decken, so würde er den Bauern B, Spr. 3. schlagen. Am Ende des Spiels ist der König der beste Stein, der sich dadurch gegen das Schachbieten deckt, daß er seine Stellung auf einem Felde nimmt, von wo er zu gleicher Zeit alle ihm noch übrig gebliebene Bauern oder Steine deckt.

50.	B, Kg. 7. - -	Th, Kg. 3.
51.	Th, Kg. 5. gewinnt.	

Dasselbe Spiel auf eine andere Art.

Oder Zurückführung des vorigen Spiels auf den dritten Zug, wo man, anstatt des Zuges B, Kg. 5., auch füglich den Bauern schlagen kann, wie folgt.

	Weiß.	Schwarz.
3.	B, Kn. 5. - -	B, Kn. 5.
4.	Kn, Thrn. 5. †. - -	B, Spr. 6.
5.	Kn, Kg. 5. †. - -	Kn, Kg. 7.
6.	Lf, Lfr. 4. - -	B, Lf. 6.
7.	Lfr, Kg. 2. - -	Lfr, Spr. 7.
8.	Kn, Kg. 7. †. - -	Spr, Kg. 7.
9.	Spr, Lfr. 3. - -	Kg, Spr. 8.

10.

	Weiß.		Schwarz.
10.	*Lf, Kg. 5.	= =	Sp, Kn. 7.
11.	Kg, Spr. 1.	= =	Sp, Kg. 5.
12.	Spr, Kg. 5. (a)	= =	Lfr, Kg. 5.

(a) Man schlägt lieber mit dem Springer, als mit dem Bauern, um dem Bauern des Läufers des diesseitigen Königs Platz zu machen, der diesen in das Spiel des Gegners eingedrungenen Springer unterstützen soll. Entschließt er sich, diesen Springer zu nehmen, so erhält man dadurch einen **Freybauern**, dessen Nützlichkeit oben in der Anmerkung (h) über das vierte Spiel des zweeten Abschnitts des ersten Kapitels S. 67. gelehret worden.

13.	B, Kg. 5.	= =	Thrn, Lfr. 4. (b)

(b) Er sucht zu verhindern, daß man nicht den Freybauern mit dem Bauern des Läufers des diesseitigen Königs unterstütze.

14.	Lfr, Kn. 3.	= =	Lf, Lfr. 5.
15.	Lfr, 5.	= =	Sp, Lfr. 5.
16.	B, Spr. 3.	= =	Thrn, Kg. 4.
17.	*B, Lfr. 4.	= =	Thrn, Kg. 2.
18.	Sp, Th. 3.	= =	Sp, Kg. 3.
19.	Thrn, Lfr. 2.	= =	Thrn, Lfr. 2.
20.	Kg, Lfr, 2.	= =	Sp, Spr. 4. †
21.	Kg, Spr. 2.	= =	Th, Kn. 8.
22.	B, Thrn. 3.	= =	Sp, Thrn. 6.
23.	B, Spr. 4.	= =	B, Th. 6.
24.	Th, Kn. 1.	= =	Sp, Lfr. 7.
25.	B, Thrn. 4.	= =	B, Lf. 5.
26.	B, Lf. 3.	= =	B, Sp. 5.
27.	Sp, Lf. 2.	= =	B, Th. 5.

	Weiß.		Schwarz.
28.	Sp, Kg. 3.	= =	B, Kn. 4.
29.	B, Kn. 4.	= =	B, Kn. 4.
30.	Sp, Lf. 2.	= =	B, Kn. 3.
31.	Sp, Kg. 1.	= =	B, Kn. 2.

32. Sp, Lfr. 3. schlägt nachher den Bauern, und gewinnt folglich das Spiel.

Zweytes Spiel.

Der den Bauern und Zug vorgiebt, fängt damit an, daß er den Bauern der Königinn einen Schritt vorzieht.

	Weiß.		Schwarz.
1.	B, Kg. 4.	= =	B, Kn. 6.
2.	B, Kn. 4.	= =	Spr, Lfr. 6.
3.	Lfr, Kn. 3.	= =	B, Kg. 5.
4.	B, Kg. 5. (a)	= =	B, Kg. 5.

(a) Wenn man bey diesem Anfange des Spiels den Bauern vorrückte, anstatt damit zu schlagen, so würde dieser Bauer des diesseitigen Königs zum Angriff gänzlich unbrauchbar bleiben, weil ihm der Bauer des feindlichen Königs im Wege stehen würde. Man schlägt also lieber damit, zumal da der Gegner dadurch mitten auf dem Brette einen **einzelnen** Bauern bekömmt. Ein einzelner Bauer aber (pion isolé), worunter ein solcher verstanden wird, der nicht von einem andern gedeckt ist, ist gemeiniglich verloren.

5.	Lf, Spr. 5.	= =	Lfr, Kn. 6.
6.	B, Thrn. 3.	= =	Lf, Kg. 6.

7. Spr,

Weiß.		Schwarz.
7. *Spr, Kg. 2.	= =	Kg, Spr. 8.
8. Kg, Spr. 1.	= =	Sp, Kn. 7.
9. B, Lf. 4.	= =	Sp, 6.
10. B, Sp. 3.	= =	Kn, Kg. 8.
11. Lf, Lfr. 6. (b)	=	Thrn, Lfr. 6.

(b) Wenn man seinen Springer nicht nähme, so würde er Kn, Spr. 6. ziehen, und mit der größten Gefahr des diesseitigen Mattwerdens den Läufer oder den Bauern B, Thrn. 3. schlagen. Man muß vorgedrungene Steine niemals ohne Unterstützung lassen, weil man immer Gefahr läuft, sie entweder durch einen verdeckten oder offenbaren Schach zu verlieren.

12. Sp, Lf. 3.	= =	Kn, Spr. 6.
13. Kg, Thrn. 1.	= =	B, Lf. 6.
14. B, Th. 3. (c)	=	Th, Lfr. 8.

(c) Man zieht diesen Bauern, um nachher den Bauern des Springers vorrücken zu können. S. den sechs und zwanzigsten Zug.

15. B, Lfr. 3.	= =	Kn, Spr. 5.
16. *Kn, Lf. 1. (d)	= =	Kn, Thrn. 4.

(d) Wenn man die feindliche Königinn, nebst andern Steinen, ihre Richtung gegen den diesseitigen König nehmen sieht, so muß man dem Gegner Königinn um Königinn anbieten, wenn man die seinige anders nicht loß werden kann.

17. Kn, Kg. 1.	= =	Kn, Thrn. 6.
18. Kg, Thrn. 2.	= =	Thrn, Spr. 6.
19. *B, Spr. 4.	= =	Kn, Spr. 5.
20. Spr, 3.	= =	Thrn, 6.

	Weiß.	Schwarz.
21.	*Kn, Spr. 2.	Kn, Thrn. 4.
22.	Thrn, 1. (e)	B, Spr, 6.

(e) Dies alles sind Züge, die man aus Noth thun muß.

23.	Spr, Kg. 2.	Kn, Lfr. 6.
24.	Kn, Spr. 3.	Kn, Kg. 7.
25.	B, Thrn. 4.	Sp, Kn. 7.
26.	B, Sp. 4.	Kg, Thrn. 8.
27.	B, Spr. 5.	Thrn, 5.
28.	B, Lf. 5.	Lfr, Lf. 7.
29.	*Sp, Kn. 1. (f)	Kn, Lfr. 7.

(f) S. oben die Anmerkung (g) über das erste Spiel im ersten Abschnitt des ersten Kapitels, S. 36.

30.	Sp, Kg. 3.	B, Thrn. 6. (g)

(g) Er will seinem Thurn wieder freyes Spiel verschaffen.

31.	Sp, Spr. 4.	B, Spr. 5.
32.	B, Spr. 5.	Kg, Spr. 7.
33.	Thrn, 5.	B, Thrn. 5.
34.	Sp, Thrn. 2.	Lfr, Kn. 8.
35.	Th, Spr. 1.	Kg, Spr. 6.
36.	Kg, Thrn. 1.	Lfr, Lf. 7. (h)

(h) Er zieht seinen Läufer auf dieses Feld zurück, um seinen Bauern B, Kg. 5. zu unterstützen; weil er sieht, daß man Willens ist, den Bauern B, Lfr. 3. gegen denselben anrücken zu lassen.

37.	Kn, Thrn. 4.	Thrn, 8.
38.	Spr, 3.	Lfr, Kn. 8.
39.	Spr, Lfr. 5.	Spr, Lfr. 8.

	Weiß.			Schwarz.
40.	*B, Lfr. 4.	=	=	B, Lfr. 4.
41.	Kn, Lfr. 4.	=	=	Lfr, Lf. 7.
42.	Kn, Lfr. 2.	=	=	Lfr, Thrn. 2.
43.	Kg, Thrn. 2.	=	=	Thrn, 7.
44.	Kn, 4.	=	=	B, Thrn. 4.
45.	*Kn, 6.	=	=	Thrn, 8. (i)

(i) Nun kann der Schwarze das Spiel nicht mehr retten, er mag ziehen, was er will.

46.	Spr, Kg. 7. †.	=	=	Kg, Spr. 7.
47.	Kn, Kg. 5. †.	=	=	Kg, Thrn. 7.
48.	B, Spr. 6. †.	=	=	Spr, 6.
49.	Spr, 6. gewinnt.			

Drittes Spiel.

Der den Bauern und Zug vorgiebt, fängt damit an, daß er den Bauern des Springers des Königs einen Schritt vorrückt.

	Weiß.			Schwarz.
1.	B, Kg. 4.	=	=	B, Spr. 6.
2.	B, Kn. 4.	=	=	Lfr, Spr. 7.
3.	*B, Thrn. 4.	=	=	B, Kg. 5.
4.	B, Lf. 3.	=	=	Spr, Kg. 7.
5.	*B, Kg. 5. (a)	=	=	Lfr, Kg. 5.

(a) Man nimmt diesen Bauern, weil der Schwarze genöthigt ist, ihn mit dem Läufer wieder zu nehmen, und man ihm dadurch einen Zug abgewinnt, indem man den Bauern des Läufers des Königs gegen diesen Läufer anrücken läßt.

6. *B,

	Weiß.	Schwarz.
6.	*B, Lfr. 4.	Lfr, Spr. 7.
7.	Lfr, Lf. 4.	Sp, Lf. 6.
8.	*B, Thrn. 5.	B, Kn. 6.
9.*	Spr, Thrn. 3. (b)	Lf, Thrn. 3.

(b) Da man den Bauern des Thurms vorgerückt hat, so zieht man lieber Spr, Thrn. 3. als Spr, Lfr. 3. um nicht der diesseitigen Königinn den Weg zu versperren, und der Gegner muß sich diesen Springer vom Halse schaffen, der sonst mit zween Zügen in sein Spiel eindringen würde.

10.	Thrn, 3.	Kn, 7.
11.	*Kn, Sp. 3.	Sp, Th. 5.
12.	Lfr, 7.†	Kg, Lfr. 8.
13.	Kn, Kg. 6.	Kn, Kg. 6.
14.	Lfr, Kg. 6.	Sp, Lf. 6.
15.	B, Spr. 4.	Sp, Kn. 8.
16.	Lfr, Sp. 3.	Spr, Lf. 6.
17.	Sp, Th. 3.	B, Th. 6.
18.	Lf, Kg. 3.	Sp, Lfr. 7.
19.	Kg, Lf. 1.	Kg, 7.
20.	B, Spr. 5.	Thrn, Lfr. 8.
21.	B, Lfr. 5.	B, Lfr. 5.
22.	B, Lfr. 5.	Kg, Kn. 7.
23.	Lfr, Kg. 6.†	Kg, Kn. 8.
24.	*B, Thrn. 6.	Lfr, Kg. 5.
25.	B, Spr. 6.	B, Spr. 6.
26.	B, Spr. 6.	Sp, Thrn. 8. verliert.

Dasselbe Spiel auf eine andere Art.

Man rückt, anstatt des Bauern des Thurns, beym zweeten Zuge, den Bauern des Läufers des Königs vor.

	Weiß.		Schwarz.
1.	B, Kg. 4.	- -	B, Spr. 6.
2.	B, Kn. 4.	- -	Lfr, Spr. 7.
3.	*B, Lfr. 4.	- -	B, Kg. 6.
4.	Spr, Lfr. 3.	- -	B, Kn. 6.
5.	B, Lf. 4.	- -	Sp, Kn. 7.
6.	*B, Kg. 5.(a)	-	Sp, 6.

(a) Da er nicht unterlassen würde, B, Kg. 5. zu ziehen, um dem Läufer des diesseitigen Königs den Weg zu versperren, so bald man ihn auf das Feld Lfr, Kn. 3. setzte, so muß man ihm zuvorkommen, und diesen Zug B, Kg. 5. gleich selbst thun.

7.	Lfr, Kn. 3.	- -	Lf, Kn. 7.
8.	Sp, Lf. 3.	- -	Kn, Kg. 7.
9.	Lf, Kg. 3.	- -	Spr, Thrn. 6.
10.	B, Thrn. 3.	- -	Kg, Lf. 8.
11.	B, Kn. 6.	- -	B, Kn. 6.
12.	B, Sp. 4.	- -	Kg, Sp. 8.
13.	B, Th. 4.	- -	Sp, Lf. 8.
14.	B, Lf. 5.	- -	B, Kn. 5.
15.	B, Sp. 5.	- -	Spr, Lfr. 7.
16.	Kg, Spr. 1.	- -	Kg, Th. 8.(b)

(b) Er thut diesen ganz unnützen Zug, weil er, bey der gegenwärtigen Lage dieses für ihn nun schon unfehlbar verlornen Spiels, nichts bessers zu ziehen weiß. Dieses Spiel wird hier bloß fortgesetzt, um zu lehren, wie man einen Angriff mit der größten Regelmäßigkeit fortführen soll.

	Weiß		Schwarz
17.	Kn, Sp. 3.	- -	Lf, Kg. 8.
18.	B, Th. 5.	- -	Kn, Lf. 7.
19.	B, Sp. 6.	- -	Kn, Kg. 7.
20.	*B, Th. 6.(c)	- -	[illegible] Lf. 6.

(c) Man hat noch immer Zeit genug, seinen Bauern B, Th. 7. zu nehmen; man zieht lieber diesen Bauern, B, Th. 5. den er nicht schlagen darf, weil der diesseitige Thurn gegen seinen König gerichtet steht.

21.	B, Th. 7.	- -	Sp, Th. 7.
22.	*Thrn, Sp. 1.	- -	Th, Sp. 8.
23.	Sp, Th. 4.	- -	Lf, Th. 4.
24.	Kn, Th. 4.	- -	Kn, Lf. 7.
25.	*Spr, Kg. 5.	- -	Thrn, Lfr. 8.(d)

(d) Er darf den Springer nicht nehmen, um nicht dem diesseitigen Läufer Lf, Kg. 3. Luft zu machen, und ihm dadurch die freye Richtung gegen seinen König zu geben.

26.	B, Sp. 7.†.	- -	Th, Sp. 7.
27.	Thrn, Sp. 7.	- -	Kn, Sp. 7.
28.	*B, Lf. 6.	- -	Kn, Lf. 7.
29.	Spr, Kn. 7.	- -	Thrn, Kg. 8.
30.	*Lfr, Th. 6.	- -	Kn, Lf. 6.
31.	*Lfr, Sp. 5.	- -	Kn, Lf. 7.
32.	Lfr, Lf. 6.†. und bald auch matt.		

Viertes Spiel.

Der den Bauern und Zug vorgiebt, fängt damit an, daß er den Springer des Königs auf das dritte Feld seines Thurns setzt.

	Weiß.			Schwarz.
1.	B, Kg. 4.	=	=	Spr, Thrn. 6.
2.	B, Kn. 4.	=	=	Spr, Lfr. 7.
3.	B, Lfr. 4.	=	=	B, Kg. 6.
4.	B, Lf. 4.	=	=	B, Lf. 5.
5.	B, Kn. 5.	=	=	B, Kn. 6. (a)

(a) Er könnte eben so gut auch B, Kg. 5. ziehen, damit man genöthiget würde, seinen Bauern zu nehmen, oder den diesseitigen vorzurücken, in welchem Falle er mit der Königinn Schach bieten, und das diesseitige Spiel in Unordnung bringen würde; Wenn er aber B, Kg. 5. zieht, so muß man dagegen Sp, Lf. 3. ziehen, und nachher den Bauern B, Lfr. 4. vorrücken, wenn ihn der Gegner nicht etwa nimmt. Uebrigens ist es nicht möglich, alle Spielarten einer Parthie anzuführen, und alle mögliche Kombinationen zu erschöpfen.

6.	Spr, Lfr. 3.	=	=	Lfr, Kg. 7.
7.	*Lf, Kg. 3.	=	=	Lfr, Thrn. 4. †.
8.	*Lf, Lfr. 2.	=	=	Lfr, 2. †.
9.	Kg, Lfr. 2. (b)	=		[illegible], Lfr. 6.

(b) Es ist schon oben angemerkt worden, daß das Unterlassen des Röchens keinen Schaden bringt, wenn man den König auf das zweyte Feld seines Läufers setzt, weil man dadurch den übrigen Steinen Luft, und den Thürnen die Freyheit verschafft, sich wechselseitig zu unterstützen.

	Weiß.				Schwarz.	
10.	Kn,	2.	=	=	Kg, Spr.	8.
11.	Lfr, Kn.	3.	=	=	Spr, Thrn.	6.
12.	B, Spr.	3.	=	=	B, Kn.	5.
13.	B. Lf, Kn.	5.	=	=	Sp, Th.	6.
14.	B, Th.	3. (c)		=	Sp, Lf.	7.

(c) Man könnte ihn nöthigen, einen Bauern zu verdoppeln, wenn man seinen Springer mit dem Läufer des Königs nähme; aber in der gegenwärtigen Lage behält man lieber den Läufer zum Angriff.

15.	Sp, Lf.	3.	=	=	Lf, Kn.	7.
16.	*Kg, Spr.	2.	=	=	B, Th.	6.
17.	B, Thrn.	3.	=	=	B, Sp.	5.
18.	B, Lfr.	5.	=	=	Spr, Lfr.	7.
19.	B, Spr.	4.	=	=	Spr, Kg.	5.
20.	Spr, Kg.	5.	=	=	Kn, Kg.	5.
21.	*B, Spr.	5.	=	=	Th, Kg.	8.
22.	Th, Lfr.	1.	=	=	Th, Kg.	7.
23.	*Sp, Kn.	1.	=	=	Th, Lfr.	7.
24.	Sp, Kg.	3.	=	=	Kn,	4.
25.	*Kn, Kg.	2.	=	=	B, Lf.	4.
26.	Lfr, Sp.	1.	=	=	B, Th.	5.
27.	Sp, Spr.	4.	=	=	B, Sp.	4.
28.	B, Thrn.	4.	=	=	Lf, Sp.	5.
29.	*Th, Kn.	1.	=	=	Kn, Lf.	5.
30.	B, Sp.	4.	=	=	B, Sp.	4.
31.	Kn, Kg.	1.	=	=	Lf, Kn.	7.
32.	B, Thrn.	5.	=	=	Sp,	5.
33.	B, Thrn.	6.	=	=	B, Spr.	6.
34.	Thrn, Lfr.	1.	=	=	B, Lf.	3.

	Weiß.			Schwarz.	
35.	*Thrn, Lf.	1.	= =	Kn, Lf.	4.
36.	*Spr, Kg.	3.	= =	Kn, Lf.	8.
37.	*Kn, Spr.	3.	= =	Kn,	8.
38.	B, Lf.	3.	= =	B, Lf.	3.
39.	Sp, Lf.	4.	= =	Kn, Lfr.	7.
40.	Lfr, Kn.	3.	= =	Lf,	8.
41.	*B, Spr.	6.	= =	B, Spr.	6.
42.	Thrn, Lfr.	7.	= =	Thrn, Lfr.	7.
43.	*B, Kg.	5.	= =	Lf, Lfr.	5.
44.	B, Kn.	6.	= =	Kn,	7.
45.	Sp, Kg.	5.	= =	Kn, Sp.	7.
46.	*Sp, Lf.	6.	= =	Lf, Kn.	3.
47.	Kn,	3.	= =	Kg, Thrn.	7.
48.	Sp, Kn.	8.	= =	Kn,	7.
49.	Sp, Kn.	7.	= =	Kn, Spr.	4.
50.	Kn, Spr.	3.	= =	Kn, Kg.	2.
51.	Kg, Spr.	1.	= =	Sp, Kn.	4.
52.	*B, Kg.	7.	= =	Sp, Lfr.	3.
53.	Kg, Thrn.	1.	= =	Kg, Kg.	4.
54.	*Sp, Kg.	6.	= =	Kn, Kg.	3.
55.	B, Kg.	8.	= =	Kg, Lf.	1.
56.	Kg, Spr.	2.	gewinnt.		

Zurückführung des vorigen Spiels auf den neunten Zug, den der Schwarze, anstatt Kn, Lfr. 6. nun folgendergestalt thut:

	Weiß.			Schwarz.	
9.	= = =		= =	B, Kn.	5.
10.	B, Lf, Kg.	5.	= =	Lfr, Spr.	4.

11.

	Weiß		Schwarz	
11.	Lfr, Kg.	2.	Lfr, Lfr.	3.
12.	Lfr,	3.	Kn, Thrn	4.†
13.	B, Spr.	3.	Kn, Lfr.	6.
14.	Kn, Kg.	2.	Kg, Spr.	8.
15.	Sp, Lfr.	3.	Sp, Kn.	7.
16.	*Kg, Spr.	2.	B, Th.	6.
17.	B, Th.	4.(d)	B, Spr.	5.

(d) Man sieht voraus, daß er den Bauern des Springers seiner Königinn vorrücken wird, um auf dieser Seite einzubrechen, und dies ist der Grund, warum man den Bauern des Thurns der Königinn setzt, um seinen Entwurf zu vereiteln.

18.	*Lfr, Spr.	4.	Th, Kn.	8.
19.	Lfr, Kn.	7.(e)	Th, Kn.	7.

(e) Es ist sehr gut, daß man sich einen seiner Springer vom Halse schafft, der übrigbleibende wird alsdann um so weniger gefährlich seyn.

20.	Kn, Spr.	4.	Th, Kg.	7.
21.	*B, Thrn.	4.(f)	B, Thrn.	6.

(f) Es ist die höchste Zeit, daß man suche, gegen seinen König eine Oeffnung zu machen.

22.	B. Thrn, Spr.	5.	B, Spr.	5.
23.	Kn, Thrn.	5.	Kn, Spr.	7.
24.	Th, Lfr.	1.	Thrn, Kg.	8.
25.	B, Lfr.	5.	Kn, Lfr.	6.
26.	Kn, Thrn.	7.†	Kg, Lfr.	8.
27.	Kn, Spr.	6.	Kn,	4.
28.	B, Lfr.	6. gewinnt.		

☞ Zurückführung des vorigen Spiels auf den siebzehnten Zug, wo der Schwarze, anstatt B, Spr. 5. nunmehro zieht:

Weiß.			Schwarz.
17.	. . .	.	Spr, Thrn. 6.
18.	Th, Kg. 1.	.	Th, Kg. 8.
19.	* Kn, 3. (g)	.	Th, Kg. 7.

(g) Da die Absicht des Schwarzen ist, Spr, Lfr. 5. zu ziehen, um nachher Spr Kn. 4. ziehen zu können, und also in das diesseitige Spiel mit seinem Springer einzubrechen, so zieht man die diesseitige Königinn aus der Richtung seines Thurns weg, damit er seinen Springer nicht auf das Feld Spr, Lfr. 5. setzen könne.

20.	Thrn, Lfr. 1.	.	Spr, Lfr. 7.
21.	Lfr, Spr. 4.	.	B, Thrn. 6.
22.	Lfr, Kn. 7.	.	Th, Kn. 7.
23.	Sp, Kn. 1.	.	Th, Kg. 7.
24.	Thrn, Lfr. 2.	.	Thrn, Kg. 8.
25.	Thrn, Kg. 2.	.	Kn, Spr. 6.
26.	Sp, Lfr. 2.	.	Kg, Thrn. 8.
27.	B, Thrn. 3.	.	B, Thrn. 5.
28.	B, Spr. 4.	.	Spr, Thrn. 6.
29.	*B, Kg. 5. (h)	.	Kn, Lfr. 7.

(h) Dies ist nun endlich der rechte Zeitpunkt, den Bauern vorrücken zu lassen, der den Gewinn des Spiels entscheiden soll.

30.	Kn, Lfr. 3.	.	B, Thrn. 4.
31.	B, Kg. 6.	.	Kn, Spr. 6.
32.	Kg, Thrn. 2. (i)	.	B, Sp. 5.

(i) S. die vorhergehende Anmerkung (g). Man muß immer den König oder die Königinn aus der Reyhe wegziehen, auf welche die Steine des Gegners gerichtet stehen, zumal wenn man, wie im gegenwärtigen Fall, voraussieht, daß er mit einem Springer in das diesseitige Spiel einbrechen will, den er ungestraft dem Schlage eines Bauers bloß stellen kann, weil einer seiner Steine gegen den diesseitigen König oder Königinn gerichtet steht.

	Weiß.		Schwarz.
33.	B, Sp. 5.	- -	B, Sp. 5.
34.	Sp, Kg. 4.	- -	Thrn, Kn. 8.
35.	Kn, Lfr. 2.	- -	B, Sp. 4.
36.	Kn, Thrn. 4. gewinnt.		

Fünftes Spiel.

Der den Bauern und Zug vorgiebt, fängt damit an, daß er den Springer seiner Königinn zieht.

Dieses Spiel theilt sich in zwey andere, weil derjenige, der den Bauern und Zug vorgiebt, und mit Ziehung des Springers seiner Königinn anfängt, beym zweeten Zuge eben sowohl den Bauern seiner Königinn, als den Bauern seines Königs, zween Schritte vorrücken kann, woraus dann zwey ganz verschiedene Spiele entstehen.

Der den Bauern und Zug vorgiebt, fängt mit dem Springer seiner Königinn an, und setzt, beym zweeten Zuge, den Bauern seiner Königinn zween Schritte vorwärts.

Schwarz.

Schwarz.		Weiss.
1. B, Kg. 5. (a)	- -	Sp, Lf. 3.

(a) Man muß sich, nach dem, was in der Vorrede zu dieser Abhandlung gesagt worden, gewöhnen, ohne Unterschied sowohl mit den schwarzen als weißen Steinen zu spielen. Man kann zu dem Ende dieselben Spiele, woraus diese Abhandlung zusammengesetzt ist, wechselsweise mit den weißen und mit den schwarzen Steinen durchspielen.

2. B, Kn. 5.	- -	*B, Kn. 4.
3. B, Kg. 4.	- -	Lf, Lfr. 4.
4. Lf, Kg. 6.	- -	B, Kg. 3.
5. Lfr, Kn. 6.	- -	Spr, Kg. 2.
6. B, Lf. 6.	- -	Kn, 2.
7. *B, Th. 5. (b)	- -	Lf, Kn. 6. (c)

(b) Er zieht diesen Bauern, weil er merkt, daß man Willens ist, auf der Königinnseite zu rochen.

(c) Da man die Unbequemlichkeiten voraus sieht, die das Rochen auf der Königinnseite mit sich bringen würde, so giebt man lieber Stein um Stein, um die Steine des Königs frey zu machen, und auf der Thurnseite rochen zu können.

8. Kn, 6.	- -	Spr, Lfr. 4.
9. B, Lfr. 5.	- -	Lfr, Kg. 5.
10. Spr, Lfr. 6.	- -	Kg, Spr. 1.
11. Kg, Spr. 8.	- -	Sp, Th. 4.
12. Sp, Kn. 7.	- -	Kn, Thn. 1.
13. B, Sp. 5.	- -	Sp, Lf. 3.
14. *B, Spr. 5.	- -	Spr, Kg. 6. (d)

(d) Wenn man, beym vierzehnten Zuge, so spielte, wie folgt:

14. . . . Spr. Thrn. 5.
15. Spr. Thrn. 5. . Lfr. Thrn. 5.
16. B, Spr. 4. . Kn, Lfr. 2.
17. *Kn, Kg. 7. . B, Thrn. 3.
so würde
18. Kn, Spr. 5. gewinnen.

Schwarz.	Weiß.
15. Kn, Kg. 6.	Thrn, Spr. 1.
16. B, Thrn. 5.	Sp, Kn. 1. (e)

(e) S. die Anmerkung (g) über das erste Spiel im ersten Abschnitt des ersten Kapitels, S. 36.

17. Spr, 4.	B, Thrn. 3.
18. Spr, Lfr. 6. (f)	Sp, Lfr. 2.

(f) Es scheint, als wenn der Gegner Zeit verloren hätte, weil er genöthigt wird, seinen Springer wieder zurück zu ziehen; allein er hat vielmehr im Gegentheil gerade seinen Endzweck erreicht, weil man diesseits den Bauern, der den König bedeckte, vorrücken müssen; er hat also keine Zeit verloren.

19. B, Thrn. 4.	B, Spr. 3.
20. *Kg, Lfr. 7.	Kg, Thrn. 2.
21. Thrn. 8.	B, Thrn. 4.
22. *B, Spr. 4. (g)	B, Spr. 4.

(g) Nähme er den Bauern mit dem seinigen, so würde sein eigner Bauer den diesseitigen König bedecken, und seinem eigenen Thurne, als dem besten Steine seines Angriffs, den Weg versperren.

23. Thrn, 4. †.	Kg, Spr. 3.
24. Th, Thrn. 8.	Thrn, 1.
25. Kn, 6. †.	Kg, Spr. 2.
26. Thrn, 2. †.	Thrn, 2.

Schwarz.		Weiß.
27.	*Th, Thrn. 2. †. (h)	Kg, Lfr. 1.

(h) Es ist ihm keinesweges gleichgültig, ob er mit seinem Thurn, oder mit seiner Königinn, schlägt. Schlägt er mit seinem Thurn, so bringt er denselben in das diesseitige Spiel; hätte er hingegen mit seiner Königinn geschlagen, so hätte ihm sein Thurn zum Gewinn des Spiels nichts mehr helfen können.

28.	Kn, Spr. 3.	Lfr, Kn. 1.
29.	Kn, Spr. 2. †.	Kg. 1.
30.	Kn, Spr. 1. †. gewinnt.	

Dasselbe Spiel auf eine andere Art.

	Schwarz.	Weiß.
1.	B, Kg. 5.	Sp, Lf. 3.
2.	B, Kn. 5.	B, Kn. 4.
3.	B, Kg. 4.	Lf, Lfr. 4.
4.	B, Spr. 5. (a)	Lf, Kg. 5.

(a) Sein Endzweck ist, alle Bauern seiner linken Seite vordringen zu lassen, weil dieses diesseits die schwächste Seite ist, auf welcher der vorgegebene Bauer fehlt.

5.	B, Lfr. 6.	Lf, Spr. 3.
6.	Lfr, Kn. 6.	Lf, Kn. 6.
7.	Kn, 6.	B, Kg. 3.
8.	*B, Thrn. 5.	Spr, Kg. 2.
9.	B, Lf. 6.	*B, Thrn. 4. (b)

(b) Man sucht, in seine Bauern einzubrechen, oder dem diesseitigen Springer das Feld Spr, Lfr. 4 frey zu halten, im Fall der Gegner B, Spr. 4. zöge

10.

	Schwarz.		Weiß.
10.	B, Spr. 4. (c)	= =	*Spr, Lfr. 4.

(c) Durch diesen Zug verliert der Schwarze seinen ganzen Vortheil, denn

1) Wird es ganz unmöglich, den diesseitigen von des Gegners eigenen Bauern bedeckt stehenden König auf dieser Seite anzugreifen, ohnerachtet sie die schwächste ist, weil hier ein Bauer fehlt.

2) Erhält durch diesen, auf die Art vorgerückten Bauern der diesseitige Springer die Freyheit, das Feld Spr, Lfr. 4. zu beziehen.

Der Schwarze hätte viel lieber *Lf, Spr. 5. ziehen sollen. Denn, wer einen König angreifen will, muß entweder den Bauern, der ihn bedeckt, gleich wegnehmen, oder sich die Freyheit vorbehalten, solches in der Folge zu thun, wenn erst die übrigen Steine zum Angriff geordnet sind; läßt er aber den Bauern, der durch Schlagen eine Oeffnung gegen diesen König hätte machen können, bloß vorwärts gehen, so fällt es in die Sinne, daß der Angriff, wie im gegenwärtigen Falle, scheitern muß.

11.	B, Lfr. 5.	= =	B, Spr. 3.
12.	Spr, Lfr. 6.	= =	*Kg, Lfr. 2. (d)

(d) Man zieht in diesen Umständen den König mit Recht auf das zweyte Feld seines Läufers, weil ihn die mitten unter den diesseitigen stehenden Bauern des Gegners selbst bedecken, und gegen jeden Angriff sicher stellen.

13.	Lf, Kg. 6.	= =	*Sp, Kg. 2. (e)

(e) Man will den Bauern der linken Seite Luft machen, und sie vorrücken lassen.

Schwarz.	Weiß.
14. Sp, Kn. 7.	Kn, 2.
15. Sp, 6.	* B, Sp. 8.
16. Kg, Lf. 8. (f)	* B, Th. 4.

(f) Er könnte seinen König auch auf das zweyte Feld seines Laufers setzen, er würde aber nichts dabey gewinnen, ob er gleich einen Bauern mehr hat. Das Spiel müßte in der gegenwärtigen Lage eigentlich unentschieden bleiben, welches fast gemeiniglich zu geschehen pflegt, wenn die vorwärts gedrungenen und mit einander verschrenkten Bauern den Angriff der Könige von beyden Seiten unmöglich machen.

Schwarz.	Weiß.
17. Kg, Sp. 8.	* B, Th. 5.
18. Sp, Kn. 7.	B, Sp. 4.
19. Th, Lf. 8.	Sp, Lf. 3. (g)

(g) Man ist Willens, diesen Springer auf das Feld Sp, Lf. 5. zu bringen.

Schwarz.	Weiß.
20. Lf, Lfr. 7. (h)	* Sp, Th. 4.

(h) Wenn ein Läufer von einem Springer angegriffen wird, und man findet es nicht dienlich, Stein um Stein nehmen zu lassen, so darf der Läufer nur um einen Schritt vor- oder rückwärts gezogen werden, um dem Springer das fernere Vordringen zu verwehren.

Schwarz.	Weiß.
21. Kg, Th. 8.	Sp, Lf. 5.
22. Sp, Lf. 5. (i)	B, Sp, Lf. 5.

(i) Ein so weit vorgedrungener Springer muß aus dem Wege geräumt werden.

Schwarz.	Weiß.
23. Kn, Lf. 7.	* Lfr, Kg. 2. (k)

(k) Wenn man anstatt Lfr, Kg. 3. den Zug B, Th. 6. thäte, so würde er B, Sp. 5. ziehen, man würde im Vorbeygehen seinen Bauern schlagen, und B, Sp. 6. ziehen, er thäte denselben Zug, und nachher Kg. Th. 7. welches alles ebenfalls zur Unentschiedenheit führen würde.

Schwarz.		Weiß.
24.	B, Th. 6. = =	* Thrn, Sp. 1.
25.	Th, Sp. 8. = =	Thrn, Sp. 6.
26.	Kg, Th. 7. = =	Th, Sp. 1.
27.	Thrn, Kg. 8. = =	Kn, 1.
28.	Spr, Kn. 7. = =	Kn, Lfr. 1.
29.	Kn, Lf. 8. = =	Th, Sp. 2.
30.	Spr, Sp. 6. (l) =	B. Th, Sp. 6. †.

(l) Da er, beym dreyßigsten Zuge, Spr, Sp. 6. zieht, so muß er nun das Spiel nothwendig verlieren. Er hätte ziehen sollen:

30.	* Thrn, Kg. 7. = =	Lfr, Th. 6.
31.	Spr, Lfr. 6. = =	Kn, Sp. 1.

alsdann würde durch den Zug

32. Kn, Lf. 7. das Spiel unentschieden geblieben seyn.

31.	Kg, Th. 8. = =	Th, 2.
32.	Kn, 7. = =	Lfr, Th. 6.
33.	Th, Kn. 8. = =	Lfr, Kg. 2. †.
34.	Kg, Sp. 8. = =	Th, 8. †. (m)

(m) Man opfert einen Thurn, wenn der König genöthigt ist ihn zu schlagen, und dadurch auf eine Reyhe kömmt, wo er dem Mattwerden nicht mehr ausweichen kann.

35.	Kg, Th. 8. = =	Kn, Th. 1. †.
36.	Kg, Sp. 8. = =	Kn, Th. 7. †.
37.	Kg, Lf. 8. = =	Kn, Th. 8. †. matt.

Verfolg des fünften Spiels.

Der den Bauern und Zug vorgiebt, und mit dem Springer der Königinn anfängt, rückt, beym zweeten Zuge, den Bauern des Königs zween Schritte vor. (a)

(a) Der Endzweck eines solchen Anfangs ist, die beyden Springer auf der Seite des Königs zusammen zu bringen, um den Angriff, den man gegen diesen Flügel des feindlichen Königs im Schilde führt, zu verstärken. Diese Art zu spielen oder anzugreifen, wird, ohngeachtet des vorgegebenen Bauers und Zuges gelingen, wenn derjenige, dem man vorgegeben hat, nicht diesem Anfange die gehörige und regelmäßigste Vertheidigung entgegen setzt; welches sich dann aus der Anwendung des gegenwärtigen Beyspiels deutlich ergeben wird.

	Schwarz.		Weiß.
1.	B, Kg. 5.	- -	Sp, Lf. 3.
2.	B, Kn. 5.	- -	*B, Kg. 4.
3.	B, Kn. 4.	- -	Sp, Kg. 2.
4.	Spr, Lfr. 6. (b)	- -	*Sp, Spr. 3.

(b) Dies ist schon ein schlechter Zug des Schwarzen. Er hätte sollen Lf, Spr. 4. ziehen, wie er, obgleich zu spät, beym fünften Zuge thun wird, und dann wäre er im Stande gewesen, sich einen der diesseitigen beyden Springer vom Halse zu schaffen, deren Vereinigung ihm den Verlust des Spiels zuwege bringen wird.

5.	Lf, Spr. 4.	- -	Lfr, Kg. 2.
6.	Lf, Kg. 2.	- -	*Kn, Kg. 2.
7.	B, Lf. 5.	- -	Spr, Lfr. 3.

8. Lfr,

	Schwarz.		Weiß.
8.	Lfr, Kn. 6.	: :	B, Kn. 3.
9.	Sp, Lf. 6.	: :	Kg, Spr. 1.
10.	Kg, Spr. 8.	: :	B, Lf. 3.
11.	B, Sp. 5. (c)	: :	Lf, Spr. 5.

(c) Bey Ertheilung der Vorschrift, daß durch Vorrückung der Thurnbauern die feindlichen Steine vom Vordringen abgehalten, oder, falls sie schon vorgerückt, zurückgetrieben werden müßten, ist zugleich bemerkt worden, daß es Ausnahmen von dieser Regel und Umstände gäbe, wo man sehr übel thun würde, wenn man den Bauern des Thurns des Königs vorrückte. Hier ist ein Beyspiel davon:

Wenn der Schwarze beym eilften Zuge, anstatt B, Sp. 5. folgendermaßen zieht:

11.	B, Thrn. 6.	:	Spr, Thrn. 4.
12.	B, Sp. 5.	:	* Kn, Lfr. 3.
13.	Lfr, Kg. 7.	:	Spr, Lfr. 5.
14.	Spr, Thrn. 7.	:	Kn, Spr. 4.
15.	Lfr, Spr. 5.	:	B, Thrn. 4.
16.	Lfr, 6. so muß Lf, Thrn. 6. gewinnen.		

Es giebt noch andere Umstände, wo es sehr nachtheilig seyn würde, den Thurnbauern des Königs vorzurücken; zum Beyspiel, wenn man, weil man nicht geroche, und den Bauern des Läufers des Königs vorgerückt hat, dem plötzlichen Schachbieten der Königinn oder des Läufers des feindlichen Königs von dem vierten Felde des Thurns des diesseitigen Königs ausgesetzt ist. Bloß die Uebung muß also berechnen lehren, ob es zuträglich ist, oder nicht, diesen Bauern, gleich den übrigen, vorzurücken; um so mehr, da die Bauern nicht die Freyheit haben, rückwärts zu gehen, wie die andern Steine; und da die Stellung, die man ihnen auf dem Schachbrette giebt, indem man sie vorrückt, eben aus dieser Ursach für den Gewinn oder Verlust des Spiels entscheidender ist.

Schwarz.		Weiß.
12. B, Thrn. 6.	= =	Lf, Lfr. 6.
13. Kn, Lfr. 6.(d)	=	*Spr, Kn. 4.

(d) Wenn der Schwarze, beym dreyzehnten Zuge, anstatt Kn, Lfr. 6. folgendermaßen zieht:

13. B, Lfr. 6.	= =	Sp, Lfr. 5.
14. Kg, Thrn. 7. so wird		Kn, 2. gewinnen.

14. Sp, Kn. 4.	= =	B, Kn. 4.
15. Kn, Kg. 6.	= =	B, Kn. 5.
16. Kn, 7.	= =	Sp, Lfr. 5.
17. Kg, Thrn. 7.	= =	Kn, Thrn. 5.
18. B, Lfr. 6.	= =	Thrn, Lfr. 3.
19. Thrn, Spr. 8.	= =	Thrn, Spr. 3.
20. Th, Lfr. 8.	= =	Kn, Spr. 6. †.
21. Kg, Thrn. 8.	= =	Thrn, 3. gewinnt.

☞ Zurückführung des vorigen Spiels auf den fünften Zug, wo man auch, anstatt Lfr, Kg. 2. so ziehen kann:

Schwarz.		Weiß.
5. = = =	= =	Spr, Lfr. 3.
6. Lf, Lfr. 3.	= =	Kn, Lfr. 3.
7. Lfr, Kn. 6.	= =	Lfr, Lf. 4.
8. Kg, Spr. 8.	= =	Kg, Spr. 1.
9. Sp, Kn. 7.	= =	B, Kn. 3.
10. B, Lf. 6.	= =	Lf, Spr. 5.
11. B, Thrn. 6.	= =	*Sp, Lfr. 5.(e)

(e) Der Zug dieses Springers der Königinn auf dieses Feld macht diesseits das Spiel gewonnen.

12.

	Schwarz.	Weiß.
12.	Lfr, Lf. 7.	Lf, Thrn. 4.
13.	Kg, Thrn. 7. (f)	*B. Spr. 4.

(f) Er will mit seinem Könige den Bauern seines Thurns unterstützen, und sich die Freyheit verschaffen, nach Zeit und Umständen den Bauern des Läufers des Königs ziehen zu dürfen.

14.	B, Spr. 5.	*Lf, Spr. 5.
15.	B, Spr. 5.	Kn, Thrn. 3. †
16.	Kg, Spr. 8.	Kn, Thrn. 6.
17.	Spr, Kg. 8. (g)	Thrn, Lfr. 3.

(g) Voritzo kann er nichts bessers ziehen, um dem Mattwerden, womit er bedrohet wird, auszuweichen, und dem er doch nicht entgehen kann, bloß weil er im Anfange des Spiels einen einzigen unrichtigen Zug gethan hat.

18.	Sp, Lfr. 6.	Kn, Spr. 6. †
19.	Kg, Thrn. 8.	Thrn, 3. †
20.	Sp, Thrn. 7.	Kn, Thrn. 7. † matt.

Dasselbe Spiel auf eine andere Art.

Man rocht auf der Königinnseite.

	Schwarz.	Weiß.
1.	B, Kg. 5.	Sp, Lf. 3.
2.	B, Kn. 5.	B, Kg. 4.
3.	B, Kn. 4.	Sp, Kg. 2.
4.	Spr, Lfr. 6.	Sp, Spr. 3.
5.	Lf, Spr. 4.	Lfr, Kg. 2.
6.	Lf, Kg. 2.	Kn, Kg. 2.
7.	B, Lf. 5.	Spr, Lfr. 3.
8.	Lfr, Kn. 6.	B, Kn. 3.

	Schwarz.		Weiß.
9.	Sp, Lf. 6.	= =	Lf, Kn. 2.
10.	Kg, Spr. 8.	= =	*Kg, Lf. 1.
11.	B, Sp. 5.	= =	*Sp, Lfr. 5.
12.	B, Th. 5.	= =	*B, Spr. 4.
13.	Spr, Kg. 8.(a)	=	B, Thrn. 4.

(a) Thäte der Schwarze beym dreyzehnten Zuge, anstatt Spr, Kg. 8. den Zug Spr, 4. so würde man durch den Gegenzug Thrn, Spr. 1. das Spiel gewinnen. Man zwingt ihn also, seinen Springer in sein eigen Spiel zurückzuziehen, wodurch er eben so viel an Zeit verliert, als man diesseits daran zur Fortsetzung des Angriffs gewinnt.

14.	B, Th. 4.	= =	B, Spr. 5.
15.	B, Sp. 4.	= =	B, Thrn. 5.
16.	B, Sp. 3.	= =	B. Lf, Sp. 3.
17.	B, Sp. 3.	= =	B, Th. 3.(b)

(b) Es ist schon angemerkt worden, daß, wenn feindliche Bauern so gegen den diesseitigen König eindringen, man sich hüten müsse, keinen der beyden Bauern des Springers oder des Thurns zu ziehen, es wäre denn, daß einer oder der andere von einem feindlichen Bauer angegriffen würde; ein solcher Bauer deckt alsdann den diesseitigen König, steht der Richtung seiner eigenen Steine im Wege, und verschafft die nöthige Zeit, um sich gegen den Angriff des Gegners zu wehren, und den Angriff, den man selbst entworfen hat, zu verfolgen.

18.	Th, 4.	= =	B, Spr. 6.
19.	B, Thrn. 6.	= =	B, Lfr. 7.†
20.	Thrn, Lfr. 7.	= =	*Kn, Spr. 2.
21.	Kg, Lfr. 8.	= =	Thrn, Spr. 1.

Schwarz.			Weiß.
22.	Thrn, Th. 7. (c)		Lf, Thrn. 6.

(c) Er könnte auch Sp, Kg. 7. ziehen, allein er würde darum nichts desto weniger verlieren.

23.	Kn, Lfr. 6.	= =	Spr, Thrn. 4.
24.	B, Lf. 4.	= =	Th, Lfr. 1.
25.	Thrn, Lfr. 7.	= =	Lf, Spr. 7. † gewiñt.

Dasselbe Spiel auf eine andere Art.

Der Schwarze, anstatt, beym vierten Zuge, den Springer des Königs zu ziehen, bietet Schach mit seiner Königinn.

Schwarz.			Weiß.
1.	B, Kg. 5.	= =	Sp, Lf. 3.
2.	B, Kn. 5.	= =	B, Kg. 4.
3.	B, Kn. 4.	= =	Sp, Kg. 2.
4.	*Kn, Thrn. 4. †	= =	Sp, Spr. 3.
5.	Sp, Lf. 6. (a)	=	Spr, Lfr. 3.

(a) Wenn er, beym fünften Zuge, anstatt Sp, Lf. 6. so zöge:
5. Spr, Lfr. 6. = = Spr, Lfr. 3.
6. Kn, Spr. 4. so würde Spr, Kg. 5. einen Bauern gewinnen.

6.	Kn, Kg. 7.	= =	Lfr, Lf. 4.
7.	Lf, Spr. 4.	= =	Kg, Spr. 1.
8.	Kg, Lf. 8.	= =	B, Thrn. 3.
9.	Lf, Lfr. 3.	= =	Kn, Lfr. 3.
10.	B, Lfr. 6.	= =	Sp, Lfr. 5.
11.	Kn, 7.	= =	B, Kn. 3.

	Schwarz.			Weiß.
12.	B, Spr. 6.	. .		Sp, Spr. 3.
13.	Lfr, Kg. 7.	. .		B, Lf. 3.
14.	B, Thrn. 5.	. .		*Lfr, Kn. 5.
15.	B, Thrn. 4.	. .		Spr, Kg. 2.
16.	Spr, Thrn. 6.	. .		Lf, Thrn. 6.
17.	Thrn, 6.	. .		Th, Lf. 1.
18.	B, Lf. 3.	. .		B, Lf. 3.
19.	Th, Lfr. 8.	. .		B, Kn. 4.
20.	B, Lfr. 5.	. .		Kn, Kg. 3.
21.	B, Lfr. 4.	. .		Kn, Lfr. 3.
22.	Lfr, 6.	. .		Thrn, Kn. 1.
23.	Lfr, Spr. 7.	. .		Lfr, Lf. 6.
24.	Kn, Lf. 6.	. .		B, Kn. 5.
25.	Kn, Sp. 6. †.	. .		Kg, Thrn. 2.
26.	B, Spr. 5.	. .		B, Lf. 4.
27.	Kn, Spr, 6.	. .		B, Lf. 5.
28.	Thrn, 8.	. .		B, Lf. 6.
29.	B, Sp. 6.	. .		Kn, Th. 3.
30.	B, Th. 5.	. .		Kn, 3.
31.	Kg, Kn. 8.	. .		Kn, Lfr. 3. (b)

(b) Man zieht die Königinn auf dieses Feld zurück, um das Eindringen der feindlichen Bauern auf den diesseitigen König zu verhindern.

32.	Thrn, Spr. 8.	. .		Kn, Spr. 4.
33.	Th, Lfr. 7.	. .		Spr, Lf. 3.
34.	Lfr, 8. (c)	. .		Spr, Sp. 5.

(c) Er thut diesen Zug, um dem Streiche auszuweichen, den man ihm spielen könnte, wenn man den diesseitigen Bauern auf B, Kn. 6 setzte, und ihn mit dem Springer Spr, Sp. 5. unterstützte.

35.

Schwarz.		Weiß.
35. Lfr, Kn. 6.	- -	Spr, Th. 7.
36. Kg, 7. (d)	- -	Thrn, Kg. 1.

(d) Sein Augenmerk ist, seinen König auf das Feld Kg, Thrn. 6. zu führen, um von da aus Königinn um Königinn anzubieten, oder wenigstens die diesseitige, die dem Vordringen seiner Bauern im Wege steht, zu entfernen.

37. Thrn, Lfr. 8.	- -	Thrn, Lfr. 1.
38. Kg, Lfr. 6. (e)	- -	Spr, Sp. 5.

(e) Wenn er anstatt Kg, Lfr. 6. den Bauern nähme, und Kn, Kg. 4. zöge, so zöge man dagegen Kn, Kg. 6. und das Spiel bliebe unentschieden.

39. Lfr, Lf. 5.	- -	Th, Kg. 1.
40. Kg, Spr. 7.	- -	Th, Kg. 2. (f)

(f) Wenn man Spr, Lf. 3. zöge, bevor man Th, Kg. 2. gezogen hätte, so würde er Lfr, Sp. 4. ziehen, und dadurch den Gang des diesseitigen Springers hindern.

41. Kg, Thrn. 6.	- -	Kn, Lfr. 3.
42. *Kn, Thrn. 5.	- -	Kn, Thrn. 5. †.
43. Kg, Thrn. 5.	- -	Spr, Lf. 3.
44. *B, Lfr. 3.	- -	B, Lfr. 3.
45. Th, Lfr. 3.	- -	Thrn, Lfr. 3.
46. Thrn, Lfr. 3.	- -	Spr, Kn. 1.
47. Thrn, Lfr. 1.	- -	Th, Kn. 2.
48. B, Spr. 4.	- -	B, Spr. 4.
49. Kg, Spr. 4.	- -	Spr, Sp. 2.
50. Thrn, Kg. 1.	- -	Th, Spr. 2. †.
51. Kg, Lfr. 3.	- -	Spr, Kn. 3.

	Schwarz.		Weiß.
52.	Thrn, Kg. 4.	= =	Spr, Lf. 5.
53.	B, Lf. 5.	= =	*B, Kn. 6.
54.	Thrn, Lfr. 4.	= =	B, Kn. 7.
55.	Thrn, Lfr. 8.	= =	Th, Kn. 2.
56.	Thrn, Kn. 8.	= =	Th, Kn. 5.
57.	B, Kg. 4.	= =	*Th, Kg. 5.
58.	B, Kg. 3.	= =	Th, Kg. 8.
59.	B, Kg. 2.	= =	Kg, Thrn. 3.
60.	Kg, Lfr. 2.	= =	Th, Kn. 8.
61.	B, Kg. 1. Kn.	= =	Th, Lfr. 8. †.
62.	Kg, Spr. 1.	= =	Th, Spr. 8. †.
63.	Kg, Thrn. 1.	= =	B, Kn. 8. Kn.
64.	Kn, Kg. 3. †.	= =	Kg, Thrn. 4.
65.	Kn, Thrn. 6. †.	= =	Kg, Spr. 4.
66.	Kn, Kg. 6. †.	= =	Kg, Lfr. 4.
67.	Kn, Lfr. 7. †.	= =	Kg, 5.
68.	Kn, Thrn. 5. †.	= =	Kn, Spr. 5.
69.	Kn, Kg. 2. †.	= =	Kg, Lfr. 6.
70.	Kn, Lfr. 2. †.	= =	Kn, Lfr. 5.
71.	Kn, 4. †.	= =	Kn, Kg. 5.
72.	Kn, Lfr. 2. †.	= =	Kg, 7.
73.	Kn, Thrn. 4. †.	= =	Kn, Spr. 5.
74.	Kn, Kg. 4. †.	= =	Kg, Kn. 8.
75.	Kn, 3. †.	= =	Kg, Lf. 7.
76.	Kn, Thrn. 7. †.	= =	Thrn, Spr. 7.
77.	Kn, Thrn. 2. †.	= =	Kn, Spr. 3. gewinnt.

Dasselbe

Dasselbe Spiel auf eine andere Art.

Der Schwarze beugt dem Angriffe der beyden diesseitigen vereinigten Springer vor, und gewinnt vermittelst des ihm vorgegebenen Bauers und Zuges.

	Schwarz.		Weiß.
1.	B, Kg. 5.	= =	Sp, Lf. 3.
2.	B, Kn. 5.	= =	B, Kg. 4.
3.	B, Kn. 4.	= =	Sp, Kg. 2.
4.	* Lf, Spr. 4.(a)	= =	☛ Spr, Lfr. 3.(b)

(a) Es ist ein wichtiger Zug für ihn, den Läufer seiner Königinn beym vierten Zuge hierher zu setzen, um sich einen der beyden diesseitigen Springer vom Halse zu schaffen.

(b) Da er beym fünften Zuge auch den Bauern seiner Königinn einen Schritt vorrücken, und B, Kn. 3. ziehen könnte, so könnte man dagegen, um dieses zu verhindern, selbst den Bauern der diesseitigen Königinn vorwärts setzen, und B, Kn. 3. ziehen, man würde aber darum nichts desto weniger das Spiel verlieren, wie solches unten aus der ersten Zurückführung auf dieses Spiel ersichtlich seyn wird.

5.	☛ Lf, Lfr. 3.(c)	= =	B, Lfr. 3.

(c) Es ist schon oben angemerkt worden, daß derjenige, dem vorgegeben wird, Stein um Stein zu tauschen suchen muß. Im gegenwärtigen Falle hat der Schwarze überdies noch den Vortheil, sich einen der diesseitigen Springer vom Halse zu schaffen, deren Vereinigung ihm so gefährlich ist.

6. Kn,

Schwarz.		Weiß.
6. Kn, Thrn. 4. †.	. .	Sp, Spr. 3.
7. *Spr, Lfr. 6.	. .	Lfr, Lf. 4.(d)

(d) Wenn man, anstatt Lfr, Lf. 4. zuerst Kn, Kg. 2. und alsdann Kn, Sp. 5. zöge, so würde er dagegen Sp, Kn. 7. ziehen; nimmt man alsdann den Bauern des Springers seiner Königinn, so zieht er Th, Sp. 8. und zwingt dadurch die diesseitige Königinn, sich zurückzuziehen, welches ihm Zeit verschafft, seinen Angriff fortzusetzen.

8. *Spr, Thrn. 5.	. .	Kg, Lfr. 2.
9. *B, Kn. 3.	. .	B, Kn. 3.
10. *Lfr, Lf. 5. †.	. .	Kg, Spr. 2.
11. Spr, Lfr. 4. †.	. .	Kg, Lfr. 1.
12. Kn, Thrn. 3. †.	. .	Kg, 1.
13. Kn, Spr. 2.	. .	Thrn, Lfr. 1.
14. Kn, Thrn. 2.	. .	Spr, Lfr. 5.
15. Spr. 2. †.	. .	Kg, 2.
16. Spr Kg. 3. †.	. .	Thrn, Lfr. 2.
17. *Kn, Lfr. 2. †.	. .	Kg, Lfr. 2.
18. Spr, Kn. 1. †. gewinnt.		

☞ Erste Zurückführung dieses Spiels auf den vierten Zug, da man, anstatt Spr, Lfr. 3. folgendermaßen zieht:

Schwarz.		Weiß.
4. . . .	. .	B, Kn. 3.
5. Kn, Thrn. 4. †.	. .	B, Spr. 3.
6. Kn, Thrn. 5.	. .	Lfr, Spr. 2.
7. *B, Lfr. 5.	. .	B, Thrn. 3.

8. Lf,

Schwarz.				Weiß.		
8.	Lf, Kg. 2.	=	=	Spr,	Kg.	2.
9.	*B, Lfr. 4.	=	=	B,	Lfr.	4.
10.	Kn, Thrn. 4. †.	=	=	Kg,	Lfr.	1.
11.	Lfr, Kn. 6.	=	=	B,	Lfr.	5.
12.	Spr. Lfr. 6.	=	=	Kn,	Kg.	1.
13.	Kn, Thrn. 5.	=	=		Spr,	3.
14.	Kn, Lfr. 7.	=	=	Lf,	Kn.	2.
15.	Sp, Lf. 6.	=	=	B,	Lf.	3.
16.	Kg, Lf. 8.	=	=	B,	Lf.	4.
17.	B, Spr. 6.	=	=	B,	Th.	3.
18.	Th, Spr. 8.	=	=	B,	Sp.	4.
19.	B, Lfr. 5.	=	=	Spr,	Lfr.	5.
20.	Kn, Spr. 6.	=	=	Thrn,	Spr.	2.
21.	*Spr, Thrn. 5.	=	=	B,	Sp.	5.
22.	Sp, Kg. 7.	=	=	Spr,	Kg.	7. †.
23.	Lfr, Kg. 7.	=	=		Kg,	2.
24.	*Lfr, Spr. 5.	=	=	Lf,	Spr.	5.
25.	Kn, Spr. 5.	=	=	Kn,	Lfr.	2.
26.	Spr, Lfr. 4. †.	=	=	Kg,	Lfr.	1.
27.	Th, Lfr. 8.	=	=		Lfr,	3.
28.	Kn, Thrn. 6.	=	=	Thrn,	Spr.	2.
29.	Spr, Kn. 3.	=	=	Kn,	Lf.	2.
30.	*Kn, Kg. 3.	=	=	Kg,	Spr.	2.
31.	*Th, Lfr. 3.	=	=	Thrn,	Lfr.	3.
32.	Thrn, Spr. 8. †.	=	=	Kg,	Thrn.	2.
33.	Kn, Lfr. 3. gewinnt.					

Zwote Zurückführung dieses Spiels auf den fünften Zug, da der Schwarze, anstatt Lf, Lfr. 3. mit gleichem Vortheil den Bauern seiner Königinn vorrückt, weil man denselben diesseits beym vierten Zuge nicht gezogen hat.

	Schwarz.			Weiß.
5.	B, Kn. 3.	=	=	Sp, Spr. 3.
6.	B, Lf. 2.	=	=	Kn, Lf. 2.
7.	Lf, Lfr. 3.	=	=	B, Lfr. 3.
8.	B, Th. 6.	=	=	Lfr, Lf. 4.
9.	Sp, Lf. 6. (e)	=	=	B, Kn. 3.

(e) Es ist die höchste Zeit, daß er seinen Springer ausrücken läßt, um das Feld Sp, Kn. 4. zu beziehen.

10.	Sp, Kn. 4.	=	=	Kn, Spr. 2.
11.	Lfr, Sp. 4. †.	=	=	Kg, Kn. 1.
12.	B, Sp. 5.	=	=	Lf, Sp. 3.
13.	Sp, 3.	=	=	B, Sp. 3.
14.	Kn, 3. †. gewinnt.			

Dasselbe Spiel auf eine andere Art.

Wo man dem Angriffe des Schwarzen, der den Bauern und Zug vorbekömmt, die wahre und richtige Vertheidigung entgegensetzt.

	Schwarz.			Weiß.
1.	B, Kg. 5.	=	=	Sp, Lf. 3.
2.	B, Kn. 5.	=	=	B, Kg. 4.

3. B,

	Schwarz.		Weiß.
3.	B, Kn. 4.	. .	Sp, Kg. 2.
4.	Lf, Spr. 4.	. .	Spr, Lfr. 3.
5.	Lf, Lfr. 3.	. .	B, Lfr. 3.
6.	Kn, Thrn 4. †.	. .	Sp, Spr. 3.
7.	Spr, Lfr. 6.	. .	*Kn, Kg. 2.
8.	Spr, Thrn. 5.	. .	Kn, Lfr. 2.
9.	Spr, 3.	. .	Kn, Spr. 3.
10.	Kn, Lfr. 6. u. s. w.		

In dieser Lage hat der Schwarze den Vortheil des Angriffs verloren, und es bleibt ihm nichts, als der Vortheil des vorbekommenen Bauers übrig, mit welchem er schwerlich gegen einen ihm an Stärke überlegenen Spieler, der ihm vorgeben kann, gewinnen wird. Es wird also gerathener seyn, wenn derjenige, der den Bauern und Zug vorgiebt, mit dem Springer seiner Königinn anfängt, und beym zweeten Zuge den Bauern des Königs zween Schritte vorrückt, daß dieser Bauer, anstatt den Bauern auf seinen Springer anrücken zu lassen, genommen und folgendermaßen gespielt werde:

Dasselbe Spiel, auf eine andere Art,

Welche für beyde Theile die beste ist.

	Schwarz.		Weiß.
1.	B, Kg. 5.	. .	Sp, Lf. 3.
2.	B, Kn. 5.	. .	B, Kg. 4.
3.	*B, Kg. 4.	. .	Sp, Kg. 4.

4. B,

Schwarz.		Weiß.
4.	*B, Lf. 4.	Sp, Lfr. 2.
5.	*Lfr, Lf. 5.	*Spr, Thn. 3. (a)

(a) Zöge man Lfr, Lf. 4. so würde er dagegen Lfr, 2. f. ziehen, und durch den Schach, den seine Königinn bieten würde, falls man seinen Läufer wiedernähme, einen Stein gewinnen.

6.	Lf, Kg. 6.	B, Lf. 3.
7.	Spr, Lff. 6.	Lfr, Sp. 5.
8.	B, Lf. 6.	Lfr, Th. 4.
9.	Sp, Kn. 7.	Kn, Kg. 2.
10.	Kn, Kg. 7. (b)	Kg, Spr. 1. (c)

(b) Hätte er bey diesem Zuge gerochet, so hätte man ihn durch den Zug Spr, 5. ängstigen können.

(c) Hätte man auch Spr, 5. gezogen, so könnte er ohne Gefahr seinen Läufer auf das Feld Lfr, Spr. 2. zurückziehen; denn die Zeit, die er dabey verlor, gewann er dadurch wieder, daß er den diesseitigen Springer durch den Bauern seines Thurns verjagte.

11. Kg, Lf. 8. u. s. w. In dieser Stellung wird er die Bauern seines linken Flügels anrücken lassen, um nach den oben gegebenen Regeln den Angriff auf den diesseitigen König zu thun, und wegen des vorbekommenen Vortheils das Spiel gewinnen.

Bemerkung.

Um keinen der Vortheile zu übergehen, die man vorgeben oder vorbekommen kann, soll hier auch von dem Vorgeben eines Bauers gegen einen Zug gehandelt werden. Dieser Vortheil ist von

so

so geringer Entscheidung, daß man zween überaus starke Spieler voraussetzen müßte, die schlechterdings keinen Fehler machten, und keine Zeit verloren gehen ließen, wenn dieser Vortheil demjenigen, der ihn bekömmt, den unfehlbaren Gewinn des Spiels zuwege bringen sollte. Es wird aus folgendem Beyspiel erhellen, daß der Weiße, der den Bauern gegen den Zug vorbekömmt, bloß deswegen das Spiel gewinnt, weil er um einen einzigen Zug früher in die Dame kömmt, als sein Gegner.

Einziges Spiel.

Man bekömmt einen Bauern gegen den Zug.

	Schwarz.		Weiß.
1.	B, Kg. 5.	= =	B, Kg. 4.
2.	Spr, Lfr. 6.	= =	Sp, Lf. 3.
3.	Lfr, Lf. 5.	= =	Lfr, Lf. 4.
4.	B, Lf. 6.	= =	Spr, Lfr. 3.
5.	*B, Kn. 6. (a)	= =	B, Thrn. 3.

(a) Wenn er diesen Bauern zween Schritte vorrückte, und zöge:
B, Kn. 5. = = B, Kn. 5.
B, Kn. 5. so würde Lfr, Sp. 5. †. einen Bauern gewinnen.

6.	Kn, Kg. 7. (b)	= =	Kg, Spr. 1.

(b) Er thut diesen Zug, um nachher den Läufer seiner Königinn dem Läufer des diesseitigen Königs entgegen zu setzen, und nach seiner Bequemlichkeit rechts oder links rochen zu können.

	Schwarz.		Weiß.
7.	Lf, Kg. 6.	= =	Lfr, Kg. 6.
8.	Kn, Kg. 6.	= =	*B, Kn. 4.
9.	B, Kn. 4.	= =	Spr, Kn. 4.
10.	Kn, Kg. 5.	= =	Spr, Sp. 3.
11.	Lfr, Sp. 6.	= =	Kn, Thrn. 1.
12.	Sp, Kn. 7.	= =	B, Lfr. 4.
13.	Kn, Kg. 7.	= =	*Spr, Kn. 4.
14.	Lfr, Kn. 4. (c)	=	Kn, 4.

(c) Er nimmt diesen Springer, weil er voraus sieht, daß er ihm sehr lästig seyn würde, falls man ihn auf das Feld Spr, Lfr. 5, setzte.

15.	Kg, Spr. 8.	= =	Lf, Kg. 3.
16.	Th, Kn. 8.	= =	Th, Kn. 1.
17.	Sp, 6.	= =	Lf, Spr. 2. (d)

(d) Die Absicht ist, diesen Läufer gegen den Bauern B, Kn. 6. zu richten.

18.	B, Lf. 5.	= =	Kn, 3.
19.	Sp, Lf. 8.	= =	Lf, Thrn. 2.
20.	B, Th. 6.	= =	Sp, Kn. 5.
21.	Spr, Kn. 5.	= =	Kn, 5. †
22.	Kg, Thrn. 8.	= =	B, Lfr. 5.
23.	B, Sp. 5.	= =	Th, Kn. 2. (e)

(e) Man will die Thürne verdoppeln, um den Bauern B, Kn. 6. anzugreifen.

24.	Thrn, Kg. 8.	= =	Thrn, Lfr. 4.
25.	Sp, 6.	= =	Kn, Sp. 3.
26.	Sp, Lf. 4.	= =	Th, Lfr. 2.
27.	Thrn, Lfr. 8.	= =	Thrn, Spr. 4.

Schwarz.			Weiß.		
28.	Kn, Lfr. 6.	-	-	B, Lf. 3.
29.	Th, Kg. 8.	-	-	Th, Kg. 2.
30.	Sp, Kg. 5.	-	-	Lf, Kg. 5.
31.	Kn, Kg. 5.	-	-	Th, Lfr. 2.
32.	Thrn, Lfr. 6.	-	-	Kn, 1.
33.	Th, Lfr. 8.	-	-	Th, Kn. 2.
34.	*B, Spr. 6.	-	-	Th, Kn. 5.
35.	Kn, Kg. 7.	-	-	*Kn, 3. (f)

(f) Es ist die höchste Zeit, die Königinn von der Linie des diesseitigen Königs wegzubringen. Ließe man sie auf dieser Linie, so könnte man, beym folgenden Zuge, den feindlichen Bauern B, Lfr. 5. nicht wiedernehmen, weil der Gegner augenblicklich durch ein doppeltes Schachbieten den König und die Königinn zu gleicher Zeit angreifen würde.

36.	B, Lfr. 5.	-	-	B, Lfr. 5.
37.	Kn, Lfr. 7.	-	-	Thrn, Lfr. 4.
38.	Kn, Kg. 7.	-	-	*B, Spr. 4.
39.	*B, Thrn. 6.	-	-	*Kg, Spr. 2. (g)

(g) Man läßt den König an die Bauern anschließen, um sie zu unterstützen, und dem Eindringen der feindlichen Steine in das diesseitige Spiel zu steuern.

40.	Th, Kg. 8.	-	-	Kg, Lfr. 3.
41.	Kg, Thrn. 7.	-	-	B, Thrn. 4.
42.	Th, Spr. 8.	-	-	Thrn, Kg. 4.
43.	Kn, Lfr. 8.	-	-	Kn, Kg. 3.
44.	Th, Spr. 7.	-	-	Kn, Lfr. 4.
45.	Th, Lfr. 7.	-	-	*B, Thrn. 5. (h)

(h) Wenn man diesen Bauern nicht zöge, so würde er selbst den seinigen gegen den diesseitigen Bauern B, Spr. 4. anrücken lassen, und das Spiel gewinnen.

	Schwarz.		Weiß.
46.	Th, Kn. 7.	= =	*Thrn, Kg. 6.
47.	B, Th. 5.	= =	Thrn, Lfr. 6.
48.	Kn, Lfr. 6.	= =	Kn, Kg. 4.
49.	Th, Kn. 8. (i)	= =	Kn, Kg. 6.

(i) Sein einziges Bestreben muß dahin gehen, das Spiel unentschieden zu machen, wenn er, um die diesseitige Königinn anzugreifen, zöge:

Th, Kg. 7. = = = Kn, 3.
Th, Kn. 7. = so würde Th, Lf. 5. einen Bauern und das Spiel gewinnen. (**)

(**) Diese Anmerkung ist falsch. Der Verfasser scheint vergessen zu haben, daß der Bauer der schwarzen Königinn, den er im fünften Zuge auf das Feld B, Kn. 6. setzen lassen, noch immer auf demselben steht, und erst nachher im zwey und funfzigsten Zuge einen Schritt weiter vorrückt. Dieser Bauer deckt den Bauern B, Lf. 5. gegen den weißen Thurn, und es ist daher durch den Zug Th, Lf. 5. hier kein Bauer zu gewinnen, vielmehr würde der Weiße seinen Thurn ohne allen Nutzen einbüßen. Anm. des Uebers.

50.	Kg, Spr. 7.	= =	Kn, Lfr. 6.
51.	Kg, Lfr. 6.	= =	*Th, Kn. 2.
52.	B, Kn. 5.	= =	Th, Kg. 2.
53.	Th, Kn. 6.	= =	Kg, Lfr. 4.
54.	B, Lf. 4.	= =	Th, Kg. 8.

Schwarz.			Weiß.
55.	B, Kn. 4.	= =	B, Kn. 4.
56.	Th, Kn. 4. †.	= =	Th, Kg. 4.
57.	Th, Kn. 2. (k)	= =	Th, Kg. 6. †.

(k) Tauschte er Thurn gegen Thurn, so würde er das Spiel früher verlieren, weil der diesseitige König seine Bauern B, Lf. 4., B, Sp. 5., und B, Th. 5. angreifen würde. Wollte er diese etwa durch seinen König unterstützen, so könnte man alsdann ungehindert B, Spr. 5. ziehen, und den Bauern B, Thrn 5. in die Dame bringen, weil sein König zu weit entfernt wäre, um zurückzueilen, und dieses zu verhindern.

58.	Kg, Spr. 7.	= =	Th, Spr. 6. †.
59.	Kg, Thrn. 7.	= =	*B, Lfr. 6.
60.	Th, Kn. 7. (l)	= =	*Kg, 5.

(l) Wenn er auch den Bauern B, Sp. 2. nimmt, so muß er doch das Spiel verlieren. Inzwischen mögen wir nicht geradezu behaupten, daß es, in dieser Lage des Spiels, dem Schwarzen nicht sollte gelingen können, das Spiel unentschieden zu machen.

61.	B, Sp. 4.	= =	*Th, Spr. 7. †.
62.	Th, Spr. 7.	= =	B, Spr. 7.
63.	Kg, Spr. 7.	= =	*Kg, Kn. 4.
64.	B, Lf. 3.	= =	B, Lf. 3.
65.	B, Lf. 3.	= =	B, Th. 4.
66.	Kg, Lfr. 6.	= =	B, Th. 4.
67.	Kg, Spr. 5.	= =	Kg, Lf. 4.
68.	Kg, Spr. 4.	= =	Kg, Sp. 5.
69.	Kg, Thrn. 5.	= =	Kg, Th. 5.
70.	Kg, Spr. 4.	= =	Kg, Sp. 6.

Schwarz.	Weiss.
71. B, Thrn. 5.	B, Th. 5. kömmt zuerst in die Dame, verhindert den feindlichen Bauern, selbst auch in die Dame zu kommen, und gewinnt das Spiel.

Drittes Kapitel.

Vom Vorgeben eines Steins gegen Bauern und Zug.

Dieser Vortheil ist größer, als der von einem vorgegebenen Bauern und Zug, und hätte in der Reyhe der Vortheile, die man vorgeben oder vorbekommen kann, eigentlich zuerst abgehandelt werden sollen. Es ist indessen nicht unschicklich, daß man erst völlig ein Spiel zu führen verstehe, worinnen man Bauern und Zug vorbekömmt, um von selbst und ohne weitern Unterricht zu wissen, wie man sich gegen den Angriff eines Gegners zu vertheidigen habe, der Bauern und Zug vorbekömmt, und dagegen einen Stein vorgiebt.

Dieses Kapitel zerfällt in zween Abschnitte. Im erstern wird vom Vorgeben eines Steins gegen einen Bauern und einen Zug, und im zweeten vom Vorgeben eines Steins gegen einen Bauern und zween Züge gehandelt.

Erster

Erster Abschnitt.

Erstes Spiel.

Schwarz.		Weiß.
1.	B, Kg. 5.	B, Kn. 4. (a)

(a) Man kann dieses Spiel füglich damit anfangen, daß man den Bauern der Königinn zween Schritte vorrückt, in welchem Falle der Schwarze entweder, wie im gegenwärtigen Spiele, mit seiner Königinn Schach bietet, oder den Bauern seines Königs einen Schritt thun läßt, wie wir im folgenden Spiele sehen werden.

2.	Kn, Thrn. 4. †.	B, Spr. 3.
3.	Kn, 4.	Kn, 4.
4.	B, Kn. 4. (b)	*Lf, Lfr. 4.

(b) Da man einen Thurn vorbekömmt, so erfordert der Vortheil des Spiels, je eher je lieber Königinn um Königinn zu tauschen, selbst wenn man einen Bauern dabey einbüßt, weil man durch die zween fehlenden Bauern die Ueberlegenheit noch nicht verliert, die man durch einen Thurn mehr hat, sobald keine Königinn mehr auf dem Brett ist.

5.	B, Kn. 6.	B, Lf. 3.
6.	B, Lf. 3.	Sp, Lf. 3.
7.	B, Th. 6. (c)	Kg, Lf. 1.

(c) Wenn der Schwarze, anstatt B, Th. 6. beym siebenten Zuge B, Lf. 6. zöge, so würde man dagegen Sp, Kg. 4. ziehen, und das Spiel gewinnen.

8.	Sp, Lf. 6.	B, Kg. 4.
9.	Spr, Lfr. 6.	Spr, Lfr. 3.
10.	Lfr, Kg. 7.	Lfr, Lf. 4.
11.	Kg, Spr. 8.	*B, Thrn. 3.

Man bekömt einen Thurn gegen Bauern und König.

Schwarz.			Weiß.
12. B, Thrn. 6.	=	=	*B, Spr. 4.
13. Spr, Thrn. 7.	=	=	Thrn, Spr. 1.
14. B, Sp. 5.	=	=	Lfr, Kn. 5.
15. Sp, Kn. 8. (d)		=	B, Spr. 5.

(d) Er mag nicht Stein um Stein nehmen.

16. B, Spr. 5.	=	=	Lf, Spr. 5.
17. Lfr, Spr. 5.	=	=	Spr. 5.
18. Spr. 5.	=	=	Thrn Spr. 5.
19. Lf, Kg. 6. (e)		=	Th, Spr. 1.

(e) Wenn er anstatt Lf, Kg. 6. beym neunzehnten Zuge Lf, Thrn. 3. zöge, so würde man dagegen Th, Spr. 1. ziehen, und den Bauern sammt dem Spiele gewinnen.

20. B, Spr. 6.	=	=	B, Thrn. 4.
21. B, Lf. 6.	=	=	Lfr, Sp. 3. (f)

(f) Es ist schon oben angemerkt worden, daß, ob es gleich das Spiel mit sich bringt, Stein um Stein zu nehmen, wenn der Tausch angeboten wird, man es doch nicht thun müsse, wenn dadurch einem andern Steine des Gegners Luft gemacht wird, der dem diesseitigen Spiele mehr Schaden thun kann, als derjenige, den man genommen hätte. Wenn man im gegenwärtigen Falle seinen Läufer nähme, so würde sein Springer den diesseitigen nehmen, und dadurch Luft bekommen, den Thurn anzugreifen; dadurch würde man gezwungen seyn, einen Nothzug zu thun, und folglich Zeit verlieren, wofür man sich immer hüten muß.

22. Lf, Sp. 3.	=	=	B, Sp. 3. (g)

(g) Dieser Bauer, wenn er gleich doppelt steht, wird vom diesseitigen König unterstützt, dem Vordringen

seiner

seiner Bauern Einhalt thun, oder man kann wenigstens die Zeit benutzen, die er auf dessen Wegräumung verwendet, und unterdessen den diesseitigen Angriff fortsetzen, dem er gar nicht ausweichen kann.

	Schwarz.		Weiß.
23.	Sp, Kg. 6.	=	Thrn, Spr. 4.
24.	Kg, Spr. 7.	=	*Sp, Kg. 2.
25.	B, Th. 5.	=	Sp, Lfr. 4.
26.	Sp, Kn. 4.	=	B, Thrn. 5.
27.	Sp, 3. †	=	Kg, Lf. 2.
28.	Sp, Kn. 4. †	=	Kg, Lf. 1. (h)

(h) Beym Zurückziehen eines Königs, dem Schach geboten worden, muß man sich wohl vorsehen, daß man ihn nicht auf ein Feld setze, wo er der Gefahr eines doppelten Schachs, oder eines solchen, bloß steht, durch welchen der König und der Thurn zugleich angegriffen wird. Dieses wäre hier der Fall gewesen, wenn anstatt Kg, Lf. 1. man Kg, Kn. 2. gezogen hätte, weil er alsdann Sp, Lfr. 3. und nachher Sp, Kg. 5. gezogen, und einen Stein erbeutet hätte.

29.	Sp, Lfr. 3.	=	Th, Spr. 2.
30.	Sp, Kg. 5.	=	Thrn, Spr. 3. gewinnt.

Dasselbe Spiel auf eine andere Art.

Der Schwarze, anstatt Schach zu bieten, zieht, beym zweeten Zuge, den Bauern seines Königs einen Schritt.

	Schwarz.		Weiß.
1.	B, Kg. 5.	=	B, Kn. 4.
2.	*B, Kg. 4.	=	B, Lf. 4.

	Schwarz.	Weiß.
3.	B, Lfr. 5.	Lf, Lfr. 4. (a)

(a) Man muß diesen Läufer in Thätigkeit setzen, ehe man den Bauern des Königs rückt, sonst wird er durch eben diesen Bauern eingesperrt, und auf lange Zeit unbrauchbar gemacht.

	Schwarz.	Weiß.
4.	Spr, Lfr. 6.	B, Kg. 3.
5.	B, Kn. 5.	Sp, Lf. 3. (b)

(b) In solchen Umständen muß man den angebotenen Bauern niemals nehmen. Man kann die Zeit besser anwenden, und lieber andere Steine unterdessen in Bewegung setzen.

	Schwarz.	Weiß.
6.	☞ Sp, Lf. 6.	*Kn, Sp. 3.
7.	Sp, Th. 5.	Kn, Th. 4. †
8.	B, Lf. 6.	B, Kn. 5.
9.	B, Sp. 5.	Kn, Lf. 2.
10.	Spr, Kn. 5.	Sp, Kn. 5.
11.	Kn, 5.	*Spr, Kg. 2.
12.	Lfr, Sp. 4. †	Spr, Lf. 3.
13.	Kg, Spr. 8.	B, Th. 3.
14.	Lfr, Lf. 3. †	Kn, Lf. 3.
15.	Sp, 3.	Th, Kn. 1.
16.	B, Th. 5.	Lfr, Kg. 2.
17.	Lf, Kg. 6.	Kg, Spr. 1.
18.	B, Th. 4.	Lf, Kg. 5.
19.	Kn, 7.	*Kn, Sp. 4.
20.	Kn, Lfr. 7.	Kn, 6.
21.	Thrn, Lf. 8.	*B, Spr. 4.
22.	Kn, Spr. 6.	*Kg, Thrn. [illegible]
23.	B, Spr. 4.	Thrn, Spr. 1.
24.	B, Thrn. 5.	*B, Thrn. 3.

Schwarz.		Weiß.
25. Kn, Thrn. 6	= =	Thrn, Spr. 2.
26. Sp, Th. 5.	= =	*B, Spr. 4.
27. B, Spr. 4 †.	= =	Thrn, 2.
28. Kn, Spr. 6.	= =	Th, Spr. 1.
29. Sp, 7.	= =	Kn, Kg. 7.
30. Sp, Kn. 8.	= =	*Lfr, Spr. 4.
31. Lf, Spr. 4.	= =	Th, Spr. 4.
32. Kn, Spr. 4.	= =	Kn, Kg. 8. ✝ matt.

Zurückführung des vorigen Spiels auf den sechsten Zug, da der Schwarze, anstatt Sp, Lf. 6. folgendermaßen spielt:

Schwarz.		Weiß.
6. Lfr, Kn 6.	= =	Lf, Kn. 6.
7. Kn, 6.	= =	B, Lf. 5.
8. Kn, Kg. 7.	= =	Spr, Thrn. 3.
9. B, Lf. 6.	= =	Spr, Lfr. 4.
10. Spr, 4.	= =	Kn, 2.
11. Kg, Spr. 8.	= =	Kg, Lf. 1. u. s. w.

Zweytes Spiel.

Man bekömmt einen Springer vor gegen Bauern und Zug.

Bemerkung.

Man hüte sich, dieses Spiel, so wie das vorhergehende damit anzufangen, daß man den Bauern der Königinn zween Schritte vorrückt, denn der Schwarze gewinnt, wie wir im vorigen Spiele

Spiele gesehen haben, diesen Bauern durch sein Schachbieten. Nun fehlen aber mit diesem Bauern, wenn wir den vorgegebenen mitrechnen, dem diesseitigen Spiele schon zween Bauern, welche zusammen beynahe so viel werth sind, als der Springer, den man vorbekömmt, ob sie gleich nicht am Werth dem im vorigen Spiele vorbekommenen Thurme gleich sind.

Um sich gegen den Angriff des Schwarzen, der Bauern und Zug voraus hat, geschickt zu vertheidigen, muß man das vorhergehende Kapitel zu Rathe ziehen, und daraus lernen, wie man die Steine loßmachen und hervorbringen muß. Wenn demjenigen, der Bauern und Zug vorgiebt, der Verlust des Spiels bevorsteht, so ist gewiß derjenige, der den Stein gegen den Bauern und Zug vorausgegeben hat, dafür um nichts sicherer, wenn sonst alles von beyden Theilen gleich ist. Wir wollen dieses an einigen Beyspielen zeigen.

I.

Man zieht gleich den Springer der Königinn.

	Schwarz.	Weiß.
1.	B, Kg. 5.	Sp, Lf. 3.
2.	Lfr, Sp. 4.	*Sp, Kg. 4.
3.	B, Kn. 5.	Sp, Lfr. 2.
4.	B, Lfr. 5.	*B, Lf. 3.
5.	Lfr, Kn. 6. (a)	B, Kn. 3.

(a) Wenn der Schwarze, anstatt Lfr, Kn. 6. beym sechsten Zuge Lfr, Lf. 5. zöge, so müßte man dagegen B, Kn. 4. ziehen.

6. Spr,

Schwarz. Weiß.

6. Spr, Lfr. 6. (b) = = *Lf, Spr. 5. (c)

(b) Zieht er B, Thrn. 6. anstatt Spr, Lfr. 6. so muß man dagegen B, Kg. 4. ziehen; alsdann erfolgt eins von beyden, entweder man bekömmt seinen Bauern B, Kn. 5. oder man bringt durch den Zug Kn, Thrn. 5. †. sein ganzes Spiel in Unordnung.

(c) Die rechte Zeit, den Läufer der Königinn ins Spiel zu bringen!

7. Kg, Spr. 8. = = *B, Kg. 4.
8. B. Lf, Kg 4. = = B, Kg. 4.
9. B, Kg. 4. = = Sp, Kg. 4. (d) gewinnt.

(d) Aus diesem Beyspiel erhellet, daß, wenn man einen Stein gegen Bauern und Zug vorbekömmt, es sehr vortheilhaft sey, den Springer der Königinn gleich zuerst zu ziehen, um ihn auf das zweyte Feld des Läufers des Königs zu bringen, und beyde diesseitige Springer auf diesem Flügel zu vereinigen.

II.

Man zieht den Bauern des Springers des Königs.

Schwarz.					Weiss.		
1.	B,	Kg.	5.	= =	B,	Spr.	3.
2.	*B,	Thrn.	5.	= =	B,	Kg.	3.
3.	B,	Thrn.	4.	= =	B,	Spr.	4.
4.	B,	Kn.	5.	= =	B,	Thrn.	3.
5.	Lfr,	Kn.	6.	= =	Lfr,	Spr.	2.
6.	B,	Kg.	4.	= =	Spr,	Kg.	2.

7. B,

	Schwarz.				Weiß.		
7.	B,	Lf.	5.		B,	Kn.	3.
8.	B,	Kn.	3.		B,	Kn.	3.
9.	Spr,	Kg.	7.		Sp,	Lf.	3.
10.	Lf,	Kg.	6.		Lf,	Kn.	2.
11.	B,	Th.	6.		Kn,	Lf.	2.
12.	B,	Sp.	5.		Kg,	Lf.	1.
13.	Kg,	Spr.	8.		*Spr,	Lfr.	4.
14.	Lfr,	Lf.	7.		Spr,	Kg.	6.
15.	B,	Kg.	6.		*Sp,	Kg.	2.
16.	Lfr,	Kn.	6.		Sp,	Lfr.	4.
17.		Lfr,	4.		B,	Lfr.	4.
18.	Th,	Lf.	8.		Kg,	Sp.	1.
19.	B,	Lf.	4.		B,	Kn.	4.
20.	B,	Th.	5.		*Th,	Lfr.	1.
21.	B,	Sp.	4.		Lf,	Kg.	1.
22.	Spr,	Lf.	6.		Kn,	Lfr.	2.
23.	B,	Th.	4.		*Kn,	Kg.	3.
24.	Thrn,	Kg.	8.		*B,	Spr.	5.
25.	Kn,	Sp.	6.		Lf,	Lfr.	2.
26.	B,	Th.	3.		*B,	Sp.	3.
27.	B,	Sp.	3.		B,	Sp.	3.
28.	Spr,	Th.	5.		*Th,	Lf.	1.
29.		Th,	8.		Kg,	Th.	2. (a)

(a) Wenn man von den Bauern und Steinen des Gegners geängstigt wird, so muß man suchen, sich mit seinen eigenen Bauern, wie im gegenwärtigen Falle, zu decken. Man gewinnt dadurch die nöthige Zeit, theils Steine zur Vertheidigung herbeyzuholen, theils den einmal entworfenen Angriff bis zur Entscheidung des Sieges zu verfolgen.

	Schwarz.			Weiß.	
30.	Sp,	7.	= =	Lfr,	1.
31.	Sp, Kn.	6.	= =	Lfr, Kn.	3.
32.	Thrn, Kg.	7.	= =	*B, Lfr.	5.
33.	Th, Kg.	8.	= =	B, Lfr.	6.
34.	B, Lfr.	6.	= =	B, Lfr.	6.
35.	Thrn, Sp.	7.	= =	Kn, Spr.	5. †.
36.	Kg, Lfr.	8.	= =	Thrn, Spr.	1. gewinnt.

Dasselbe Spiel,

welches man, eines einzigen unrechten Zuges wegen, verliert.

	Schwarz.			Weiß.	
1.	B, Kg.	5.	= =	B, Spr.	3.
2.	B, Thrn.	5.	= =	Spr, Lfr.	3. (a)

(a) Dieser einzige unrechte Zug macht, daß man das Spiel ohne Rettung verliert. Der Schwarze greift nun diesen Springer mit seinen Bauern an, bey deren allmählichem Vorrücken er die Zeit gewinnt, die er braucht, die diesseitigen Steine einzuschließen, deren man sich alsdann nicht mehr bedienen kann, um sich gegen das Schachbieten seiner Königinn zu wehren. Es ist schon oben angemerkt worden, daß die ersten Züge eines Spiels, wenn sie unrecht gethan werden, den Verlust desselben unvermeidlich machen.

	Schwarz.			Weiß.	
3.	*B, Kg.	4.	= =	Spr, Kn.	4.
4.	B, Lf.	5.	= =	Spr, Sp.	3.
5.	B, Kn.	5.	= =	Lfr, Spr.	2.
6.	*B, Thrn.	4.	= =	B, Kg.	3.
7.	*Lfr, Kn.	6.	= =	B, Spr.	4.

8. B,

Schwarz.			Weiß.

8. *B, Thrn. 3. und hernach Kn, Thrn. 4. f. endlich wird Lf, Spr. 4. bald vollends matt machen.

III.

Man zieht den Springer des Königs auf das dritte Feld seines Thurns.

Schwarz.			Weiß.
1.	B, Kg. 5. (a)	= =	Spr, Thrn. 3.

(a) Wenn der Schwarze sich einfallen ließe, mit dem Bauer seiner Königinn anzufangen, so würde folgendes Spiel daraus:

1.	B, Kn. 5.	= =	Spr, Lfr. 3.
2.	B, Lf. 5.	= =	B, Kn. 4. u. s. w.

2.	B, Kn. 5.	= =	Spr, Lfr. 2.
3.	B, Lfr. 5.	= =	*B, Kn. 4.
4.	B, Kg. 4.	= =	Lf, Lfr. 4.
5.	Spr, Lfr. 6.	= =	B, Kg. 3.
6.	Lfr, Kg. 7.	= =	*B, Lf. 4.
7.	B, Lf. 6.	= =	Sp, Lf. 3.
8.	Kg, Spr. 8.	= =	*B, Kn. 5.
9.	B, Kn. 5.	= =	Lfr, Sp. 5.
10.	B, Th. 6.	= =	Lfr, Th. 4.

11. B, Sp. 5. = Lfr, Sp. 3. oder Lfr, Lf. 2. muß gewinnen.

IV.

Man fängt damit an, daß man den Bauern des Königs einen Schritt vorrückt.

Schwarz.			Weiß.
1.	B, Kg. 5.	= =	B, Kg. 3.

2. B,

Schwarz.			Weiß.
2.	B, Kn. 5.		*B, Kn. 4.
3.	B, Kg. 4.		*B, Lf. 4.
4.	*Lfr, Kn. 6.		*B, Spr. 3. (a)

(a) Wenn man, anstatt *B, Spr. 3., beym vierten Zuge, B, Kn. 5. oder B, Lf. 5. zöge, so zöge er dagegen Kn, Thrn. 4.† und gewönne das Spiel.

5.	B, Lf. 6.		Sp, Lf. 3.
6.	Lfr, Lf. 7.		*Lfr, Thrn. 3.
7.	B, Lfr. 5.		B, Lf. 5.
8.	Spr, Lfr. 6.		Spr, Kg. 2.
9.	B, Sp. 6.		B, Sp. 4.
10.	B, Th. 5.		B, Sp. 5.
11.	B, Lf. 5.		B, Lf. 5.
12.	B, Sp. 5.		Sp. 5.
13.	Lfr, Kg. 5.		*Spr, Kn. 4. muß

gewinnen, weil man überall freyes Spiel hat, und dem Gegner um einen Stein überlegen ist.

V.

Man fängt damit an, daß man den Bauern der Königinn einen Schritt vorrücke.

Schwarz.			Weiß.
1.	B, Kg. 5.		B, Kn. 3.
2.	Lfr, Lf. 5.		Spr, Lfr. 3.
3.	B, Kn. 6.		B, Kg. 4.
4.	Lf, Spr. 4.		Lfr, Kg. 2.
5.	B, Lfr. 5.		B, Lfr. 5.
6.	Lf, Lfr. 5.		B, Lf. 3.

	Schwarz.		Weiß.
7.	Spr, Lfr. 6.	= =	B, Kn. 4.
8.	B, Kn. 4.	= =	Spr, Kn. 4.
9.	Kn, 7.	= =	Kg, Spr. 1.
10.	Kg, Spr. 8.	= =	Kg, Thrn. 1.
11.	Lfr, Kn. 4.	= =	Kn, 4.
12.	Th, Kg. 8.	= =	Lfr, Kn. 3.
13.	Lf, Kn. 3.	= =	Kn, 3.
14.	*Spr, 4.	= =	*Kg, Spr. 1.
15.	Thrn, Lfr. 1. †.	= =	Kn, Lfr. 1.
16.	Th, Lfr. 8.	= =	Kn, Kg. 1.
17.	Kn, Lfr. 5.	= =	*B, Sp. 4. (a)

(a) Wenn man, anstatt *B, Sp. 4., beym siebzehnten Zuge, Sp, Kn. 2. zöge, so würde man das Spiel verlieren:

17.		= =	Sp, Kn. 2.
18.	Kn, Lf. 5. †.		Kg, Thrn. 1.
19.	Spr, Lfr. 2. würde gewinnen.		

18.	B, Th. 5.	= =	B, Th. 3.
19.	B, Sp. 4.	= =	B.Th, Sp. 4.
20.	Kn, Thrn. 5.	= =	B, Thrn. 3.
21.	Spr, Kg. 5.	= =	Sp, Kn. 2.
22.	Spr, Kn. 3.	= =	Kn, Kg. 6. †.
23.	Kg, Thrn. 8.	= =	Sp, Lfr. 3.
24.	B, Thrn. 6.	= =	Lf, Kn. 2.
25.	Thrn, Kg. 8.	= =	Kn, 7. gewinnt.

Zurückführung des vorigen Spiels auf den zweeten Zug, da der Schwarze, anstatt Lfr, Lf. 5. folgendermaßen zieht:

	Schwarz.		Weiß.
2.	B, Kn. 5.	= =	Spr, Lfr. 3.

Schwarz.			Weiß.
3. Lfr, Kn. 6.	.	.	B, Kg. 4.
4. B, Lf. 6.	.	.	Sp, Lf. 3.
5. Spr, Kg. 7. (b)	.	.	Lfr, Kg. 2.

(b) Wenn er, anstatt seinem Springer Luft zu machen, seinen Bauern gegen den Springer der diesseitigen Königinn anrücken ließe, so würde er durch diesen Bauern selbst die Richtung hemmen, die er seiner Königinn und dem Läufer seines Königs gegen den diesseitigen König, auf der Seite, wo der fehlende Bauer die Blöße giebt, offen zu erhalten suchen muß. Man muß niemals einen Bauern rücken, der die Richtung der Steine auf den feindlichen König versperren würde.

6. Kg, Spr. 8.	.	.	Kg, Spr. 1.
7. B, Lfr. 5.	.	.	B, Lfr. 5. (c)

(c) Man entschließt sich, diesen Bauern zu nehmen, weil er ihn sonst vorrücken, und dadurch dem Läufer der Königinn den Weg versperren würde; wollte man aber diesen Läufer itzt gleich hervorziehen, so zöge er Kn, Sp. 6. †. und schlüge hernach den diesseitigen Bauern B, Sp. 2.

8. Spr, Lfr. 5.	.	.	Kg, Thrn. 1.
9. Lfr, Lf. 7.	.	.	*B, Spr. 4.
10. Spr, Kg. 7.	.	.	Spr, 5.
11. Thrn, Kg. 8.	.	.	Spr, Lfr. 7.
12. Kn, 7.	.	.	Lf, Spr. 5.
13. Spr, 6.	.	.	*Kn, 2.
14. B, Thrn. 6.	.	.	*Lf, Thrn. 6.
15. B, Thrn. 6.	.	.	Kn, Thrn. 6.
16. Kn, Kg. 6.	.	.	Spr, 5.
17. Kn, 7.	.	.	Thrn, Lfr, 7. gewinnt.

VI.

Der den Stein gegen Bauern und Zug vorgiebt, entschließt sich, den Springer des Königs vorzugeben.

	Schwarz.				Weiß.		
1.	B,	Kg.	5.	- -	B,	Kg.	3.
2.	B,	Kn.	5.	- -	B,	Kn.	4.
3.	B,	Kg.	4.	- -	B,	Lf.	4.
4.	B,	Lf.	6.	- -	Sp,	Lf.	3.
5.	Lfr,	Kn.	6.	- -	B,	Spr.	3.
6.	Kg,	Spr.	8.	- -	Spr,	Kg.	2.
7.	B,	Lfr.	5.	- -	Spr,	Lfr.	4. (a)

(a) Alle diese Züge sind die besten, die man thun konnte, um sich überall freyes Spiel zu verschaffen. Dieses muß man bey dem Anfange eines jeden Spiels zum einzigen Hauptaugenmerk haben, ob es gleich gegen einen guten Spieler, der noch dazu Bauern und Zug voraus hat, nicht leicht ist. Werden diese ersten Züge nicht regelmäßig gezogen, so benutzt der Gegner seinen Vortheil, und die gegen ihn gemachten Fehler, versperrt den diesseitigen Steinen den Weg, und benimmt folglich dem Könige die Freyheit zu rochen, und sich gegen den Angriff in Sicherheit zu setzen, den der Gegner mit allen seinen Steinen auf ihn thut, welches ihm dann den unvermeidlichen Gewinn des Spiels zu wege bringt.

8.	Lfr,	Lf.	7.	- -	Kn,	Sp.	3.
9.	B,	Lf.	4.	- -	Lfr,	Lf.	4. †.
10.	Kg,	Thrn.	8.	- -	*Spr,	Kg.	6.
11.	Lf,	Kg.	6.	- -	Lfr,	Kg.	6.
12.	B,	Sp.	6.	- -	Lf,	Kn.	2.

	Schwarz.	Weiß.
13.	Kn, 6.	Kg, Lf.
14.	B, Th. 5.	Th, Lfr. 1.
15.	B, Spr. 6.	*B, Kn. 5.(b)

(b) Dieser vorgerückte Bauer entscheidet den Gewinn des Spiels. Man muß niemals den rechten Augenblick versäumen, auf diese Art einen Mittelbauern vorzurücken, wenn er unterstützt ist, oder wenn der Gegner ihn nicht nehmen darf, ohne daß man dadurch Lust bekomme, mit den diesseitigen Steinen in seinem Spiele festen Fuß zu fassen.

16.	Sp, Th. 6.	*Sp, 5.
17.	Kn, Kg. 7.(c)	Lf, 3.†.

(c) Hätte er den Springer geschlagen, so hätte ihn der Läufer der diesseitigen Königinn matt gemacht; denn man setzt ihn in die Gefahr, matt zu werden, und greift zugleich seine Königinn an; ein solcher auf zween Gegenstände zugleich gemünzter Zug entscheidet gemeiniglich das Spiel, weil selten eine Vertheidigung gegen einen doppelten Angriff bey der Hand ist.

18.	Thrn, Lfr. 6.	*B, Kn. 6.(d) gewonnen.

(d) Dieser Zug ist die Folge des diesseitigen funfzehnten und sechszehnten Zuges.

Zweeter Abschnitt.

Vom Vorgeben eines Steins gegen einen Bauern und zween Züge.

Dieses Spiel kömmt selten vor, weil zwischen dem Bauern und zween Zügen, so man vorgiebt, und dem Steine, so man vorbekömmt, besonders wenn es nur ein Springer ist, fast gar kein Unterschied ist. Man nimmt statt dessen lieber einen Bauern und einen Zug vor, wovon der Vortheil vielleicht eben so sicher ist, und wenigstens das Angenehme hat, daß man dadurch der angreifende Theil wird. Indessen kann man die Spiele beyder Art wechselsweise durchspielen, um sich in der Vertheidigung sowohl, als im Angriff zu üben, und sich das Spiel so geläufig zu machen, daß man in der Folge selbst vorgeben könne.

Wenn man auf das Spiel desjenigen Achtung gegeben hat, der einen Bauern und zween Züge vorgiebt, wie er, dieses weggegebenen Vortheils ungeachtet, Mittel findet, seine Steine herauszubringen, (S. den ersten Abschnitt des zweyten Kapitels, S. 76.) so wird man das Spiel mit Hülfe des vorbekommenen Steins auf eben die Art spielen und gewinnen. Zu desto besserm Unterrichte wollen wir hier einige Beyspiele geben.

Erstes Spiel.

Man bekömmt den Thurn vor gegen einen Bauern und zween Züge.

Schwarz.	Weiss.
1. B, Kg. 5. und B, Kn. 5.	*B, Kn. 4.
2. B, Kg. 4.	*Lf, Lfr. 4. (a)

(a) S. die Anmerkung (c) über das vierte Spiel des zweeten Abschnitts im ersten Kapitel, S. 66.

3. B, Spr. 5.	Lf, Spr. 3.

4. Lfr,

Schwartz.					Weiß.		
4.	Lfr,	Kn. 6.	=	=	Lf,	Kn. 6.	
5.		Kn, 6.	=	=		*Kn, 2.	
6.	B,	Thrn 6.	=	=	B,	Kg. 3.	
7.	B,	Lfr. 5.	=	=	*B,	Spr. 3.	(b)

(b) Ein wichtiger Zug bey diesen Umständen, um dem Vordringen seiner Bauern Einhalt zu thun.

8.	B,	Thrn. 5.	=	=	*B,	Lf. 4.	
9.	B,	Lf. 6.	=	=	Sp,	Lf. 3.	
10.	Spr,	Lfr. 6.	=	=	*B,	Kn. 5.	(c)

(c) Man nimmt diesen Bauern, um dem Läufer des diesseitigen Königs Platz zu machen.

11.	B,	Kn. 5.	=	=	Lfr,	Sp. 5.	†
12.	Kg,	Lfr. 7.	=	=	*Spr,	Kg. 2.	
13.	B,	Th. 6.	=	=	Lfr,	Th. 4.	
14.	B,	Sp. 5.	=	=	Lfr,	Sp. 3.	
15.	Sp,	Lf. 6.	=	=	*B,	Thrn. 4.	(d)

(d) Dieser Zug ist von der größten Wichtigkeit, sowohl um die Reyhe seiner Bauern zu trennen, als auch den diesseitigen Springer, falls der Gegner seinen Bauern vorrücken sollte, auf das Feld Spr, Lfr. 4. zu setzen, wovon die Entscheidung des Spiels abhängt.

16.	B,	Spr. 4.	=	=	*Spr,	Lfr. 4.	
17.	Sp,	Kg. 7.	=	=	*Kg,	Lfr. 2.	(e)

(e) Man würde mit dem Rochen nur die Zeit verderben, denn des Gegners eigne Bauern schützen den diesseitigen König gegen alle Angriffe.

18.	Lf,	Kn. 7.	=	=	*Thrn,	Lf. 1.
19.	B,	Th. 5.	=	=	B,	Th. 4.

Schwarz.		Weiß.
20. B, Sp. 4.	. .	Sp, 5.
21. Kn, Sp. 6.	. .	*Thrn, Lf. 5.
22. Lf, Kg. 6.	. .	Th, Lf. 1.
23. Thrn, Kn. 8.	. .	Sp, Lf. gewinnt.

Zweytes Spiel.

Man bekömmt den Springer der Königinn vor gegen einen Bauern und zween Züge.

Schwarz.		Weiß.
1. B, Kg. 5. und B, Kn. 5.		*B, Kg. 3.
2. Lfr, Kn. 6.	. . .	B, Kn. 3.
3. B, Lfr. 5.	. . .	*Kn, Kg. 2. (a)

(a) Man zieht die Königinn auf dieses Feld, um sie der seinigen entgegen zu setzen, falls er in der Folge mit derselben Schach bieten sollte.

4. Spr, Lfr. 6.	. .	Spr, Thrn. 3.
5. B, Lf. 5.	. .	Lf, Kn. 2.
6. Lf, Kg. 6.	. .	Sp, Lf. 3.
7. B, Th. 6.	. .	*B, Kn. 4. (b)

(b) Man zieht diesen Bauern, um ihn zur Vorrückung des Bauern seines Königs zu bewegen, und dadurch die Freyheit zu erhalten, den diesseitigen Springer auf das Feld Spr, Lfr. 4. setzen zu dürfen.

8. B, Kg. 4.	. .	B, Lf. 5.
9. Lfr, Lf. 5.	. .	Kg, Lf. 1. (c)

(c) Wenn man einen Bauern und Zug, oder einen Bauern und zween Züge vorgiebt, so muß man, so viel immer möglich, das Spiel so zu wenden suchen,

suchen, daß man auf der Königinnseite rochen könne, um den König gegen den Angriff in Sicherheit zu setzen, den der Gegner natürlicherweise gegen den Flügel zu richten sucht, wo der vorgegebene Bauer fehlt.

	Schwarz.	Weiß.
10.	Kg, Spr. 8.	Spr, Lfr. 4.
11.	Lf, Lfr. 7.	B, Thrn. 3.
12.	B, Sp. 5.	B, Spr. 4.
13.	Kn, 7.	B, Spr. 5.
14.	Spr, Kg. 8.	B, Thrn. 4.
15.	B, Sp. 4.	Sp, 1.
16.	B, Th. 5.	B, Thrn. 5.
17.	Spr, Kn. 6.	B, Spr. 6.
18.	B, Spr. 6.	B, Spr. 6.
19.	Lf, Kg. 8.	*Thrn, 8. †.
20.	Kg, Thrn. 8.	Kn, Thrn. 2. †. gewisse

Dasselbe Spiel auf eine andere Art.

	Schwarz.	Weiß.
1.	B, Kg. 5. und B, Lfr. 5.	B, Kg. 3.
2.	B, Thrn. 5.	B, Kn. 4.
3.	B, Kg. 4.	*B, Lf. 4.
4.	Spr, Lfr. 6.	Sp, Lf. 3.
5.	B, Lf. 6.	Lf, Kn. 2.
6.	B, Th. 5. (a)	Kn, Lf. 2.

(a) Da er sieht, daß man Anstalt macht, auf der Königinnseite zu rochen, so setzt er sich durch Vorrückung dieses Bauers in den Stand, seinen Angriff gegen diesen Flügel zu richten.

	Schwarz.		Weiß.
7.	B, Spr. 5.	= =	Kg, Lf. 1.
8.	*Kg, Lfr. 7. (b)	=	*B, Thrn. 4. (c)

(b) Bey gegenwärtiger Lage des Spiels will und darf er nicht rochen. Es bringt ihm mehr Vortheil, seinen König, unter dem Schutze seiner Bauern, auf das Feld Kg, Spr. 6. zu setzen, um nachher seinen Angriff gegen den Flügel zu richten, wo sich der diesseitige König befindet.

(c) Man zieht diesen Bauern, um den diesseitigen Steinen Luft zu machen.

9.	B, Spr. 4.	= =	Spr, Kg. 2.
10.	Lfr, Kn. 6.	= =	B, Spr. 3.
11.	Th, Sp. 8.	= =	Spr, Lfr. 4.
12.	Lfr, 4. (d)	=	B. Spr, Lfr. 4.

(d) Da er seinen König auf das Feld Kg, Spr. 6. bringen will, so muß er sich den diesseitigen Springer vom Halse schaffen.

13.	Kg, Spr. 6.	= =	*B, Th. 4. (e)

(e) Man zieht diesen Bauern, um dem Eindringen der Bauern seines rechten Flügels Einhalt zu thun.

14.	B, Kn. 6.	= =	B, Kn. 5.
15.	Lf, Kn. 7.	= =	*Kg, Sp. 1. (f)

(f) Man muß sich wohl vorsehen, daß nicht König und Königinn auf einer und eben derselben Reyhe stehen mögen, wenn der Gegner durch Wegnehmung des Bauern B, Kn. 5. auf dieser Seite einbricht.

16.	Kn, Sp. 6.	= =	Lf, 1.
17.	B, Kn. 5.	= =	Sp, Kn. 5.
18.	Spr, Kn. 5.	= =	Th, Kn. 5. (g)

(g) Es

(c) Es geschahe bloß, um diesem [illegible] Spiel zu verschaffen, daß man, beym sechszehnten Zuge Lf, 1. zog.

Schwarz.		Weiß. (c)
19.	Kn, Sp. 4.	Lf, Kn. 2.
20.	Kn, Th. 4.	Kn, Th. 4.
21.	Lf, Th. 4.	Th, Kn. 6. † gewinnt.

Drittes Spiel.

Man bekömmt den Springer des Königs vor, gegen einen Bauern und zween Züge.

Schwarz.		Weiß.
1.	B, Kg. 5. und B, Kn. 5.	B, Kg. 3.
2.	Lfr, Kn. 6.	B, Kn. 3.
3.	B, Lfr. 5.	Kn, Kg. 2.
4.	B, Lf. 5.	Sp, Lf. 3.
5.	Lf, Kg. 6.	Lf, Kn. 2.
6.	Kg, Spr. 8.	Kg, Lf. 1.
7.	B, Th. 6.	Spr, Thrn. 3.
8.	B, Sp. 5.	*B, Sp. 3.
9.	Kn, Sp. 6.	Spr, 5.
10.	Lfr, Lf. 7.	Spr, Kg. 6.
11.	Kn, Kg. 6.	B, Spr. 3. (a)

(a) Dieser unrechte Zug macht, daß man das Spiel ohne Rettung verliert; der beste Zug, oder vielmehr der einzige gute, den man thun könnte und mußte, ist B, Kg. 4. Man s. unten die Zurückführung dieses Spiels.

	Schwarz.		Weiß.
12.	*B, Kn. 4. (b)	- -	Sp, 1.

(b) Wenn man, anstatt B, Spr. 3. beym eilften Zuge den Bauern des Königs vorgerückt und *B, Kg. 4. gezogen hätte, so konnte man beym zwölften Zuge den diesseitigen Springer auf das Feld Sp, Kn. 5. ziehen. Itzt hingegen muß man den Springer, weil man die Vorrückung des Bauern zu seiner Unterstützung versäumt hat, zurückziehen, und dadurch dem Gegner Zeit lassen, seinen Angriff einzurichten, und das Spiel zu gewinnen.

	Schwarz.		Weiß.
13.	B, Th. 5.	- -	Lfr, Spr. 2.
14.	Th, 7.	- -	B, Thrn. 3.
15.	B, Th. 4.	- -	B, Spr. 4.
16.	B, Sp. 3.	- -	B.Th, Sp. 3.
17.	Sp, Lf. 6.	- -	B, Spr. 5.
18.	Th, 2.	- -	B, Thrn. 4.
19.	Lfr, Th. 5.	- -	B, Thrn. 5.
20.	Lfr, Kn. 2.†.	- -	Th, Kn. 2.
21.	Sp, 4.	- -	Thrn, Lfr. 1.
22.	Th, 1.	- -	Lfr, Thrn. 3.
23.	Kn, Th. 6.	- -	*B, Lf. 4. (c)

(c) Das Spiel ist ohne Rettung verloren, man mag ziehen, was man will.

	Schwarz.		Weiß.
24.	B, Lf. 4.	- -	Th, Lf. 2.
25.	Kn, Th. 3.†.	- -	Kg, Kn. 1.
26.	Th, Sp. 1.†.	- -	Th, Lf. 1.
27.	Kn, Lf. 1.†. matt.		

Zurückführung des vorigen Spiels auf den eilften Zug, da man anstatt B, Spr. 3. folgendermaßen zieht:

Schwarz.		Weiß.
11.	- - - - -	*B, Kg. 4.
12.	B, Kn. 4. - -	Sp, Kn. 5.
13.	Lfr, Kn. 6. - -	*B, Lf. 4. (d)

(d) Die Absicht ist, daß der Gegner diesen vorgerückten Bauern gelegentlich nehmen soll, um den diesseitigen Steinen Luft zu machen. Dieses Kunstgriffs bedient man sich mit gutem Vortheil, wenn der Gegner, so wie hier, mit weit vorgerückten Bauern auf das diesseitige Spiel eindringt. Eins von beyden geschieht in diesem Falle, entweder er nimmt diesen vorgerückten Bauern, und dann ist der diesseitige Endzweck, seine Bauern zu trennen, erreicht; oder er nimmt ihn nicht, und dann wehret dieser vorgerückte Bauer dem fernern Eindringen der seinigen, und macht die diesseitige Vertheidigung auf diesem Flügel desto sicherer.

14.	Sp, Lf. 6. - -	*B, Spr. 3.
15.	Th, Sp. 8. - -	Lfr, Spr. 2.
16.	Th, Sp. 7. - -	Thrn, Lfr, 1.
17.	B, Spr. 6. - -	*Lf, Thrn. 6.
18.	Thrn, Lfr. 7. - -	B, Lfr. 5.
19.	B, Lfr. 5. - -	Kn, Thrn. 5.
20.	B, Th. 5. - -	Lfr, Thrn. 3.
21.	Kn, Spr. 6. - -	*Kn, Spr. 5. (e)

(e) Es ist nicht rathsam, daß man selbst Königinn um Königinn tausche, weil er dadurch den Bauern seines Thurns mit dem angegriffenen Bauern seines Läufers vereinigen würde.

Schwarz.				Weiß.
22.	Sp, Kg. 7.	=	=	Lfr, Spr. 2.
23.	Th, Sp. 8.	=	=	*B, Thrn. 4.
24.	Kg, Thrn. 8.	=	=	B, Thrn. 5.
25.	Kn, Kg. 6.	=	=	Sp, Kg. 7.
26.	Lfr, Kg. 7.	=	=	Kn, 2.
27.	Kn, 6.	=	=	Lfr, Kn. 5.
28.	Thrn, Lfr. 6.	=	=	Lf, Spr. 5.
29.	Thrn, Lfr. 8.	=	=	Thrn, Lfr. 2.
30.	B, Lf. 4.	=	=	B. Kn, Lf. 4.
31.	Lfr, Spr. 5.	=	=	Kn, Spr. 5.
32.	B, Kg. 4.	=	=	Thrn, Lfr. 5.
33.	Thrn, Lfr. 5.	=	=	Kn, Lfr. 5.
34.	B, Kg. 3.	=	=	Lfr, Kg. 4.
35.	Kn, Kg. 7.	=	=	Lfr, Kn. 3.
36.	Th, Lfr. 8.	=	=	Kn, Kg. 4.
37.	Kn, Spr. 7.	=	=	B, Spr. 4.
38.	B, Thrn. 6.	=	=	*Kn, Spr. 6. (f)

(f) Es ist ein entscheidender Streich, wenn man sich so im Vortheil sieht, daß man den Gegner entweder zwingt, Königinn um Königinn zu nehmen, oder, wenn er das nicht will, die diesseitige Königinn in seinem Spiele Fuß fassen, oder ein Feld beziehen läßt, wo man sich derselben zum unfehlbaren Gewinn des Spiels bedienen kann.

39.	Kn, Spr. 6.	=	=	Lfr, Spr. 6.
40.	Th, Lfr. 2.	=	=	B, Th. 4.
41.	Th, Spr. 2.	=	=	Lfr, 5.
42.	Kg, Spr. 7.	=	=	Th, Lfr. 1.
43.	Th, 2.	=	=	Th, Lfr. 4.
44.	Th, Spr. 2.	=	=	Th, Kg. 4.

45.

Schwarz.		Weiß.
45. Th, Kg. 2.	- -	Th, Kg. 5.
46. Kg, Lfr. 6.	- -	Th, Lf. 5.
47. Th, Kg. 1. †.	- -	Kg, Sp. 2.
48. B, Kg. 2.	- -	Th, Lf. 6. †.
49. Kg, Spr. 5.	- -	Th, Kg. 6.
50. Kg, Lfr. 4.	- -	B, Lf. 5.
51. Kg, Lfr. 3.	- -	B, Lf. 6. gewinnt.

Viertes Kapitel.

Von den Spielen grade auf.

Der Hauptpunkt zum Gewinn oder zur bessern Vertheidigung solcher Spiele besteht darinn; daß man sehr regelmäßig ziehe, man mag den Zug haben oder nicht, das heißt, daß man seine Steine zur bequemsten Zeit in Thätigkeit setze, und sie sowohl als die etwan vorgerückten Bauern, nach den in den vorhergehenden Kapiteln gegebenen Vorschriften gehörig unterstütze. Da sich die Verbindungen dieser Spiele ins Unendliche verändern, so ist es klar, daß der Gewinn oder Verlust, zwischen Spielern von gleicher Stärke vom ersten unrichtig geführten Zuge, vom ersten verabsäumten günstigen Zeitpunkt abhange, dessen sich der eine oder der andre schuldig macht. Wir können also mit einem berühmten Schriftsteller (s. Philidors Abhandl. vom Schachspiel) nicht gleicher Meynung seyn,

seyn, wenn er behauptet, daß derjenige, der den Zug hat, nothwendig gewinnen müsse. Wir wollen, zur Widerlegung dieser Behauptung, selbst durch die Spiele, die er zur Erhärtung dieser angeblichen Wahrheit aufstellt, beweisen, daß der Zug allein kein entscheidender Vortheil zum Gewinn des Spiels sey, daß derjenige sogar, der den Zug nicht hat, das Spiel gewinnen müsse, wenn der erste ein einzigesmal den rechten Zug verfehlt, und daß, wenn sonst alles gleich ist, das ist, wenn beyde Theile ganz regelmäßig ziehen, das Spiel unentschieden bleiben muß.

Dieses Kapitel theilt sich in zween Abschnitte.

Der erste handelt von den Spielen, die auf die gewöhnliche Weise angefangen werden.

Der zweete von denjenigen besonders, denen man den Namen Gambit beygelegt hat.

Erster Abschnitt.

Erstes Spiel.

Beyde Theile setzen, beym zweeten Zuge, den Läufer des Königs auf das vierte Feld des Läufers der Königinn.

	Weiß.	Schwarz.
1.	B. Kg. 4.	B. Kg. 5.
2.	Lfr. Lf. 4.	Lfr. Lf. 5.
3.	B. Lf. 3.	Spr. Lfr. 6. (a)

(a) Wenn er seinen [illegible] eben so zöge, nehmlich B. Lf. 3, so würde er bald verspielt haben, denn:

3. . . . . B, Lf. 4.
4. B, Kn. 4. . . B, Kn. 4.
5. *Lfr. 7. †. . Kg, Lfr. 7.
6. Kn, Thrn. 5. †. würde den Läufer, den man preisgegeben hätte, bey einer weit vortheilhaftern Stellung des Spiels wieder gewinnen.

Er thut also besser, wenn er Spr, Lfr. 6. zieht, wiewohl auch selbst dieser Zug seine Unbequemlichkeiten hat, wie aus der zwoten Veränderung dieses Spiels erhellen wird.

Weiß.		Schwarz.
4. B, Kn. 4.	. .	B, Kn. 4.
5. B, Kn. 4.	. .	Lfr, Sp. 6. (b)

(b) Obschon der Läufer des Königs einer der besten Steine im Spiel ist, so muß doch auf seine Erhaltung keine Zeit verschwendet werden, deren Verlust nothwendig den Verlust des Spiels nach sich zieht, wie gegenwärtiges Spiel beweisen wird. Er hätte besser gethan, wenn er, anstatt diesen Läufer auf das Feld Lfr, Sp. 6. zurückzuziehen, dem diesseitigen König durch den Zug Lfr, Sp. 4. Schach geboten, und dadurch die Festsetzung der diesseitigen Bauern in der Mitte verhindert hätte, die den Gewinn des Spiels bewürken werden. S. das folgende Spiel.

6. Sp, Lf. 3.	. .	Kg, Spr. 8.
7. Spr, Kg. 2.	. .	B, Lf. 6.
8. Lfr, Kn. 3.	. .	B, Kn. 5.
9. B, Kg. 5.	. .	Spr, Kg. 8. (c)

(c) ~~(a)~~ Der gezwungene Zurückzug seines Springers in sein eigen Spiel, ist ein deutlicher Beweis von der Richtigkeit der vorhergehenden Anmerkung.

	Weiß.			Schwarz.
10.	Lf, Kg. 3.	=	=	B, Lfr. 6.
11.	Kn, 2.	=	=	B, Kg. 5.
12.	B, Kg. 5.	=	=	Lfr, Kg. 3.
13.	Kn, Kg. 3.	=	=	Lf, Kg. 6.
14.	Spr, Lfr. 4.	=	=	Kn, Kg. 7.
15.	Spr, Kg. 6.	=	=	Kn, Kg. 6.
16.	Kg, Spr. 1.	=	=	Sp, Kn. 7.
17.	B, Lfr. 4.	=	=	B, Spr. 6.
18.	B, Thrn. 3.	=	=	Spr, 7.
19.	*B, Spr. 4.	=	=	B, Lf. 5.
20.	Sp, Kg. 2.	=	=	B, Kn. 4.
21.	Kn, 2.	=	=	Sp, 6.
22.	Sp, Spr. 3.	=	=	Sp, Kn. 5.
23.	Th, Kg. 1.	=	=	Sp, Kg. 3. (d)

(d) Er zieht seinen Springer auf dieses Feld, um die Linie der diesseitigen Bauern zu trennen; es würde ihm auch glücken, wenn er nachher den Bauern des Springers seines Königs vorrückte, allein man vereitelt seinen Entwurf durch eine augenblickliche Umtauschung des diesseitigen Thurns gegen seinen Springer. Man muß schon ein guter Spieler seyn, und den in dieser Abhandlung bisher gegebenen Unterricht wohl gefaßt haben, um den ganzen Werth dieses Opfers zu empfinden, so wie auch desjenigen, so man beym zwey und dreyßigsten Zuge bringen wird, wo man den zweeten Thurn gleichfalls Preis giebt, um, Trotz aller Gegenanstalten, mit Gewalt in die Dame zu kommen.

24.	*Th, Kg. 3.	=	=	B, Kg. 3.
25.	Kn, Kg. 3.	=	=	Kn, Th. 2.
26.	*B, Lfr. 5.	=	=	Kn, Sp. 2.

	Weiß.		Schwarz.
27.	B, Lfr. 6.	. .	Spr, Kg. 8.
28.	B, Spr. 5.	. .	Kn, 4.
29.	Kn, 4.	. .	B, Kn. 4.
30.	*B, Kg. 6.	. .	Spr, Kn. 6.
31.	Sp, Kg. 4.	. .	Spr, Lfr. 5.
32.	*Thrn, Lfr. 5.	. .	B, Lfr. 5.
33.	Sp, Kn. 6.	. .	B, Lfr. 4.
34.	B, Kg. 7.	. .	Thrn, Sp. 8.
35.	Lfr, Lf. 4. †.	. .	Kg, Thrn. 8.
36.	Sp, Lfr. 7. †.	. .	Kg, Spr. 8.
37.	Sp, Kn. 8. †.	. .	Kg, Thrn. 8.
38.	B, Kg. 8. Kn. †. und matt.		

Dasselbe Spiel auf eine andere Art.

	Weiß.		Schwarz.
1.	B, Kg. 4.	. .	B, Kn. 5.
2.	Lfr, Lf. 4.	. .	Lfr. Lf. 5.
3.	B, Lf. 3.	. .	Spr, Lfr. 6.
4.	B, Kn. 4.	. .	B, Kn. 4.
5.	B, Kn. 4.	. .	*Lfr, Sp. 4. †.
6.	Lf, Kn. 2.	. .	Lfr, Kn. 2. †.
7.	Sp, Kn. 2.	. .	*B, Kn. 5.
8.	B, Kn. 5.	. .	Spr, Kn. 5.
9.	Spr, Lfr. 3.	. .	Kg, Spr. 8.
10.	Kg, Spr. 1.	. .	Sp, Lf. 6.
11.	Sp, 3.	. .	Spr, Sp. 6.
12.	Lfr, Sp. 5.	. .	Lf, Spr. 4.
13.	Lfr, Lf. 6.	. .	B, Lf. 6.(a)

(a) Wenn er, in dieser Lage, einen Doppelbauern hat, so hat man diesseits dagegen einen einzelnen, welches eben so schlimm ist, und also ist auf keiner Seite ein besonderer Vortheil erfochten worden.

	Weiß.		Schwarz.
14.	B, Thrn. 3.	= =	Lf, Lfr. 3.
15.	Kn, Lfr. 3.	= =	*Kn, 5.
16.	Kn, Spr. 3.	= =	Kn, 6.
17.	Kn, Lf. 3.	= =	Spr, Kn. 5.
18.	Kn, Lf. 5.	= =	Thrn, Kg. 8.
19.	Thrn, Kg. 1.	= =	Thrn, Kg. 1. †
20.	Th, Kg. 1.	= =	Spr, Sp. 4.
21.	Kn, 6.	= =	B, Kn. 6.
22.	B, Th. 3.	= =	Spr, Kn. 3.
23.	Th, Kg. 2.	= =	Kg, Lfr. 8.
24.	Sp, Th. 5.	= =	B, Lf. 5.
25.	*B, Lf. 5. (b)	= =	Spr, Lf. 5.

(b) Wenn man B, Kn. 5. zöge, so würde man diesen Bauern, wegen der Nähe des feindlichen Königs, und der Entfernung des diesseitigen, schwerlich erhalten können.

26.	B, Sp. 4.	= =	Spr, Kg. 6.
27.	*Kg, Lfr. 1.	= =	Th, Lf. 8.
28.	Th, Kg. 3.	= =	B, Kn. 5.
29.	B, Lfr. 3.	= =	B, Kn. 4.
30.	Th, Kn. 3.	= =	*Th, Lf. 3.
31.	Th, Lf. 3.	= =	B, Lf. 3.
32.	Sp, 3.	= =	B, Lf. 2.
33.	Kg, 1.	= =	*Spr, Kn. 4.
34.	*Sp, Lf. 1.	= =	Spr, Sp. 5.
35.	B, Th. 4.	= =	Spr, Lf. 3.

36.

	Weiß.		Schwarz.
36.	B, Th. 5.	= =	Spr, Kn. 5.
37.	B, Sp. 5.	= =	Spr, Lf. 7.
38.	B, Sp. 6.	= =	B, Sp. 6.
39.	B, Sp. 6.	= =	Spr, Th. 6.
40.	B, Sp. 7.	= =	Kg, 7.

In dieser Stellung nehmen beyde Könige die Bauern B, Sp. 7. und B, Lf. 2. und das Spiel muß unentschieden bleiben.

Dasselbe Spiel auf eine andere Art.

	Weiß.		Schwarz.
1.	B, Kg. 4.	= =	B, Kg. 5.
2.	Lfr, Lf. 4.	= =	Lfr, Lf. 5.
3.	B, Lf. 3.	= =	Spr, Lfr. 6.
4.	B, Kn. 4.	= =	B, Kn. 4.
5.	*B, Kg. 5. (a)	= =	B, Kn. 5. (b)

(a) Dieser Bauer, den man auf seinen Springer anrücken läßt, anstatt mit demselben den Bauern seiner Königinn wiederzunehmen, beweist, daß sein dritter Zug Spr, Lfr. 6. nicht der beste war.

(b) Wenn er, bey diesem fünften Zuge, Kn, Kg. 7. zieht, anstatt den Bauern seiner Königinn auf den diesseitigen Läufer anrücken zu lassen; so zieht man dagegen Kn, Kg. 2. und zwingt ihn dadurch, seinen Springer auf sein Feld zurückzuziehen; Oder man kann auch den Zug B, Kn. 4. thun, wodurch man zween Mittelbauern, und eine offenbar bessere Lage des Spiels erhält, als die seinige ist.

Sollte er auch, bey diesem fünften Zuge, anstatt Kn, Kg. 7. so spielen:

5. . . . Spr, Kg. 4.
6. *Lfr, 7. †. . Kg, Lfr. 7.
7. Kn, Lfr. 3. †. . Spr, Lfr. 6.
so würde
8. B, Lfr. 6. den Angriff unterhalten, und das Spiel gewinnen.

Weiß.		Schwarz.
6. B, Lfr. 6.	. .	B, Lf. 4.
7. Kn, Thrn. 5. u. s. w.		

In dieser Lage mag er nun seinen angegriffenen Läufer Lfr, Lf. 5. zurückziehen, oder ihn zu unterstützen suchen, so zieht man B, Spr. 7. und sein Spiel steht offenbar schlecht.

Dasselbe Spiel, auf eine andere Art.

Weiß.		Schwarz.
1. B, Kg. 4.	. .	B, Kg. 5.
2. Lfr, Lf. 4.	. .	Lfr, Lf. 5.
3. B, Lf. 3.	. .	*Kn, Kg. 7. (a)

(a) Er thut diesen Zug, damit man den Bauern der diesseitigen Königinn nicht zween Schritte vorrücken soll, welches man nicht thun könnte, ohne den Bauern des diesseitigen Königs zu verlieren; durch diesen Zug vereitelt er den Entwurf, den man gemacht hatte, zween Bauern auf der Mitte festzusetzen.

4. B, Kn. 3.	. .	B, Kn. 6.
5. Spr, Lfr. 3.	. .	*Lf, Spr. 4.
6. Kg, Spr. 1.	. .	Spr, Lfr. 6.
7. Lf, Spr. 5.	. .	Kg, Spr. 8.
8. Sp, Kn. 2.	. .	Sp, Kn. 7.

In

In dieser Stellung ist das Spiel ganz gleich, und muß, wenn es von beyden Theilen richtig und ohne Fehler gespielt wird, unentschieden bleiben.

Zweytes Spiel.

Derjenige, der den Zug nicht hat, rückt beym zweeten Zuge den Bauern des Läufers seiner Königinn einen Schritt vor.

	Weiß.				Schwarz.		
1.	B,	Kg.	4.	= =	B,	Kg.	5.
2.	Lfr,	Lf.	4.	= =	B,	Lf.	6.
3.	*B,	Kn.	4.	= =	Kn,	Kg.	7.
4.	B,	Kn.	5.	= =	B,	Kn.	6.
5.	Kn,	Kg.	2.	= =	*B,	Lfr.	5.
6.	Sp,	Lf.	3.	= =	Spr,	Lfr.	6.
7.	Lf,	Spr.	5.	= =	B,	Thrn.	6.
8.	Lf,	Lfr.	6.(a)	=	Kn,	Lfr.	6.

(a) Man nimmt Stein um Stein, um keine Zeit zu verlieren, und den Gegner keinen gewinnen zu lassen.

9.	Kg,	Lf.	1.	= =	Lfr,	Kg.	7.
10.	Spr,	Thrn.	3.(b)	=	B,	Lf.	5.

(b) Durch den diesseitigen Springer, der nun mit völliger Freyheit auf diesem Felde steht, ist man im Stande, den Bauern des Läufers des Königs zween Schritte vorzurücken. Der Gegner könnte nun zwar diesen Springer wohl angreifen, und ihn sogar mit dem Läufer seiner Königinn nehmen, allein er fürchtet sich, dem diesseitigen Thurne gegen den

den Flügel, auf welchem er zu rochen Willens ist, Luft zu machen.

	Weiß.		Schwarz.
11.	B, Lfr. 4.	. .	Kg, Spr. 8.
12.	B, Kg. 5.	. .	Kn, Kg. 5.
13.	B, Lfr. 5.	. .	Kn, Kg. 2.
14.	Sp, Kg. 2.	. .	Lf, Lr. 5.
15.	Spr, Lfr. 4.	. .	Lfr, Spr. 5.
16.	B, Spr. 3.	. .	Sp, Kn. 7.
17.	Lfr, Kn. 3.	. .	Lf, Spr. 4.
18.	Th, Lfr. 1.(c)	.	Sp, Kg. 5.

(c) Wenn man den Thurn nicht auf dieses Feld setzte, so würde man einen Bauern verlieren.

19.	Kg, Kn. 2.(d)	. .	B, Lf. 4.

(d) Es ist kein ander Mittel, um zu verhindern, daß durch Wegnehmung seines Springers nicht diesseits ein Doppelbauer entstehe; überdies ist es oft sehr rathsam, wenn keine Königinn mehr im Spiele ist, den König vorrücken zu lassen, und sich seiner, als des besten Steins im Spiele, zu bedienen; man wird gewahr werden, daß es gerade dieser Stein seyn wird, der den Gewinn des Spiels zuwege bringt.

20.	Lfr, Kg. 4.	. .	B, Sp. 5.
21.	B, Thrn. 3.	. .	Lf, Kg. 2.
22.	Kg, 2.	. .	Lfr, 4.
23.	B, Lfr. 4.	. .	Sp, Kn. 7.
24.	Kg, 3.	. .	Th, Kg. 8.
25.	Th, Kg. 1.	. .	Sp, Lf. 5.
26.	Kg, Lfr. 3.	. .	Th, Kg. 7.
27.	*Lfr, Spr. 6.(e)	.	Th, Kg. 1.

(e) Dies

(e) Dies ist der Zug, der das Spiel entscheidet, welches verloren gewesen wäre, wenn man anders gezogen hätte.

	Weiß.		Schwarz.
28.	Thrn, Kg. 1.	- -	B, Th. 5.
29.	Thrn, Kg. 7. (f)	- -	B, Sp. 4.

(f) Man muß, wenn es nur irgend möglich ist, der erste seyn, der die Thürne in das Spiel des Gegners pflanzt, damit sie seinem Könige den Gang versperren, unterdessen der diesseitige völlige Freyheit behält, nach Gefallen vorzurücken.

30.	B, Sp. 3.	- -	B, Sp. 3.
31.	B. Lf. Sp. 3.	- -	Thrn, Th. 8.
32.	Kg, 3.	- -	B, Th. 4.
33.	B, Th. 4.	- -	Sp, Th. 4.
34.	Thrn, Kn. 7.	- -	Sp, Lf. 3.
35.	Thrn, Kn. 6.	- -	Sp, Th. 2.
36.	Thrn, Sp. 6.	- -	Kg, Lfr. 8.
37.	Thrn, Sp. 7. (g)	- -	Sp, Lf. 3.

(g) Durch diesen Zug verhindert man, daß sein König nicht vorrucken, und dem diesseitigen Bauer den Weg zur Dame versperren kann.

38.	Thrn, Lfr. 7 †.	- -	Kg, Spr. 8.
39.	B, Kn. 6.	- -	Thrn, Kn. 8.
40.	B, Kn. 7.	- -	B, Sp. 3.
41.	Kg, Kn. 4.	- -	B, Sp. 2.
42.	*Thrn, Kg. 7.	- -	Sp, 5. †.
43.	Kg, Lf. 5.	- -	Sp, Lf. 7.
44.	Kg, Lf. 6.	- -	Kg, Lfr. 8.
45.	Thrn, Kg. 1. (h) gewinnt.		

(h) Es erhellet aus diesem Spiel, daß der Schwarze schlecht gespielt hat, als er, beym zweeten Zuge, den Bauern des Läufers der Königinn einen Schritt vorrückte. Er hätte aber seinen Endzweck erreicht, und seine Bauern auf der Mitte festen Fuß fassen lassen, wenn man nicht dagegen, beym dritten Zuge, den Bauern der diesseitigen Königinn zween Schritte vorgerückt hätte, wie nachfolgendes Beyspiel beweiset.

Dasselbe Spiel,

Welches man verliert, weil man, beym dritten Zuge, nicht B, Kn. 4. zieht.

	Weiß.		Schwarz.
1.	B, Kg. 4.	- -	B, Kg. 5.
2.	Lfr, Lf. 4.	- -	B, Lf. 6.
3.	Spr, Lfr. 3. (a)	- -	Lfr, Kn. 6.

(a) Der Endzweck, den man beym Anfange eines Spiels haben kann, ist, die Steine loszumachen und herauszubringen; allein die Art und Weise, solches zu bewerkstelligen, ist nicht gleichgültig, und richtet sich nothwendig nach dem Wege, den der Gegner einschlägt. Oft ist ein Zug bey gegenwärtigen Umständen vortrefflich, der in jeder andern Lage den Verlust des Spiels nach sich zieht, und hat man einmal die rechte Zeit verabsäumt, den schicklichsten Zug zu thun, so ist man nachher selten im Stande, diese Versäumniß wieder einzubringen.

4.	B, Lf. 3.	- -	Lfr, Lf. 7.
5.	B, Kn. 4.	- -	B, Kn. 4.
6.	B, Kn. 4.	- -	Spr, Kg. 7.
7.	Spr, 5.	- -	*B, Kn. 5. (b)

(b) Wenn

(b) Wenn der Schwarze, anstatt *B, Kn. 5., beym siebenten Zuge Kg, Spr. 8. gezogen hätte, so hätte man dagegen Kn, Thrn. 5. gespielt. Zog der Schwarze nachher wieder B, Thrn. 6. so hätte man den Zug Spr, Lfr. 7. gethan, und das Spiel gewonnen.

	Weiß.		Schwarz.
8.	B, Kn. 5.		B, Kn. 5.
9.	Lfr, Kn. 3.		B, Thrn. 6.
10.	Kn, Thrn. 5.		Kg, Spr. 8.
11.	Spr, Lfr. 3.		Sp, Lf. 6.
12.	Kg, Spr. 1.		Kn, 6.
13.	Sp, Lf. 3.		*B, Th. 6. (c)

(c) Er zieht diesen Bauern, um den diesseitigen Springer abzuhalten, daß er nicht seine Königinn und seinen Läufer zugleich angreife, die er gern in ihrer itzigen Stellung behalten will.

14.	Lf, Kn. 2.		*B, Lfr. 5.
15.	Sp, Kg. 2.		*B, Spr. 5.
16.	B, Thrn. 4. (d)		B, Spr. 4.

(d) Man zieht diesen Bauern, um ihn zu reizen, daß er den seinigen auch vorrücke, und man dadurch die Freyheit erhalte, den Zug Lf, Lfr. 4. zu thun, um seine Königinn wegzuschaffen, deren Richtung auf diese Linie dem diesseitigen Spiele gefährlich ist. Allein durch diesen Zug, so richtig er auch scheint, gewinnt der Gegner einen Bauern, und in der Folge das ganze Spiel. Wenn man sich lieber entschlossen hätte, den Bauern des Springers einen Schritt vorzurücken, so hätte das Spiel, wenn beyde Theile gut gespielt hätten, unentschieden bleiben können. Man kann aber, wie auch sonst schon erinnert worden, schlechterdings nicht alle

alle mögliche Kombinationen dieses Spiels vortragen.

	Weiß.		Schwarz.
17.	Lf, Lfr. 4.	= =	*Kn, Spr. 6.
18.	Kn, Spr. 6. †.	= =	Spr, 6.
19.	Lf, 7.	= =	B, Lfr. 3.
20.	B, Lfr. 3.	= =	Spr, Thrn. 4.
21.	B, Lfr. 4.	= =	Spr, Lfr. 3. †.
22.	Kg, Spr. 2.	= =	Spr, Kn. 4.
23.	Sp, Kn. 4.	= =	Sp, Kn. 4.
24.	Thrn, 1.	= =	Kg, Thrn. 7.
25.	Thrn, 5.	= =	*Thrn, Spr. 8. †. (e)

(e) Er thut diesen Zug, um den diesseitigen König zu zwingen, sich auf seine Linie zurückzuziehen, damit die diesseitigen Thürne nicht doppelt gesetzt werden können.

26.	Kg, Thrn. 1.	= =	*Thrn, Spr. 4.
27.	Lf, Kg. 5.	= =	Kg, Spr. 6.
28.	Thrn, 3.	= =	Sp, Lf. 6.
29.	B, Lfr. 3.	= =	*Sp, Kg. 5. (f)

(f) Er entschließt sich zu dieser gezwungenen Umtauschung seines Thurns um so lieber, als er dadurch noch einen Bauern mehr gewinnt, und sich den Gewinn des Spiels erleichtert.

30.	B, Spr. 4.	= =	Sp, Spr. 4.
31.	Th, Lfr. 1.	= =	Lf, Kn. 7.
32.	Thrn, Spr. 3.	= =	B, Thrn. 5.
33.	Th, Kg. 1.	= =	*Kg, Lfr. 6.
34.	Kg, Spr. 1.	= =	Th, Thrn. 8.
35.	B, Sp. 3.	= =	*B, Kn. 4.

36.

	Weiß.		Schwarz.
36.	Th, Lf. 1.	: :	Lf, 6.
37.	Th, Lf. 4.	: :	Th, Kn. 8.
38.	Lfr, Lf. 2.	: :	*Lf, Kg. 4.
39.	Th, Lf. 7.	: :	*Sp, Kg. 3.
40.	Lfr, Kg. 4.	: :	B, Kg. 4.
41.	Thrn, Spr. 7.	: :	Sp, Lfr. 5.
42.	Thrn, Lfr. 7. †.	: :	Kg, 6.
43.	Kg, Lfr. 2.	: :	B, Kn. 3. gewinnt.

Drittes Spiel.

Der den Zug hat, setzt beym zweeten Zuge den Springer des Königs auf das dritte Feld seines Läufers.

	Schwarz.		Weiß.
1.	B, Kg. 5.	: :	B, Kg. 4.
2.	Spr, Lfr. 6.	: :	B, Kn. 3.
3.	B, Kn. 5.	: :	B, Lfr. 4.
4.	B, Kg. 4. (a)	: :	B, Kg. 5.

(a) Wenn er, statt dieses Bauers, den Bauern des Läufers des diesseitigen Königs nimmt, so läßt man den Bauern des Königs gegen seinen Springer anrücken, und nimmt hernach seinen Bauern mit dem Läufer der diesseitigen Königinn.

5.	Spr, 4.	: :	B, Kn. 4.
6.	B, Lfr. 5. (b)	: :	Lfr, Lf. 4.

(b) Wenn der Schwarze, anstatt den Bauern des Läufers des Königs zween Schritte vorzurücken, bey diesem sechsten Zuge den Bauern seines Königs einen Schritt vorwärts setzte, und B, Kg. 3. zöge,

so

so würde er das diesseitige Spiel in eine mißliche Lage setzen. Von einem doppelten Angriff des Springers auf Königinn und Thurn zugleich bedroht, könnte man keinen andern Zug thun, als Spr, Thrn. 3. er hingegen zöge auf der Stelle B, Lf. 5. und hätte eine treffliche Aussicht auf den Gewinn des Spiels vor sich. Man sieht hieraus, wie ein einziger Zug, ein einziger wohl benutzter Zeitpunkt, die Lage des Spiels vom Gewinn zum Verlust verändert.

Man hätte zwar wohl, beym dritten Zuge, diesem Streiche durch den Zug Lf, Spr. 5. zuvorkommen können, alsdann war es aber gleich ein ganz anderes Spiel. Alle mögliche Abänderungen dieser Spielanfänge lassen sich nicht erschöpfen, und wir lassen bloß zu desto mehrerem Unterricht den Schwarzen dieses Spiel verlieren, indem wir zugleich den Zug anzeigen, durch welchen er es gewinnen, und denjenigen, durch welchen man ihm zuvorkommen konnte.

	Schwarz.		Weiß.
7.	B, Lf. 5.	= =	B, Lf. 3.
8.	Sp, Lf. 6.	= =	Spr, Kg. 2.
9.	B, Thrn. 5. (c)	= =	B, Thrn. 3.

(c) Er zieht diesen Bauern, um nicht einen Doppelbauern auf der Reyhe des Thurns seines Königs zu haben, welches geschehen würde, wenn man den Bauern des Thurns gegen seinen Springer anrücken ließe, und ihn nachher mit dem Läufer der diesseitigen Königinn nähme.

10.	Spr, Thrn. 6.	= =	Kg, Spr. 1.
11.	Sp, Th. 5.	= =	Lfr, Sp. 5. †.
12.	Lf, Kn. 7.	= =	Lfr, Kn. 7. †.
13.	Kn, 7.	= =	*B, Kn. 5.

14.

	Schwarz.			Weiß.
14.	B, Lf. 4. (d)	=	=	B, Sp. 4.

(d) Er zieht diesen Bauern, um dem diesseitigen die Komunikation abzuschneiden. Wenn man aber sogleich den Bauern des Springers der Königinn gegen seinen Springer anrücken läßt, dem der Rückzug überall versperrt ist, so ist er gezwungen, sich mit Schlagung des Bauers Luft zu machen; dadurch vereinigen und verstärken sich die diesseitigen Bauern wieder.

15.	Sp, 3.	=	=	B, Sp. 3.
16.	B, Sp. 6.	=	=	Lf, Kg. 3.
17.	Lfr, Kg. 7.	=	=	*Spr, Lfr. 4. (e)

(e) Dieser Springer wird auf dem Felde Spr, 6. die Steine des Schwarzen eingeschlossen halten, bis man die diesseitigen Steine in die gehörige Stellung gebracht hat, um ihn unvermeidlich matt zu machen.

18.	Spr, 8.	=	=	Spr, 6.
19.	Thrn, 7.	=	=	B, Kg. 6.
20.	Kn, Sp. 7.	=	=	B, Kn. 6.
21.	Lfr, 6.	=	=	Thrn, Lfr. 5.
22.	Kg, Lf. 8.	=	=	Thrn, Th. 5.
23.	B, Th. 5.	=	=	Th, 5.
24.	B, Th. 6.	=	=	Th, Lf. 5. †.
25.	Kg, Sp. 8.	=	=	Th, Lf. 7.
26.	Kn, Sp. 5.	=	=	Sp, Th. 3.
27.	Kn, Lfr. 5.	=	=	*Sp, Lf. 4.
28.	Kn, Spr. 6.	=	=	Lf, Th. 7. †.
29.	Kg, Th. 8.	=	=	Sp, 6. †. matt.

Dasselbe

Dasselbe Spiel auf eine andere Art.

Der Schwarze zieht, beym dritten Zuge, anstatt den Bauern der Königinn zween Schritte vorzurücken, den Läufer seines Königs.

	Schwarz.		Weiß.
1.	B, Kg. 5.	. .	B, Kg. 4.
2.	Spr, Lfr. 6.	. .	B, Kn. 3.
3.	Lfr, Lf. 5.	. .	B, Lf. 3.
4.	B, Lf. 6.	. .	B, Kn. 4.
5.	B, Kn. 4.	. .	B, Kn. 4.
6.	Lfr, Sp. 4. †	. .	Lf, Kn. 2.
7.	Lfr, Kn 2. †	. .	Sp, Kn. 2.
8.	*Kn, Sp. 6.	. .	*B, Kg. 5.
9.	Spr Kn. 5.	. .	Sp, 3.
10.	Kg, Spr. 8.	. .	Lfr, Kn. 3.
11.	B, Lfr. 6.	. .	Spr, Lfr. 3.
12.	B, Kg. 5.	. .	B, Kg. 5.
13.	Spr, Lfr. 4.	. .	Kg, Spr. 1.
14.	Spr, Kn. 3.	. .	Kn, 3.
15.	*Kn, 8.	. .	Th, Kg. 1.
16.	Sp, Th. 6.	. .	Spr, Kn. 4.
17.	Sp, Lf. 7.	. .	Spr, Lfr. 5.
18.	B, Kn. 5.	. .	Spr, 3.
19.	Sp, Kg. 6.	. .	*Sp, Kn. 4.
20.	B, Lf. 5.	. .	Sp, Kg. 6.
21.	Lf, Kg. 6.	. .	*B, Lfr. 4.
22.	Kn, Sp. 6.	. .	*B, Lfr. 5.
23.	B, Lf. 4. †	. .	*Kn, Kg. 3.

Schwarz.		Weiß.
24. *Kn, Kg. 3. (a)	= =	Th, Kg. 3.

(a) Wenn der Schwarze, beym vier und zwanzigsten Zuge, anstatt Königinn um Königinn zu nehmen, seinen Bauern gegen die diesseitige Königinn anrücken liesse, so zöge man dagegen Kn, Spr. 5., und gewönne das Spiel. Z. B.

Schwarz.		Weiß.
24. B, Kn. 4.	=	Kn, Spr. 5.
25. Lf, Kn. 5.	=	*B, Lfr. 6.
26. B, Spr. 6.	=	*Spr, Thrn. 5.
27. Thrn, Lfr. 7.	=	*Spr, Lfr. 4.
28. Kn, Lf. 6.	=	Spr, 6.
29. B, Spr. 6.	=	Kn, Spr. 6. †.
30. Kg, Thrn. 8.	=	*Thrn, Lfr. 5.
31. Kn, 7.	=	Thrn, 5. †.
32. Thrn, 7.	=	*B, Kg. 6.
33. Kn, Lf. 7.	=	B, Kg. 7. gewinnt.
25. Lf, Kn. 7.	= =	B, Kg. 6.
26. Lf, 6.	= =	*Spr, Kg. 2.
27. Thrn, Lfr. 6.	= =	Spr, Kn. 4.
28. *B, Spr. 6. (b)	= =	*B, Spr. 4.

(b) Er rückt diesen Bauern vor, um die diesseitigen zu trennen.

29. B, Lfr. 5. (c)	= =	B, Lfr. 5.

(c) Wenn er, anstatt den diesseitigen Bauern zu nehmen, den seinigen vorrückte, so verlöre er das Spiel. Z. B.

Schwarz.		Weiß.
29. B, Spr. 5.	=	*B, Thrn. 4.
30. B, Thrn. 6.	=	B, Spr. 5.
31. B, Spr. 5.	=	Spr, Lfr. 3. würde gewinnen.

Schwarz.		Weiß.
30. Kg, Lfr. 8.	= =	Thrn, Lfr. 4.
31. Kg, 7.	= =	Th, Spr. 3.
32. B, Thrn. 6.	= =	Th, Spr. 7. †
33. Kg, Kn. 6.	= =	*Kg, Lfr, 2.
34. Kg, 5.	= =	Kg, 3.
35. Kg, Kn. 6.	= =	Spr, Lf. 6.
36. B, Lf. 6. (d)	= =	Thrn, Lfr. 1.

(d) Es ist schon angemerkt worden, daß ein Doppelbauer, wenn er mit zween andern in Verbindung steht, keinen Nachtheil bringt, zumal wenn sie allerseits vom Könige unterstützt werden. Ueberdies hätte er, wenn er den Springer mit seinem Könige wiedergenommen hätte, diesen König nachher den diesseitigen Bauern nicht entgegenrücken können, um ihrem Vordringen Einhalt zu thun, ohne den Bauern des Springers seiner Königinn einzubüßen.

37. B, Lf. 5.	= =	Th, Spr. 3.
38. Th, Lfr. 8.	= =	Th, Lfr. 3.
39. B, Th. 5.	= =	B, Th. 4.
40. B, Thrn. 5.	= =	B, Thrn. 4.
41. Th, Spr. 8.	= =	Th, Lfr. 4.
42. Th, Spr. 3. †	= =	Thrn, Lfr. 3.

In dieser Lage bleibt das Spiel unentschieden, und der sich Mühe geben wollte, es zu gewinnen, würde Gefahr laufen, es zu verlieren.

Dasselbe

Dasselbe Spiel auf eine andere Art.

Man rückt beym dritten Zuge den Bauern des Läufers des Königs zween Schritte vor.

Schwarz.		Weiß.
1. B, Kg. 5.	= =	B, Kg. 4.
2. Spr, Lfr. 6.	= =	B, Kn. 3.
3. Lfr, Lf. 5.	= =	B, Lfr. 4.
4. *Lfr, Spr. 1. (a)	= =	Thrn, Spr. 1.

(a) Wenn er gerocht hätte, so hätte man gleich auf der Stelle B, Lfr. 5. ziehen müssen.

5. B, Lfr. 4.	= =	Lf, Lfr. 4.
6. *B, Lf. 6.	= =	*Lf, Kg. 3.
7. B, Kn. 5.	= =	B, Kn. 5.
8. Spr, Kn. 5.	= =	Lf, Lfr. 2.
9. Kg, Spr. 8.	= =	*Kn, Lfr. 3. (b)

(b) Es ist die höchste Zeit, daß man die Königinn herausbringt, und sich in den Stand setzt, auf ihrer Seite zu rochen.

10. Thrn, Kg. 8. †.	= =	Lfr, Kg. 2.
11. Kn, Kg. 7.	= =	B, Th. 3.
12. Kn, Kg. 5.	= =	B, Kn. 4.
13. Kn, Kg. 7. (c)	= =	B, Lf. 4.

(c) Wenn er, anstatt Kn, Kg. 7., den Zug Kn, Thrn. 2. thun, und den diesseitigen Bauern schlagen wollte, so würde man dagegen B, Spr. 3. ziehen, nachher den Springer der Königinn herausbringen, und auf der Königinnseite rochen. Dadurch, und durch die Oeffnung, so dem diesseitigen Thurn gegen den feindlichen König gemacht worden, würde man diesseits ein vortreffliches Spiel haben.

Schwarz. Weiß.

14. Spr, Lfr. 6. - - *Lf, Thrn. 4.
15. Lf, Spr. 4. - - Kn, Spr. 4.(d)

(d) Wenn man, anstatt Kn, Spr. 4. den Zug Lf, Lfr. 6. thäte, so würde er Kn, Kg. 2. †. ziehen; zöge man desgleichen Kn, Kg. 2., so würde er alsdann durch den Zug Thrn, Kg. 2. †. einen Stein, und folglich das Spiel, gewinnen.

16. Spr, 4. - - *Lf, Kg. 7.
17. Thrn, Kg. 7. - - B, Thrn. 3.
18. Spr, Lfr. 6. - - Sp, Lf. 3.
19. Sp, Kn. 7. - - Kg, Lfr. 1.(e)

(e) Es ist augenscheinlich, daß dieses Spiel sich zur Unentschiedenheit neigt; indessen wird es hier des Unterrichts wegen fortgesetzt.

20. Th, Kn. 8. - - Lfr, 3.
21. Sp, 6. - - B, Sp. 3.
22. Thrn, Kn. 7. - - Sp, Kg. 2.
23. B, Th. 5. - - B, Th. 4.
24. Spr, Kg. 8.(f) - - *Kg, Lf. 2.

(f) Seine Absicht ist, auf das Feld Spr, Kg. 6. zu kommen, um den Bauern B, Kn. 4. anzugreifen.

25. Spr, Lf. 7. - - Kg, Lf. 3.
26. Spr, Kg. 6. - - *Lfr, Spr. 4.
27. Thrn, Kg. 7. - - Lfr, Kg. 6.
28. Thrn, Kg. 6. - - Sp, Lfr. 4.
29. Thrn, Kg. 4. - - B, Spr. 3.
30. Sp, Lf. 8.(g) - - Thrn, Kg. 1.

(g) Da er nichts bessers thun kann, so sucht er Stellen für seinen Springer. Vor der Hand will er ihn auf das Feld Sp, Lfr. 5. bringen.

	Schwarz.					Weiß.	
31.	Th,	Kg.	8.	=	=	Thrn,	Kg. 4.
32.	Th,	Kg.	4.	=	=	*Kg,	Kn. 3.
33.	Th,	Kg.	8.	=	=	B,	Spr. 4.
34.	Sp,	Kn.	6.	=	=	*Th,	Kn. 2.
35.	B,	Thrn.	6.	=	=	Th,	Kg. 2.
36.	Th,	Kg.	2.	=	=	Sp,	Kg. 2.
37.	Kg,	Lfr.	8.	=	=	B,	Lf. 5.
38.	Sp,	Kg.	8.	=	=	Kg,	Lf. 4.
39.	Sp,	Lfr.	6.	=	=	Sp,	Lf. 3.
40.		Kg,	7.	=	=	*B,	Kn. 5.
41.	B,	Kn.	5.	=	=	Sp,	Kn. 5.†
42.	Sp,	Kn.	5.	=	=	Kg,	Kn. 5.
43.	Kg,	Kn.	7.	=	=	B,	Thrn. 4.
44.	B,	Lfr.	6.	=	=	B,	Thrn. 5.
45.		Kg,	7.	=	=		Kg, 4.
46.		Kg,	6.	=	=	Kg,	Lfr. 4.
47.		Kg,	7.(h)		=	Kg,	Lfr. 5.

(h) Wenn der Schwarze beym sieben und vierzigsten Zuge, anstatt Kg, 7. zu ziehen, um mit seinem Könige dem diesseitigen gegen über zu bleiben, den Bauern B, Lf. 5. angegriffen hätte, so hätte er das Spiel verloren, denn man hätte nicht allein seine Bauern B, Spr. 7., B, Lfr. 6. und B, Thrn. 6. angegriffen, sondern auch Zeit genug gehabt, sie zu schlagen, und den diesseitigen Bauern B, Thrn. 5. in die Dame zu bringen, ehe er mit dem seinigen B, Th. 5. dahin gelangt wäre. Unten im fünften Kapitel wird gelehret werden, wie man die Könige bey den Endigungen der Spiele thätig machen müsse.

Schwarz.		Weiß.
48. Kg, Lfr. 7.	. . . .	Kg, 4.
49. . . Kg, 6.	. . . .	.

In dieser Lage bleibt das Spiel unentschieden.

Dasselbe Spiel, auf eine andere Art.

Man unterstützt den Bauern des Königs mit dem Springer der Königinn.

Schwarz.		Weiß.
1. B, Kg. 5.	. .	B, Kg. 4.
2. Spr. Lfr. 6.	. .	Sp, Lf. 3.
3. Lfr, Lf. 5.	. .	Lfr, Lf. 4.
4. B, Lf. 6.	. .	Spr, Lfr. 3. (a)

(a) Man hätte lieber Kn, Kg. 2. ziehen sollen, weil durch diesen Zug das Spiel sich zum diesseitigen Vortheil verändert hätte.

5. B, Kn. 5.	. .	B, Kn. 5.
6. B, Kn. 5.	. .	Lfr, Sp. 5. †.
7. Lf, Kn. 7.	. .	Spr, Kg. 5. (b)

(b) Dieser unrechte Zug verursacht den Verlust des Spiels. Man sollte lieber Lfr, Kn. 7. †. ziehen, wiewohl auch alsdann noch der Schwarze, vermöge seiner beyden vereinigten Mittelbauern, einigen Vortheil voraus hätte. Es ist schon angemerkt worden, wie gefährlich es sey, wenn man Steine weit vorwärts dringen läßt, ohne sie zu unterstützen, weil sie sehr leicht durch einen doppelten oder versteckten Angriff genommen werden können.

8. Lf,

Schwarz.			Weiß.	
8.	Lf, Sp. 5.	= =	Sp, 5.	
9.		Lfr, 2. †. und nachher Kn, Sp. 6. †.		

muß gewinnen.

Zurückführung des vorigen Spiels auf den sechsten Zug, wo der Schwarze, anstatt den Bauern wiederzunehmen, den seinigen gegen den diesseitigen Springer anrücken läßt.

Schwarz.			Weiß.
6.	B, Kg. 4.	= =	Kn, Kg. 2.
7.	B, Kn. 5.	= =	Lfr, Sp. 5. †.
8.	Sp, Lf. 6.	= =	B, Kn. 3.
9.	Kn, Kg. 7.	= =	B, Kg. 4.
10.	B, Kg. 4.	= =	Spr, 5.
11.	Lf, Lfr. 5.	= =	B, Lfr. 3.
12.	B, Lfr. 3.	= =	Kn, Kg. 7. †.
13.	Lfr, Kg. 7.	= =	Spr, Lfr. 3.
14.	Spr, Kg. 8. (c)	=	Lfr, Lf. 6.

(c) Wenn er, anstatt zu rochen, beym vierzehnten Zuge den Bauern schlüge, und Lf, 2. zöge, so würde man dagegen Spr, Kn. 4. ziehen, und den Bauern bey einer ungleich bessern Stellung des Spiels wieder gewinnen.

15.	B, Lf. 6.	= =	Spr, Kn. 4.
16.	Lf, Kn. 7.	= =	Kg. Spr. 1. u. s. w.

In dieser Stellung sind sich die Spiele ungefähr gleich, obschon der Schwarze einen einzelnen Bauern hat.

Dasselbe Spiel auf eine andere Art.

Man setzt beym dritten Zuge den Springer des Königs auf das dritte Feld seines Läufers.

Schwarz.	Weiß.
1. B, Kg. 5.	B, Kg. 4.
2. Spr, Lfr. 6.	Sp, Lf. 3.
3. Lfr, Lf. 5.	Spr, Lfr. 3. (a)

(a) Dieser Zug ist nicht der beste, und es ist immer gefährlich, den Springer des feindlichen Königs, wenn er von seinem Läufer unterstützt ist, sich so auf den Hals kommen zu lassen, ehe man den Läufer des diesseitigen Königs herausgebracht hat; denn man wird dadurch verhindert, zu rochen, und den Thurn zu gebrauchen.

4. Spr, 4.	B, Kn. 4.
5. B, Kn. 4.	Spr, Kn. 4.
6. Spr, Lfr. 2.	Kg, Lfr. 2.
7. Kn, Lfr. 6. †.	Kg, 3.
8. Sp, Lf. 6.	Sp, Kg. 2.
9. ☞ B, Kn. 5.	B, Thrn. 3. (b)

(b) Man zieht diesen Bauern, um dem Läufer der feindlichen Königinn das Feld Lf, Spr. 4. zu verwehren, weil er von da aus den diesseitigen Springer Sp, Kg. 2. der den andern Springer Spr, Kn. 4. deckt, nehmen könnte.

10. ☞ Kn, Kg. 5.	B, Lf. 3. (c)

(c) Man sieht voraus, daß der diesseitige Springer einer anderweiten Unterstützung bedarf, da der diesseitige König wieder zurückgebracht werden muß. Auch wird dieser Bauer den Gegner verhindern, seinen feinen Springer eindringen zu lassen, und Sp. 4. zu ziehen.

Schwarz.		Weiß.
11.	Kn, Kg. 4.†	Kg, Lfr. 2.
12.	Kn, Thrn. 4.†	Kg, Spr. 1.
13.	Kg, Spr. 8.	Lf, Lfr. 4.
14.	Thrn, Kg. 8.	Lf, Spr. 3.
15.	Kn, Lfr. 6, oder Kn, Thrn. 5.	Kg, Thrn. 2.

u. s. w. In dieser Lage muß man, vermöge des Steins, den man gegen zween Bauern genommen hat, das Spiel gewinnen, man würde es aber verloren haben, wenn der Schwarze recht gezogen hätte. Man sehe die zwote Zurückführung dieses Spiels auf den zehnten Zug.

☞ Zurückführung dieses Spiels auf den neunten Zug, da der Schwarze rochet, anstatt den Bauern der Königinn vorzurücken.

Schwarz.		Weiß.
9.	Kg, Spr. 8.	B, Lf. 3.
10.	Thrn, Kg. 8.	Sp, Spr. 3.
11.	B, Kn. 5.	Lfr, Sp. 5.
12.	Kn, Spr. 6. (d)	Lfr, Lf. 6.

(d) Wenn er B, Kg. 4. zöge, so würde man dagegen Lfr, Lf. 6. und nachher Thrn, Lfr. 5. ziehen; dadurch brächte man den König in seine gehörige Lage zurück, als ob man gerochet hätte.

13.	Thrn, Kg. 4. (e)	Sp, Kg. 4.

(e) Hätte er den Läufer wieder genommen, so hätte man, nach Anleitung der vorhergehenden Anmerkung, Thrn, Lfr. 5. gezogen.

Schwarz.		Weiß.
14.	Kn, Kg. 4. †.	Kg, Lfr. 2.
15.	Lf, Spr. 4.	Lfr, Kn. 5. u.s.w.

Auf diese Art bleibt das diesseitige Spiel noch dem seinigen überlegen, weil man den Schach, den seine Königinn im Rückzuge etwa bieten möchte, durch den Zug Lfr. 3. decken kann, im Fall er sich aber entschlöße, zu schlagen, nichts anders entstehen kann, als ein Tausch, da man dann noch immer den Stein übrig behält, den man bereits vor ihm voraus hat.

Zwote Zurückführung dieses Spiels auf den zehnten Zug, da der Schwarze, anstatt Kn, Kg. 5. zu ziehen, besser rocht, und folgendermaßen spielt:

Schwarz.		Weiß.
10.	Kg, Spr. 8. (f)	B, Lf. 2.

(f) Dies ist endlich der rechte Zug, den der Schwarze thun mußte. Es erhellet hieraus, wie ein einziger Zug, ein einziger Zeitpunkt den Ausgang eines Spiels vom Gewinn zum Verlust lenkt, wie man schon gesehen hat, und in der Folge dieser Abhandlung ferner sehen wird.

11.	*Thrn, Kg. 8.	Sp, Spr. 3.
12.	Kn, Kg. 5. gewinnt.	

Dasselbe Spiel,

Oder Zurückführung des vorigen Spiels auf den fünften Zug, da man, anstatt durch

ten Zug Spr, Kn. 4. den Bauern wiederzunehmen, Sp, Th. 4. zieht.

Schwarz.		Weiß.
5.	= = =	Sp, Th. 4.
6. Lfr, Sp. 4. †.	= =	Lf, Kn. 2.
7. Kn, Kg. 7.	= =	Lfr, Kn. 3.
8. B, Sp. 5.	= =	Lfr, Sp. 5.
9. Kn, Kg. 4. †. behält den genommenen Bauern, und muß gewinnen.		

Wir wollen indessen doch einen Versuch machen, ob man das Spiel schlechterdings verlieren müsse, wenn man beym dritten Zuge Spr, Lfr. 3. zieht, ob man es nicht etwa zur Gleichheit bringen, oder wohl gar gewinnen könne, wenn der Schwarze nicht regelmäßig zieht.

Schwarz.		Weiß.
1. B, Kg. 5.	= =	B, Kg. 4.
2. Spr, Lfr. 6.	= =	Sp, Lf. 3.
3. Lfr, Lf. 5.	= =	Spr, Lfr. 3.
4. Spr, 4.	= =	*Spr, Kg. 5.
5. ☞ Spr, Lfr. 2.	= =	Kn, Thrn. 5.
6. Kg, Spr. 3.	= =	Lfr, Lf. 4.
7. Kn, Kg. 7.	= =	Sp, Kn. 5.
8. Kn, 6.	= =	Thrn, Lfr. 1. gewinnt.

☞ Zurückführung dieses Spiels auf den fünften Zug, da der Schwarze, anstatt des Zuges Spr, Lfr. 2., besser spielt, und Lfr, 2. †. zieht.

Schwarz.			Weiß.
5. Lfr, 2. †.	=	=	Kg, 2.
6. Spr, Kg. 5.	=	=	Kg, Lfr, 2.
7. Kn, Lfr. 6. †.	=	=	Kg, 1. (a)

(a) Wenn man, beym siebenten Zuge, den diesseitigen König auf das Feld Kg, Spr. 1. zurückgezogen hätte, so wäre man durch die dagegen erfolgten Züge Spr, 4 und nachher Kn, 4. matt geworden.

8. B, Kn. 6.	=	=	B, Kn. 4.
9. Spr, 6.	=	=	Lfr, Kn. 3.
10. B, Lf. 6.	=	=	Lf, Kg. 3.
11. Kg, Spr. 8.	=	=	Kn, Lfr. 3. u. s. w.

In dieser Stellung ist das Spiel wenigstens gleich, wo nicht das diesseitige noch überlegen ist, weil alle Steine herausgebracht und thätig sind.

Die verschiedenen Folgen, die aus den Veränderungen dieses Spiels entstehen, beweisen die Wichtigkeit eines verabsäumten Zeitpunkts, und die Nothwendigkeit, jedesmal, beym Angreifen sowohl als beym Vertheidigen, den rechten Zug zu thun.

Viertes Spiel.

Der den Zug hat, rückt beym zweeten Zuge den Bauern des Läufers der Königinn einen Schritt vor.

Schwarz.			Weiß.
1. B, Kg. 5.	=	=	B, Kg. 4.
2. B, Lf. 6. (a)	=	=	*B, Kn. 4.

(a) Die-

(a) Dieser Zug ist nicht der beste, allein er zieht nicht nothwendig den Verlust des Spiels für den Schwarzen nach sich, wie die Folge beweisen wird.

Schwarz.			Weiß.
3. B, Kn. 4.	=	=	Kn, 4.
4. B, Kn. 6.	=	=	*B, Lfr. 4.
5. *B, Lfr. 5.	=	=	B, Kg. 5.
6. Kn, Lf. 7.	=	=	Lfr, Lf. 4.
7. B, Kg. 5.	=	=	B, Kg. 5.
8. B, Lf. 5. (b)	=	=	Kn, 5.

(b) Dies ist der Zug, durch welchen der Schwarze nothwendig das Spiel verliert; er hätte lieber sollen B, Sp. 5. ziehen, um den diesseitigen Läufer von der Linie zu vertreiben, auf welcher er seinem Könige und seinen Steinen den Gang versperrt. Alsdann wäre eins von beyden geschehen, entweder man hätte Lfr, Spr. 8. gezogen, und er hätte sich durch den Zug Thrn, Spr. 8. diesen Läufer vom Halse geschafft; oder man hätte diesen Läufer auf das Feld Lfr, Sp. 3. zurückgezogen, z. B.

8. B, Sp. 5.	=	=	Lfr, Sp. 3.
9. B, Th. 5.	=	=	B, Th. 3.
10. *Sp, Th. 6.	=	=	Spr, Lfr. 3.
11. Lfr, Lf. 5.	=	=	Kn, 3.
12. Spr, Kg. 7.	=	=	Lf, Kg. 3.
13. B, Thrn. 6.	=	=	Sp, Kn. 2.
14. Lfr, Kg. 3.	=	=	Kn, Kg. 3.
15. B, Lf. 5.	=	=	Kg, Spr. 1.
16. B, Lf. 4. u. s. w.			

In dieser Stellung kann der Schwarze rochen, nachdem er dem diesseitigen Läufer den Weg versperrt hat, und dann steht sein Spiel eben so gut zum Gewinnen, als das diesseitige.

9. Sp, Lf. 6.	=	=	Spr, Lfr. 3.

	Schwarz.		Weiß.
10.	Sp, 4.	= =	Kn, 1.
11.	B, Th. 6.	= =	B, Th. 4.
12.	Spr, Kg. 7.	= =	Kg, Spr. 1.
13.	Bl, Spr. 6.	= =	*Lf, Spr. 5.
14.	Lfr, Spr. 7.	= =	*Lf, Lfr. 6.
15.	Spr, 8.	= =	Lf, Spr. 7.
16.	Kn, Spr. 7.	= =	Spr, 5.
17.	Spr, Thrn. 6.	= =	Sp, Lf. 3.
18.	Sp, Lf. 6.	= =	Kn, 5.
19.	Sp, Kg. 7.	= =	*Kn, 6.
20.	Lf, Kn. 7.	= =	*B, Kg. 6.
21.	Lf, 6.	= =	*Th, Kn. 1.
22.	Spr, 4.	= =	*Kn, 7. †.
23.	Lf, Kn. 7.	= =	B, Kn. 7. †.
24.	Kg, Kn. 8.	= =	Spr, Kg. 6. † matt.

Dasselbe Spiel auf eine andere Art.

Oder Zurückführung des vorigen Spiels auf den sechsten Zug, da der Schwarze, anstatt Kn, Lf. 7. zu ziehen, den Bauern seiner Königinn vorrückt, und B, Kn. 5. zieht.

	Schwarz.		Weiß.
1.	B, Kg. 5.	= =	B, Kg. 4.
2.	B, Lf. 6.	= =	*B, Kn. 4.
3.	B, Kn. 4.	= =	Kn, 4.
4.	B, Kn. 6.	= =	*B, Lfr. 4.
5.	*B, Lfr. 5. (a)	= =	*B, Kg. 5.

(a) Er würde schlecht gespielt haben, wenn er die diesseitige Königinn mit dem Bauern des Läufers der seinigen

seinigen hätte angreifen wollen; denn alsdann wäre der Bauer seiner Königinn, der auf diesem Flügel an der Spitze seiner Bauern steht, verlassen, und folglich ohne Unterstützung und Thätigkeit geblieben.

Schwarz.			Weiß.		
6.	B,	Kn. 5.	*Kn,	Lfr. 2.(b)	

(b) Die auf dieses Feld zurückgezogene Königinn wird nach Gelegenheit die Reyhe der diesseitigen Bauern unterstützen.

7.	Lf, Kg. 6.	- -	Spr,	Lfr. 3.
8.	Sp, Kn. 7.	- -	Spr,	Kn. 4.
9.	Lfr, Lf. 5.	- -	B,	Lf. 3.
10.	Kn, Sp. 6.	- -	Lf,	Kg. 3.
11.	Lfr, Kn. 4.	- -	B,	Kn. 4.
12.	Spr, Kg. 7.	- -	Lfr,	Kn. 3.
13.	Kg, Spr. 8.	- -	*B,	Thrn. 3.
14.	Kn, Lf. 7.(c)	- -	*B,	Spr. 4.

(c) Da ihm seine Königinn auf diesem Felde nun nichts mehr nützt, so zieht er sie zurück, um seinen Bauern Platz zu machen, und solche vorzurücken.

15. B, Spr. 6. - - *B, Spr. 5.(d)

(d) Man zieht diesen Bauern, um in der Folge mit dem Bauer des diesseitigen Thurns eine Oeffnung gegen seinen König zu machen.

16.	B, Sp. 6.	- -	Sp,	Lf. 3.
17.	B, Lf. 5.	- -	*Kg,	Lf. 1.(e)

(e) Man rocht auf der Königinnseite, um desto mehr Freyheit zum Angriff auf dem rechten Flügel zu haben; es würde überdies schlecht gespielt seyn, wenn man den angebotenen Bauern hätte nehmen wollen,

wollen, weil alsdann die Bauern seiner Königinn und ihres Läufers sich an der Spitze vereinigt, und den Gang der diesseitigen Steine behindert hätten. Es ist selten rathsam, die zum Schlagen angebotenen Bauern zu nehmen; sie werden nur in der Absicht angeboten, um größere Vortheile dagegen zu gewinnen.

	Schwarz.		Weiß.
18.	B, Kn. 4.	= =	Lf, Kn. 4.
19.	Sp, Lf. 5.	= =	*B, Thrn. 4.
20.	Sp, Kn. 3.	= =	Th, Kn. 3.
21.	Lf, Lfr. 7.(f)	= =	B, Thrn. 5.

(f) Er zieht seinen Läufer auf dieses Feld zurück, um den Bauern des Springers seines Königs zu decken.

22.	B, Sp. 5.	= =	Th, Thrn. 3.
23.	B, Sp. 4.	= =	*B, Kg. 6.
24.	Lf, Kg. 8.	= =	B, Spr. 6.
25.	Lf, Spr. 6.	= =	*Th, Thrn. 7.
26.	Lf, Thrn. 7.	= =	Thrn. 7.
27.	Kg, Thrn. 7.	= =	Kn, Thrn. 4. †.
28.	Kg, Spr. 8.	= =	Kn, Thrn. 8. †. matt.

(h) Die Zurückführung des vorigen Spiels auf den zwey und zwanzigsten Zug, da der Schwarze, anstatt B, Sp. 5. zu ziehen, den Bauern nimmt, und das Spiel gewinnt.

	Weiß.		Schwarz.
22.	B, Thrn. 5.	= =	Th, Thrn. 3.
23.	Kn, 7.(g)	= =	Kn, Kg. 2.

(g) Er zieht nicht B, Sp. 5. weil er voraus sieht, daß man dagegen Kg, Spr. 4. ziehen, und durch diesen

Zug

Zug sowohl dem Bauern B, Th. 2. decken, als auch überdies noch den diesseitigen Springer Luft machen würde.

	Schwarz.		Weiß.
24.	Kn, Kg. 6.	= =	Sp, 5.
25.	*Spr, Lf. 6.	= =	Lf, 3.
26.	B, Kn. 4.	= =	Sp, Kn. 4.
27.	Spr, Kn. 4.	= =	Lf, Kn. 4.
28.	Kn, Th. 2.	= =	Lf, 3.
29.	Th, Kn. 8.	= =	Thrn, Kn. 1.
30.	Lf, Sp. 3.	= =	Thrn, Kn. 8.
31.	Kn, Th. 1.†.	= =	Kg, Kn. 2.
32.	Thrn, Kn. 8.†.	= =	Th, Kn. 3.
33.	Thrn, Kn. 3.†.	= =	Kn, 3.
34.	Kn, 1.†.	= =	Kg, 3.
35.	Kn, Spr. 1.†.	= =	Kg, Kn. 2.
36.	Kn, Lfr. 2.†.	= =	Kg, Lf. 1.
37.	Kn, Lfr. 4.†. (h)	=	Kn, 2.

(h) Wenn man mit der Königinn in das Spiel des Gegners eingedrungen ist, so muß man die Züge berechnen, durch welche man ihm dergestalt Schach bieten kann, daß zugleich mit dem Könige auch ein anderer Stein oder Bauer angegriffen, und so gar beym Schlagen dieses Steins oder Bauers selbst noch Schach geboten werde. Dieses ist um so wichtiger, wenn man voraussieht, daß, wenn man aufhört Schach zu bieten, der Gegner damit anfangen, und nicht eher aufhören wird, als bis man matt geworden, oder bis er einen Vortheil errungen hat, der ihm das Spiel gewonnen macht, oder durch welchen es wenigstens, wenn er nicht anders kann, unentschieden bleibt.

	Schwarz.				Weiß.
38.	Kn, Lfr. 1.†.	=	=	Kn,	Kg. 1.
39.	Kn, Kg. 1.†.	=	=	Lf,	Kg. 1.
40.	Kg, Lfr. 7.	=	=	Kg,	Kn. 2.
41.	Kg, Spr. 6.	=	=	Lf,	Thrn. 4.
42.	*B, Lfr. 4.	=	=	Kg,	Lf. 3.
43.	Lf, Kg. 6.	=	=	Kg,	Kn. 4.
44.	*Kg, Lfr. 5.	=	=	B,	Sp. 4.
45.	Kg, Spr. 4.	=	=	Lf,	Lfr. 2.
46.	B, Thrn. 4. gewinnt.				

Dasselbe Spiel auf eine andere Art,

Wodurch bewiesen werden soll, daß es unentschieden bleiben kann.

	Schwarz.				Weiß.
1.	B, Kg. 5.	=	=	B,	Kg. 4.
2.	B, Lf. 6.	=	=	B,	Kn. 4.
3.	*Spr, Lfr. 6.	=	=	Lf,	Spr. 5.
4.	Kn, Kg. 7.	=	=	Lf,	Lfr. 6.
5.	Kn, Lfr. 6.	=	=	Spr,	Lfr. 3.
6.	Lfr, Kn. 6.	=	=	Lfr,	Lf. 4.
7.	Kg, Spr. 8.	=	=	Kg,	Spr. 1.
8.	Lfr, Lf. 7.	=	=	B,	Lf. 3.
9.	B, Kn. 6.	=	=	B,	Thrn. 3.
10.	Sp, Kn. 7.	=	=	Sp,	Kn. 2.
11.	B, Sp. 5.	=	=	Lfr,	Sp. 3.
12.	Sp, 6.	=	=	*B,	Th. 4.
13.	Lf, Kg. 6.	=	=	B,	Th. 5.
14.	Sp, Kn. 7.	=	=	Lfr,	Kg. 6.

	Schwarz.				Weiß.
15.	Kn, Kg. 6.	.	.	B, Sp. 4.
16.	*B, Lfr. 5.	.	.	B, Lfr. 5.
17.	Kn, Lfr. 5.	.	.	*B, Kg. 5.
18.	Sp, Kg. 5.	.	.	Spr, Kg. 5.
19.	Kn, Kg. 5.	.	.	Th, Lf. 1.
20.	B, Kn. 5.	.	.	B, Spr. 3.
21.	Thrn, Lfr. 6.	.	.	Sp, Lfr. 3.
22.	Kn, Thrn. 5.	.	.	Kg, Spr. 2.
23.	Th, Lfr. 8.	.	.	Sp, Kn. 4.
24.	Kn, Kg. 5.	.	.	Kn, Kg. 2.
25.	Kn, 6.	.	.	Th, Kg. 1.
26.	Lfr, Sp. 8.	.	.	*B, Lfr. 4.
27.	Thrn, Spr. 6.	.	.	Kg, Thrn. 2.
28.	B, Th. 6.	.	.	*Kn, Kg. 7.
29.	Kn, Kg. 7.	.	.	Th, Kg. 7.
30.	Lfr, Kn. 6.	.	.	Th, 7.
31.	*B, Lf. 5.	.	.	Sp, Lf. 2.
32.	B, Sp. 4.	.	.	Sp, 4.
33.	Lfr, Sp. 4.	.	.	B, Sp. 4.
34.	Th, Lf. 8.	.	.	Thrn, Lfr. 2. 1.
35.	Th, Lf. 4.	.	.	Th, Kn. 7.
36.	Th, Sp. 4.	.	.	Th, Kn. 5.
37.	Th, 4.	.	.	Thrn, Lf. 2. 1.
38.	Th, 5.	.	.	Thrn, Lf. 7.
39.	Thrn, Lfr. 6.	.	.	Th, Kn. 8. †.
40.	Thrn, Lfr. 8.	.	.	Th, Kn. 7.
41.	Thrn, Kg. 8.	.	.	Th, Spr. 7. †.
42.	Kg, Thrn. 8.	.	.	Th, Thrn. 7. †.
43.	Kg, Spr. 8.	.	.	Thrn, Spr. 7. †.

Schwarz.		Weiß.
44. Kg, Lfr. 8.	= =	Thrn, Lfr. 7.†.
45. Kg, Spr. 8.	= =	Th, Spr. 7.†.
46. Kg, Thrn. 8.	= =	Th, Thrn. 7.†.

In dieser Stellung kann man nichts bessers thun, als durch das beständige Schachbieten das Spiel aufheben, denn wenn man es zu gewinnen versuchen wollte, weil man einen Bauern mehr hat, so würde man es verlieren, NB. weil seine zween Bauern näher zur Dame sind, und der diesseitige König zu entfernt ist, um sie davon abzuhalten. Hier ist der Beweis davon:

Schwarz.		Weiß.
46.	= = = =	Thrn, Kg. 7.
47. Thrn, Kg. 7.	= =	Th, Kg. 7.
48. *B, Sp. 4.	= =	Th, Kg. 3.
49. Th, Sp. 5.	= =	Th. Sp. 3.
50. B, Th. 5. geht mit Gewalt zur Dame.		

NB. Der Verfasser scheint hier zu viel behauptet zu haben. Ich wenigstens würde in dieser Stellung die Hoffnung nicht aufgeben, das Spiel des Weißen zu gewinnen, selbst wenn der Gegner einen Bauern in die Dame bringt. Hier ist der Beweis davon.

Schwarz.		Weiß.
47. Kg, Spr. 8.	=	B, Thrn. 4.
48. Thrn, Kg. 2.†.	=	Kg, Thrn. 3.
49. B, Sp. 4.	=	*Kg, Spr. 4.
50. B, Sp. 3.	=	B, Thrn. 5.
51. B, Sp. 2.	=	B, Thrn. 6.
52. B, Sp. 1. Kn.	=	Thrn, Spr. 7.†.
53. Kg, Lfr. 8.	=	Th, Thrn. 8.†. matt.

Anmerk. des Uebersetzers.

Fünf=

Fünftes Spiel.

Der den Zug nicht hat, fängt damit an, daß er den Bauern des Läufers der Königinn zween Schritte vorrückt.

Weiß.			Schwarz.
1.	B, Kg. 4.		B, Lf. 5.
2.	B, Lfr. 4.		Sp, Lf. 6.
3.	Spr, Lfr. 3.		B, Kn. 5.
4.	B, Kg. 5.		Lf, Spr. 4.
5.	B, Thrn. 3.		Lf, Lfr. 3.
6.	Kn, Lfr. 3.		B, Kg. 6.
7.	Lfr, Sp. 5.		Spr, Kg. 7.
8.	Kg, Spr. 1.		Kn, Sp. 6.
9.	Lfr, Lf. 6. †. (a)		Spr, Lf. 6.

(a) Wenn man beym neunten Zuge, anstatt Lfr, Lf. 6., folgendermaßen zöge:

9.	Lfr, Kg. 2.		Sp, Kn. 4.
10.	Kn, 3.	so würde	B, Lf. 4. gewinnen.

10.	B, Lf. 3.		Lfr, Kg. 7. (b)

(b) Wenn der Schwarze B, Lf. 4. zöge, und Schach böte, so wäre dies ein bloßer Zeitverlust für ihn. Ueberhaupt muß nicht anders Schach geboten werden, als wenn dadurch irgend ein Vortheil, etwa der Gewinn eines Steins, eines Bauers, oder auch nur eines Zeitpunkts, zum bessern Fortgang des Spiels, errungen werden kann.

11.	Kg, Thrn. 1.		Kg, Spr. 8.
12.	Sp, Th. 3.		B, Lfr. 6.
13.	Kn, Spr. 4.		Sp, Th. 5.

Weiß.		Schwarz.
14. B, Lfr. 6.	. .	Thrn, Lfr. 6.
15. B, Kn. 3.	. .	Th, Lfr. 8.
16. Sp, Lf. 2.	. .	Lfr, Kn. 6.
17. B, Sp. 3.	. .	Kn, Lf. 7.
18. B, Spr. 3.	. .	Thrn, Spr. 6. (c)

(c) Wenn der Schwarze, anstatt Thrn, Spr. 6. beym achtzehnten Zuge B, Kg. 5. zöge, so würde er noch geschwinder gewinnen.

18. . . . B, Kg. 5.

19. Sp, Kg 3. . . Kn, Lf. 6. gewinnt. Allein obgleich ein Spiel nach der Regel durch die wenigst möglichen Züge gewonnen werden soll, so wird doch die Art, wie der Schwarze dies Spiel gewinnt, nichts desto weniger sehr unterrichtend seyn.

19. Kn, Lfr. 3.	. .	Sp, Lf. 6.
20. Lf. Kn. 2.	. .	Sp, Kg. 7.
21. Th, Kg. 1.	. .	Sp, Lfr. 5. (d)

(d) Es war gleich seine Absicht, seinen Springer auf dieses Feld zu setzen, als er beym neunzehnten Zuge Sp, Lf. 6. zog.

22. B, Spr. 4.	. .	Sp, Kg. 7.
23. Th, Kg. 2.	. .	Thrn, Lfr. 6. (e)

(e) Da sein Endzweck, nehmlich den Bauern des Springers des diesseitigen Königs hervorzulocken, erreicht ist, so greift er nunmehr mit dem glücklichsten Erfolge den diesseitigen Bauern B, Lfr. 4. an, dessen Niederlage ihm den Gewinn des Spiels zuwege bringt.

Hauptregel: Um gewiß zu seyn, ob man einen Bauern oder andern Stein mit Nutzen schlagen könne, muß man mit einem Blick überrechnen, durch

durch wie viel Bauern oder Steine man ihn angreifen und schlagen könne, und wie viel ihrer von feindlicher Seite denselben beschützen. Hat man einen Bauern oder Stein mehr zum Angriff, als der Gegner zur Vertheidigung desselben, alsdann erst ist dieser Bauer oder Stein würklich zu nehmen. Wenn die Anzahl der Bauern oder Steine zum Angriff und zur Vertheidigung von beyden Seiten gleich ist, so läuft es, wenn man schlägt, auf einen bloßen Umtausch hinaus; und zu dergleichen Tausch muß man sich nicht eher entschließen, als bis man die Folgen davon berechnet hat, nehmlich welche Stellung des Spiels daraus erwachsen, und ob man irgend einigen Vortheil davon haben wird.

Durch diese so einfache Berechnung erhält man einen Wegweiser für die Bauern und Steine, so man zu ziehen hat, und zugleich Licht von dem Gange der feindlichen. Ein von einem der beyden Spieler vorgerückter Bauer, ein Stein, der auf dieses oder jenes Feld, vorzüglich vor einem andern, gesetzt wird, entscheidet gemeiniglich den Gewinn oder den Verlust des Spiels. Hierinn besteht, so zu sagen, die eigentliche Taktik des Schachspiels; wer sie am besten inne hat, behält die Oberhand.

	Weiß.		Schwarz.
24.	Kn, Spr. 2.	= =	Lfr, 4.
25.	Lf, Lfr. 4.	= =	Thrn, Lfr. 4.
26.	Thrn, Lfr. 4.	= =	Kn, Lfr. 4.
27.	Th, Kg. 6.	= =	Sp, Spr. 6.
28.	Th, Kg. 1.	= =	Sp, Thrn. 4.
29.	Kn, 5. †.	= =	Kg, Thrn. 8.
30.	Kn, Kg. 4.	= =	Kn, Spr. 3, gewinnt.

☞ Zurückführung des vorigen Spiels auf den vierzehnten Zug, da man anstatt B, Lfr. 6. (f) einen andern Zug thut.

(f) Man verlor dieses Spiel dadurch, daß man beym vierzehnten Zuge B, Lfr. 6. zog, denn durch diesen Zug ließ man den Gegner einen Zeitpunkt gewinnen, den er zur Verdoppelung seiner Thürne benutzte.

	Weiß.		Schwarz.
14.	*Thrn, Kg. 1.	- -	B, Kg. 5. (g)

(g) Wenn der Schwarze, bey diesem vierzehnten Zuge, anstatt den Bauern zu schlagen, den seinigen vorgerückt, und B, Lfr. 5. gezogen hätte, so wäre seine Vertheidigung besser gewesen. Hierdurch wird abermals unser oben behaupteter Satz bewiesen, daß nehmlich der erste Fehler der gemacht, der erste Zeitpunkt, der von einem der beyden Theile verabsäumt wird, von dem Gewinn oder Verlust des Spiels unwiderruflich entscheiden.

15.	Thrn, Kg. 5.	- -	Thrn, Lfr. 6.
16.	B, Kn. 3.	- -	Thrn, Spr. 6.
17.	Kn, Kg. 2.	- -	Th, Lfr. 8.
18.	*B, Lfr. 5.	- -	Thrn, Lfr. 6.
19.	Lf, Spr. 5.	- -	Thrn, Lfr. 7.
20.	Thrn Kg. 6.	- -	Lfr, Kn. 6.
21.	B, Spr. 4. muß gewinnen.		

Dasselbe Spiel auf eine andere Art.

Der Schwarze rocht, beym eilften Zuge, auf der Königinnseite.

	Weiß.		Schwarz.
1.	B, Kg. 4.	- -	B, Lf. 5.

2. B,

	Weiß.	Schwarz.
2.	B, Lfr. 4.	Sp, Lf. 6.
3.	Spr, Lfr. 3.	B, Kn. 5.
4.	B, Kg. 5.	Lf, Spr. 4.
5.	B, Thrn. 3.	Lf, Lfr. 3.
6.	Kn, Lfr. 3.	B, Kg. 6.
7.	Lfr, Sp. 5.	Spr, Kg. 7.
8.	Kg, Spr. 1.	Kn, Sp. 6.
9.	Lfr, Lf. 6. †.	Spr, Lf. 6.
10.	B, Lf. 3.	Lfr, Kg. 7.
11.	Kg, Thrn. 1.	*Kg, Lf. 8.
12.	B, Kn. 3.	*B, Thrn. 5.
13.	Sp, Th. 3.	B, Lfr. 6.
14.	Kn, Kg. 3.	B, Kg. 5.
15.	B, Kg. 5.	*B, Spr. 5.
16. ☞	Sp, Lf. 2.	B, Spr. 4.
17.	B, Sp. 3.	Th, Spr. 8.
18.	Lf, Lfr. 4.	Kn, 8.
19.	Sp, Kg. 3.	Kn, Kg. 8.
20.	Lf, Thrn. 2. (a)	Kn, Spr. 6.

(a) Man zieht den Läufer auf das Feld Lf, Thrn. 2. zurück, um den Gegner zu reizen, daß er seinen Bauern B, Spr. 4. vorrücke; wenn man alsdann den Zug Lf, Spr. 1. thut, so steht der diesseitige König von des Gegners eigenen Bauern bedeckt, und überdies wird auch durch den Zug Lf, Thrn. 2. dem diesseitigen Thurne Luft gemacht.

21.	Th, Kn. 1.	*B, Kn. 4.
22.	B, Kn. 4.	Spr, Kn. 4.
23.	Kn, 2.	Lfr, Spr. 5.
24.	Th, Kg. 1.	Spr, Lfr. 5.

Weiß.			Schwarz.
25.	Lf, Lfr. 4.	= =	Lfr, 4.
26.	Thrn, Lfr. 4.	= =	*B, Thrn. 3.(b)

(b) Wenn man eine Oeffnung gegen den feindlichen König machen will, so muß man sich mit Wegnehmung des Bauers, der ihn bedeckt, nicht übereilen, bis die diesseitigen Steine so in Ordnung gestellt sind, daß sie den Angriff gehörig unterstützen.

27.	B, Spr. 4.	= =	Spr, Kg. 3.
28.	Th, Kg. 3.	= =	B, Spr. 4.
29.	Th, Spr. 3.	= =	Kn, Thrn. 5.
30.	Kn, Kg. 3.	= =	B, Sp. 6,
31.	B, Kn. 4.	= =	Th, Spr. 5.
32.	Thrn, Kg. 4.	= =	B, Kn. 4.
33.	Kn, 4.	= =	Thrn, Kn. 8.
34.	Kn, Lf. 4.†.	= =	Kg, Sp. 8.
35.	Kn, Kg. 6.	= =	*B, Thrn. 2.
36.	Thrn, Kg. 1.	= =	Kn, Thrn. 4.
37.	Th, Kg. 3.	= =	B, Spr. 3. gewinnt.

☞ Zurückführung des vorigen Spiels auf den sechszehnten Zug, da man anstatt Sp, Lf. 2. folgendergestalt zieht:

Weiß.			Schwarz.
16.	*Kn, Kg. 1.	= =	Th, Spr. 8.
17.	Sp, Lf. 2.	= =	B, Spr. 4.
18.	Lf, Lfr. 4.	= =	Kn, 8.(c)

(c) Anstatt den Bauern B, Sp. 2. wegzunehmen, wodurch eine Oeffnung gegen seinen König entstehen, und seine Königinn zu weit entfernt und unthätig werden

werden würde, führt er lieber seine Königinn herbey, um seinen Angriff zu verstärken. Man muß niemals einen Bauern mit der Königinn schlagen, wenn sie dadurch zum Angriff oder zur Vertheidigung unbrauchbar wird.

Weiß.		Schwarz.
19.	Thrn, Spr. 1.	Kn, Kg. 8.
20.	*B, Thrn. 4.	*B, Spr. 3.
21.	Lf, Spr. 3.	Kn, Spr. 6.
22.	Kg, Thrn. 2.	Kn, 3. (d)

(d) Nun hat er den durch den Zug B, Thrn. 3. aufgeopferten Bauern wieder gewonnen, und zugleich den Vortheil, daß er die diesseitigen Mittelbauern getrennt, und gegen den König eine Oeffnung gemacht hat.

23.	Sp, Kg. 3.	Kn, Spr. 6.
24.	*Sp, Lfr. 1.	Th, Lfr. 8.
25.	Th, Kn. 1.	Lfr, Kn. 8. (e)

(e) Seinerseits kömmt es darauf an, den diesseitigen Bauern B, Kg. 5. anzugreifen, und diesseits, denselben zu vertheidigen.

26.	Th, Kn. 2.	Lfr, Lf. 7.
27.	Th, Kg. 2.	Th, Lfr. 5.
28.	Sp, Kn. 2.	Thrn, Lfr. 8.
29.	Sp, Lfr. 3.	Kn, Spr. 7.

In dieser Stellung bleibt das Spiel unentschieden, wenn man darauf besteht, wechselsweise Thrn, 1. und Thrn, Spr. 1. zu ziehen; denn wenn man Thrn, Lfr. 1. zieht, so verliert man den Bauern B, Kg. 5. weil die diesseitige Königinn gezwungen wird,

wird, den feindlichen Thurn wiederzunehmen, der den auf das Feld Thrn, Lfr. 1. gesetzten Thurn genommen hat, und alsdann nicht mehr im Stande ist, den diesseitigen auf das Feld Sp, Kg. 5. gezogenen Springer zu decken. Z. B.

	Weiß.			Schwarz.
30.	Thrn, Lfr. 1.	=	=	Sp, Kg. 5.
31.	Lf, Kg. 5.	=	=	Lfr, Kg. 5. †.
32.	Th, Kg. 5.	=	=	Th, Kg. 5.
33.	Sp, Kg. 5.	=	=	Thrn, Lfr. 1.
34.	Kn, Lfr. 1.	=	=	Kn, Kg. 5. †. muß

gewinnen.

Dasselbe Spiel auf eine andere Art.

Anstatt B, Lfr. 4. zieht man beym zweeten Zuge B, Lf. 3.

	Weiß.			Schwarz.
1.	B, Kg. 4.	=	=	B, Lf. 5.
2.	B, Lf. 3.	=	=	Sp, Lf. 6.
3.	B, Kn. 4.	=	=	B, Kn. 4.
4.	B, Kn. 4.	=	=	B, Kn. 5.
5.	B, Kg. 5.	=	=	Lf, Lfr. 5.
6.	Sp, Lf. 3.	=	=	B, Kg. 6.
7.	Lfr, Sp. 5.	=	=	Spr, Kg. 7.
8.	B, Lfr. 4.	=	=	Spr, 6.
9.	Spr, Lfr. 3.	=	=	Lfr, Kg. 7.
10.	Kg, Spr. 1.	=	=	Kg, Spr. 8.

In dieser Lage stehen beyderseitige Spiele ganz gleich.

Sechstes Spiel.

Der den Zug hat, fängt damit an, daß er den Bauern des Läufers der Königinn zween Schritte vorrückt.

Schwarz.			Weiß.
1.	B, Lf. 5.	= =	B, Kg. 4.
2.	Sp, Lf. 6.	= =	B, Lfr. 4.
3.	B, Kg. 6. (a)	= =	*B, Lf. 3.

(a) Wenn der Schwarze, anstatt B, Kg. 6. beym dritten Zuge B, Kg. 5. zöge, so müßte man dagegen B, Kn. 3. ziehen; denn wenn man den angebotenen Bauern nähme, oder den diesseitigen vorrückte, so würde man durch den Schach, den die feindliche Königinn augenblicklich bieten würde, das Spiel verlieren.

4.	B, Kn. 5.	= =	B, Kg. 5.
5.	Spr, Thrn. 6.	= =	Spr, Lfr. 3.
6.	Lfr, Kg. 7.	= =	Lfr, Sp. 5.
7.	Lf, Kn. 7.	= =	Lfr, Th. 4. (b)

(b) Wenn man rochte, so würde er durch den Zug Sp, Kg. 5. einen Bauern gewinnen.

8.	Kg, Spr. 8.	= =	Kg, Spr. 1.
9.	B, Lfr. 6.	= =	B, Kn. 4.
10.	B, Kg. 5.	= =	B. Lfr, Kg. 5.
11.	Spr, Lfr. 7.	= =	Lfr, Lf. 2.
12.	B, Lf. 4.	= =	Lf, Kg. 3.
13.	B, Sp. 5.	= =	*B, Sp. 4.
14.	B, Th. 5.	= =	B, Th. 5.
15.	Sp, Th. 5.	= =	Sp, Kn. 2.

Schwarz.		Weiß.
16. *B, Sp. 4.	. .	B, Sp. 4.
17. Lfr, Sp. 4.	. .	*B, Th. 4.
18. Kn, Kg. 8.	. .	Spr, 5.
19. Spr, 5.	. .	Lf, Spr. 5.
20. Thrn, Lfr. 1.†.	. .	Sp, Lfr. 1.(c)

(c) Man schlägt lieber mit dem Springer, um denselben nachher, nach dem es die Umstände erfordern, entweder auf das Feld Sp, Spr. 3. oder auf Sp, Kg. 3. setzen zu können.

21. Sp, Lf. 6.	. .	Lf, Kn. 2.(d)

(d) Da der diesseitige Läufer auf dem Felde, wo er steht, nicht gedeckt, auch überdies daselbst unbrauchbar ist, so zieht man denselben in das diesseitige Spiel zurück, um ihn dem feindlichen Läufer entgegen zu setzen. Es ist schon angemerkt worden, daß man, wo möglich, keine Steine einsam, das heißt ungedeckt lassen muß, denn wenn sie auch nicht gleich auf der Stelle Gefahr laufen, geschlagen zu werden, so trifft es sich doch gemeiniglich in der Folge, oder durch eine Reyhe von Zügen, die man nicht vorhersehen konnte; auch muß man seine Steine den Steinen des Gegners immer nach Möglichkeit entgegensetzen, es wäre denn, daß man selbst der angreifende Theil wäre, und folglich nicht Ursach hätte, sich vor dem Angriff, den der Gegner im Schilde führt, zu fürchten.

22. Lfr, Kn. 2.	. .	Kn, 2.
23. Kn, Kg. 7.(e)	. .	Sp, Spr. 3.

(e) Er will den diesseitigen Bauern B, Kn. 4. angreifen. Man sehe den folgenden Zug.

24. Kn, Thrn. 4.	. .	Sp, Kg. 2.

Schwarz.		Weiß.
25. Th, Lfr. 8.	= =	B, Spr. 3.
26. Kn, Spr. 4.	= =	Th, Lfr. 1.
27. Th, Lfr. 1.†.	= =	Kg, Lfr. 1.
28. Kn, Lfr. 3.†.	= =	Kg, Spr. 1.
29. Kn, Th. 3.(f)	= =	Sp, Lf. 3.

(f) Der Ausschlag des Spiels beruhet auf dem diesseitigen Bauer B, Th. 4. Es kömmt darauf an, daß man denselben mit so viel Steinen unterstütze, als der Gegner in Bewegung setzt, um ihn anzugreifen.

30. Sp, 4.	= =	Lfr, Kn. 1.
31. B, Spr. 6.	= =	Sp, 1.
32. Kn, 3.	= =	Kn, 3.
33. Sp, Kn. 3.	= =	Sp, Lf. 3.
34. Sp, 4.		

In dieser Stellung werden beyde Könige sich an ihre Bauern anschließen, und das Spiel bleibt unentschieden.

Dasselbe Spiel auf eine andere Art.

Man rückt beym ersten Zuge gleichfalls den Bauern des Läufers der Königinn zween Schritte vor.

Schwarz.		Weiß.
1. B, Lf. 5.	= =	B, Lf. 4.
2. Sp, Lf. 6.	= =	B, Kg. 4.
3. B, Kg. 6.	= =	Sp, Lf. 3.
4. Spr, Lfr. 6.	= =	B, Lfr. 4.
5. B, Kn. 5.	= =	B. Lf, Kn. 5.

6. B,

Schwarz.			Weiß.	
6.	B, Kn. 5.	= =	*B, Kg. 5.
7.	Spr, 4.	= =	Spr, Lfr. 3.
8.	Lfr, Kg. 7.	= =	Lfr, Kn. 3.
9.	*B, Lfr. 6.	= =	B, Lfr. 6.(a)

(a) Wenn man sich nicht durch Wegnehmung seines Bauers Luft machte, so würde er B, Kn. 4. ziehen, und das diesseitige Spiel in Verwirrung setzen.

10.	Spr, Lfr. 6.	= =	B, Th. 3.
11.	Lf, Kg. 6.	= =	Lfr, Lf. 2.
12.	Rg, Spr. 8.	= =	Rg, Spr. 1.
13.	B, Thrn. 6.	= =	Rg, Thrn. 1.
14.	B, Th. 6.	= =	B, Kn. 4.
15.	B, Lf. 4.	= =	Lf, Kg. 3. u. s. w.

In dieser Stellung sind beyde Spiele einander gleich.

Siebentes Spiel.

Der den Zug hat, rückt beym zweeten Zuge den Bauern des Läufers zween Schritte vor.

Weiß.			Schwarz.
1.	B, Kg. 4.	= =	B, Kg. 5.
2.	B, Lf. 4. (a)	= =	Lfr, Lf. 5.

(a) Dies ist ein schlechter Zug. Wenn man, wie im gegenwärtigen Falle geschehen ist, den Bauern des Königs zween Schritte vorgerückt hat, und dann auch den Bauern des Läufers der Königinn zween Schritte vorziehen will, so behält man keine Bauern, um die Steine wegzujagen, die der Gegner in das diesseitige Spiel eindringen läßt. Ueberdies bleibt alsdann

alsdann auch der Bauer der Königinn zurück und ohne Thätigkeit.

	Weiß.			Schwarz.
3.	Sp, Lf. 3.	=	=	Spr, Lfr. 6.
4.	Lfr, Kg. 2.	=	=	Sp, Lf. 6.
5.	B, Kn. 3.	=	=	B, Kn. 6.
6.	Lf, Spr. 5.	=	=	Kg, Spr. 8.
7.	Spr, Lfr. 3.	=	=	B, Thrn. 6.
8.	Lf, Lfr. 6.	=	=	Kn, Lfr. 6.
9.	Sp, Kn. 5.	=	=	Kn, 8.
10.	Kg, Spr. 1.	=	=	*Sp, Kn. 4.
11.	B, Sp. 4.	=	=	Sp, Lfr. 3. †
12.	Lfr, 3.	=	=	*Lfr, Kn. 4.
13.	Th, Sp. 1.	=	=	B, Lf. 6.
14.	Sp, Kg. 3.	=	=	*B, Spr. 6.
15.	Lfr, Spr. 4.	=	=	B, Lfr. 5.
16.	B, Lfr. 5.	=	=	B, Lfr. 5.
17.	Lfr, Thrn. 5.	=	=	*Kn, Spr. 5.
18.	Kn, Lfr. 3.	=	=	Kg, Thrn. 7.
19.	Kg, Thrn. 1.	=	=	*B, Th. 6. (b)

(b) Er will seinem schwarzen Läufer Platz machen, und ihn in der nehmlichen Richtung behalten, falls derselbe vom diesseitigen Springer angegriffen würde.

20.	Kn, Thrn. 3.	=	=	B, Lfr. 4.
21.	Sp, Spr. 4.	=	=	Thrn, Spr. 8.
22.	B, Lfr. 3.	=	=	Lf, Kg. 6.
23.	B, Spr. 3. (c)		=	B, Spr. 3.

(c) Man mag spielen, wie man will, so ist das Spiel nothwendig verloren, weil man dem Gegner nicht verwehren kann, seinen Thurn auf das Feld Th, Lfr. 5.

zu ziehen, dadurch gewinnt er den diesseitigen Läufer, und folglich auch das Spiel.

Weiß.		Schwarz.
24. Kn, Spr. 3.	= =	*Th, Lfr. 8.
25. Kn, Thrn. 3.	= =	Th, Lfr. 5.
26. Thrn, Spr. 1.	= =	Lfr, Spr. 1.
27. Th, Spr. 1.	= =	*Kg, Thrn. 8. (d) gewinnt.

(d) Hätte er den diesseitigen Läufer genommen, ehe er seinen König zurückzog, so hätte er wieder einen Thurn durch den Schach verloren, den man ihm mit dem diesseitigen Springer durch den Zug Sp, Lfr. 6. geboten hätte.

Dasselbe Spiel, auf eine andere Art.

Weiß.		Schwarz.
1. B, Kg. 4.	= =	B, Kg. 5.
2. B, Lf. 4.	= =	Lfr, Lf. 5.
3. Sp, Lf. 3.	= =	Spr, Lfr. 6.
4. *Lfr, Kn. 3.	= =	Sp, Lf. 6.
5. B, Th. 3.	= =	*B, Th. 5.
6. Lfr, Lf. 2.	= =	Sp, Kn. 4.
7. B, Kn. 3.	= =	B, Lf. 6.
8. Spr, Lfr. 3.	= =	B, Kn. 6.
9. B, Thrn. 3.	= =	B, Thrn. 6.
10. Lf, Kg. 3.	= =	Lf, Kg. 6.
11. Lf, Kn. 4.	= =	B, Kn. 4.
12. Sp, Kg. 2.	= =	Kn, Sp. 6.
13. Kg, Spr. 1. (a)	= =	Kg, Spr. 8. (b)

(a) Hätte man den Zug B, Sp. 3. gethan, so hätte er dagegen Lfr, Th. 3. gezogen. In diesem Falle hätte man entweder mit Th. 3. geschlagen, und dann hätte er durch den Zug Kn, Sp. 4. Stein um Stein gewonnen; oder man hätte Kp, Kn 4. gezogen, und dann hätte er doch durch den Zug Lfr, Sp. 2. ebenfalls Stein um Stein gewonnen.

(b) Wenn er, anstatt zu rochen, den Bauern B, Sp. 2. genommen hätte, so hätte man seine Königinn mit dem diesseitigen Thurn angegriffen, und dadurch seinen Bauern B, Sp. 7. sowohl, als auch in der Folge den Bauern B, Kn. 4. gewonnen.

	Weiß.		Schwarz.
14.	Spr, Thrn. 2.	. .	Kn, Lf. 7.
15.	☞ B, Lfr. 4.	. .	*Spr, Kg. 4.
16.	B, Lfr. 5.	. .	Lf, 4.
17.	B, Lf. 4.	. .	B, Kn. 3. †.
18.	Kg, Thrn. 1.	. .	B, Kg. 2. gewinnt.

☞ Erste Zurückführung dieses Spiels auf den funfzehnten Zug, da man, anstatt B, Lfr. 4., folgendermaßen zieht:

	Weiß.		Schwarz.
15.	Kg, Thrn. 1.	. .	B, Kn. 5.
16.	☞ B, Lfr. 4.	. .	B, Kg. 4.
17.	B, Kg. 4.	. .	Lr, 4. gewinnt einen Bauern, und folglich auch das Spiel.

☞ Zwote Zurückführung dieses Spiels auf den sechszehnten Zug, da man anstatt B, Lfr 4 so zieht:

	Weiß.		Schwarz.
16.	B. Kg. Kn. 5.	. .	B, Kn. 5.

	Weiß.			Schwarz.
17.	B, Sp. 3.	=	=	*Th, Kn. 8.
18.	B. Lfr. 4.	=	=	B, Lf. 4.
19.	B. Sp, Lf. 4.	=	=	B, Sp. 6.
20.	Kn, 2.	=	=	Lf, 8.
21.	Lf, Kn. 1.	=	=	*Spr, Thrn. 5.
22.	Spr, Lfr. 3.	=	=	Lf, Sp. 7.
23.	Kg, Thrn. 2.	=	=	Thrn, Kg. 8.
24.	B, Spr. 3.	=	=	*Thrn, Kg. 3.
25.	Sp, Spr. 1.	=	=	*Spr, Lfr. 4.
26.	B, Lfr. 4.	=	=	Kn, Lfr. 4. †.
27.	Kg, Thrn. 1.	=	=	Thrn, Lfr. 3.
28.	Kn, Lfr. 4.	=	=	Thrn, Lfr. 4. †. hat

zween Bauern mehr, und muß folglich das Spiel gewinnen.

Achtes Spiel.

Der den Zug hat, fängt damit an, daß er den Bauern des Läufers des Königs zween Schritte vorrückt.

	Schwarz.			Weiß.
1.	B, Lfr. 5.	=	=	B, Kn. 4.
2.	Spr, Lfr. 6.	=	=	B, Lf. 4.
3.	B, Kg. 6.	=	=	Sp, Lf. 3.
4.	Lfr, Sp. 4.	=	=	Lf, Kn. 2.
5.	Kg, Spr. 8.	=	=	Kn, Sp. 3.
6.	Lfr, Th. 5.	=	=	Kg, Lf. 1.
7.	B, Lf. 6.	=	=	B, Lfr. 3.
8.	B, Kn. 6.	=	=	Spr, Thrn. 3.

Schwarz.				Weiß.
9.	Lfr, Lf. 7.	-	-	Spr, Lfr. 2.
10.	Sp, Kn. 7.	-	-	*B, Spr. 4.
11.	B, Spr. 4.(a)	-	-	B, Spr. 4.

(a) Wenn er den Bauern nicht nähme, so würde man den seinigen nehmen; und weil er alsdann gezwungen wäre, den diesseitigen mit dem Bauer seines Königs wieder zu schlagen, so würden dadurch seine Mittelbauern getrennt werden.

12.	B, Kn. 5.	-	-	Lf, Spr. 5.
13.	Kn, Kg. 8.	-	-	*B, Kg. 4.(b)

(b) Man muß den Bauern seiner Königinn nicht nehmen, sondern das Schlagen lieber ihm selbst überlassen, wiewohl er sich auch schwerlich dazu verstehen wird; weil alsdann der Bauer seines Königs einsam bleiben würde. Eben so wenig muß man den Bauern des Läufers der Königinn vorrücken, weil er denselben mit dem Bauer seines Springers angreifen, die diesseitigen Mittelbauern dadurch trennen, und seinem Thurn gegen den Flügel, wo man gerocht hat, eine Oeffnung verschaffen würde. Man zieht also lieber den Bauern des diesseitigen Königs, den er eben so wenig nehmen wird, aus Furcht, seine Mittelbauern zu trennen.

14.	Kn, Spr. 6.	-	-	*B Thrn. 4.
15.	B, Thrn. 6.	-	-	Lf, Lfr. 6.
16.	Thrn, Lfr. 6.	-	-	*Kn, Lf. 2.
17.	B, Sp. 6.	-	-	B.Lf, Kn. 5.(c)

(c) Da er Willens ist, den Bauern des Läufers seiner Königinn vorzurücken, um die diesseitigen Bauern zu trennen, so ist es die höchste Zeit, daß man selbst seinen Bauern nehme, und zwar vorzüglich mit dem Bauer des Läufers der Königinn, um zween Bauern auf der Mitte des Bretts zu behalten. Diese Wissenschaft, die Bauern gehörig und geschickt zu ziehen, giebt den Spielen den Ausschlag.

	Schwarz.		Weiß.
18.	B. Kg Kn. 5.	. .	Lfr, Kn. 3.
19.	Kn, Lfr. 7.	. .	Th, Lfr. 1.
20.	Lf, Sp. 7.	. .	B, Kg. 5.
21.	Thrn, Lfr. 3.	. .	Spr, Kn. 1.
22.	Th, Lfr. 8.	. .	Kn, Kg. 2.
23.	Kn, Lfr. 4. †.	.	Kg, Sp. 1.
24.	☞ Thrn, Lfr. 1. (d)	. .	Thrn, Lfr. 1.

(d) Durch diesen Zug verliert er das Spiel. Er hätte besser gethan, wenn er den Bauern des Läufers seiner Königinn vorgerückt hätte. Man sehe die Zurückführung dieses Spiels.

25.	Kn, 4.	. .	B, Kg. 6.
26.	Spr, Lfr. 6.	. .	B, Spr. 5.
27.	B, Spr. 5.	. .	B, Spr. 5.
28.	Spr, Kg. 4.	. .	Thrn, Lfr. 8. †.
29.	Kg, Lfr. 8.	. .	Kn, Lfr. 3. †. gewinnt.

☞ Zurückführung des vorigen Spiels auf den vier und zwanzigsten Zug, da der Schwarze, anstatt **Thrn, Lfr. 1.** nunmehr **B**, Lf. 5. zieht.

	Schwarz.		Weiß.
24.	B, Lf. 5. (e)	. .	B, Kg. 6.

(e) Er nimmt den diesseitigen Bauern B, Spr. 4. nicht, um nicht den diesseitigen Steinen eine Oeffnung gegen seinen König zu geben.

	Schwarz.		Weiß.
25.	Thrn, Lfr. 1.	= =	Thrn. Lfr. 1.
26.	Kn, Lfr. 1.	= =	Kn, Lfr. 1.
27.	Th, Lfr. 1.	= =	Lfr, 1.
28.	Sp, Lfr. 6.	= =	B, Spr. 5.
29.	B, Spr. 5.	= =	B, Spr. 5.
30.	Sp, Kg. 4.	= =	Sp, Kg. 4.
31.	B, Kg. 4.	= =	B, Lf. 5.
32.	B, Lf. 5.	= =	Lfr, Lf. 4.
33.	Kg, Lfr. 8.	= =	Spr, Lf. 3.
34.	B, Kg. 3.	= =	Spr, Kg. 2.
35.	Lf, Lfr. 3.	= =	Kg, Lf. 2.
36.	Kg, 7.	= =	Kg, Kn. 3.
37.	Lf, Kg. 2.†.	= =	Kg, 2.
38.	Lfr, 4.	= =	B, Spr. 6.
39.	Kg, Lfr. 6.	= =	Kg, Lfr. 3.
40.	Lfr, Spr. 5.	= =	Kg, Spr. 4.
41.	Lfr, Thrn. 6.(f)	=	B, Th. 4.

(f) Schlüge er den diesseitigen Bauern B, Spr. 6., so verlöre er das Spiel; z. B.

41.	Kg, Spr. 6.	= =	Lfr, Kn. 3. †.
42.	Kg, Lfr. 6.	= =	B, Kg. 7.
43.	Kg, 7.	= =	Kg, Spr. 5. würde gewinnen.

42.	B, Kg. 2.	= =	Lfr, Kg. 2.

43. Kg, 6. macht, daß das Spiel unentschieden bleibt.

Neuntes Spiel.

Der den Zug hat, fängt damit an, daß er den Bauern der Königinn vorrückt.

Schwarz.		Weiß.
1. B, Kn. 5.	= =	*B, Lfr. 4. (a)

(a) Man konnte diesseits ebenfalls den Bauern der Königinn zween Schritte vorrücken, und B, Kn. 4. ziehen. Rückte er in diesem Falle den Bauern des Läufers der Königinn zween Schritte vor, und zöge B, Lf. 5. um den sogenannten Gambit der Königinn zu geben, so müßte man diesen Bauern nehmen, und das Spiel nach der unten im zweeten Abschnitt dieses Kapitels gegebenen Anweisung spielen.

Schwarz.		Weiß.
2. B, Lf. 5.	= =	Spr, Lfr. 3.
3. Sp, Lf. 6.	= =	B, Kn. 3.
4. Lf, Lfr. 5.	= =	B, Lf. 3.
5. B, Kg. 6.	= =	*Kn, Lf. 2. (b)

(b) Man zieht die Königinn hierher, um den Tausch der Königinnen zu vermeiden, den er gewiß machen würde, sobald man den Bauern des Königs zween Schritte vorrückte, und zwar in der Absicht, den diesseitigen König von seiner Stelle zu bringen, damit er nicht mehr rochen könne.

Schwarz.		Weiß.
6. Spr, Lfr. 6.	= =	*Spr, Thrn. 4.
7. Lf, Spr. 4.	= =	B, Thrn. 3.
8. Lf, Thrn. 5.	= =	B, Spr. 4.
9. Spr, Kn. 7.	= =	Spr, Lfr. 3.
10. Lf, Spr. 6.	= =	*B, Kg. 4.

In dieser Stellung steht das diesseitige Spiel wenigstens eben so gut, als das Spiel des Schwarzen, der offenbar dadurch nichts gewonnen hat, daß er mit Vorrückung des Bauers seiner Königinn anfieng.

Eine andere Art.

Da man den Zug hat, so rückt der Schwarze den Bauern der Königinn einen Schritt, und nachher den Bauern des Läufers des Königs zween Schritte vor.

	Weiß.		Schwarz.
1.	B, Kg. 4.	= =	B, Kn. 6.
2.	*B, Lfr. 4.	= =	*B, Lfr. 5.
3.	*B, Kg. 5.	= =	Spr, Thrn. 6.
4.	B, Kn. 4.	= =	Spr, Lfr. 7.
5.	Spr, Lfr. 3.	= =	B, Lf. 6.
6.	*B, Lf. 4.	= =	B, Sp. 6.

7. *B, Kn. 5. hat offenbar ein treffliches Spiel. Wer den Zug nicht hat, muß daher niemals auf diese Art das Spiel anfangen.

Zweeter Abschnitt.

Vom Gambit.

Das Wort Gambit kömmt vom Italienischen gambetto und gambettare, welches bedeutet: einem ein Bein unterschlagen. In einem solchen Spiele rückt derjenige, der den Zug hat, beym zweeten Zuge den Bauern des Läufers des Königs zween Schritte vor, und scheint, ihn unentgeldlich aufzuopfern, bringt aber dadurch seine Steine mit mindrer Mühe ins Spiel, und verschafft sich den Vortheil des Angriffs über seinen Gegner, der das Spiel verlieren muß, wenn er nicht die ersten Züge desselben sehr regelmäßig spielt.

Dieser Gegner, dem man Gambit giebt, kann unter zween Wegen wählen.

Der erste ist, dem angebotnen Bauern, den man den Gambitbauern nennt, nicht anzunehmen. Anstatt ihn zu schlagen, zieht er alsdann den Bauern seiner Königinn zween Schritte, und dadurch kömmt das Spiel wieder in das Geleis der gewöhnlichen Spiele zurück, und bleibt gemeiniglich unentschieden.

Der zweete ist, den Bauern zu schlagen, woraus dann ein ganz verschiedenes weit interessanteres und unterhaltenderes Spiel entsteht, welches von demjenigen gewonnen wird, der den angebotenen Gambitbauern genommen wird, (wenn nehmlich sonst alles gleich ist,) und zwar blos durch die Ueberlegenheit, die ihm der Bauer giebt, um welchen er nun stärker ist, als der Gegner, und die allemal, zwischen zween guten Spielern, den Gewinn des Spiels unfehlbar entscheidet.

Diese wechselsweise Wahl, den Gambitbauern zu nehmen oder nicht zu nehmen, giebt eine Unterabtheilung dieses zweeten Abschnitts des vierten Kapitels, welcher wir, damit nichts an der Vollständigkeit abgehe, noch ein Spiel vom Gambit der Königinn anhängen wollen.

§. 1.

§. 1.

Derjenige, dem Gambit gegeben wird, nimmt ihn nicht.

Weiß.		Schwarz.
1. B, Kg. 4.	. .	B, Kg. 5.
2. B, Lfr. 4.	. .	B, Kn. 5. (a)

(a) Er rückt diesen Bauern zween Schritte vor, um den Bauern des diesseitigen Königs anzugreifen. Es ist immer rathsam, wo möglich, den Bauern des feindlichen Königs zu nehmen, und ihn gegen den Bauern der Königinn einzutauschen.

3. B, Kn. 5.	. .	B, Lfr. 4.
4. Spr, Lfr. 3.	. .	Kn, 5.
5. B, Kn. 4.	. .	Kn, Kg. 4. †. (b)

(b) Dieses Schachbieten ist ein unnützer Zug, durch den er das Spiel verlieren wird, weil man dadurch viel Zeit über ihn gewinnt; er hätte lieber B, Spr. 5. ziehen sollen, alsdann wäre ein Gambitspiel daraus geworden, wovon unten, soll gehandelt werden.

6. *Kg, Lfr. 2.	. .	Lfr, Kg. 7. (c)

(c) Wenn er weder seinen König gedeckt, noch seine Königinn zurückgezogen hätte, so hätte er diese verlieren können, weil man ihm alsdann mit dem Läufer des diesseitigen Königs Schach geboten, und nachher seine Königinn mit dem Thurn angegriffen hätte.

7. Lfr, Kn. 3.	. .	Kn, Lf. 6.
8. Lf, Lfr. 4.	. .	Lf, Kg. 6.
9. Kn, Kg. 2.	. .	Kn, 7.
10. B, Lf. 4.	. .	B, Lf. 6.
11. Sp, Lf. 3.	. .	Spr, Lfr. 6.

	Weiß.		Schwarz.
12.	B, Thrn. 3.	= =	Kg, Spr. 8.
13.	*B, Spr. 4.	= =	Lfr, Kn. 6.
14.	*Spr, Kg. 5.	= =	Lfr, Kg. 5.
15.	*B, Kg. 5.	= =	Spr, Kg. 8.
16.	Th, Kn. 1.	= =	Kn, Kg. 7.
17.	B, Spr. 5.	= =	Sp, Kn. 7.
18.	*Kn, Thrn. 5. (d)	=	B, Spr. 6.

(d) Man zieht die Königinn hierher, um ihn zu zwingen, daß er den Bauern des Springers seines Königs einen Schritt vorrücke; dadurch kömmt man in den Stand, ihm beym zwey und zwanzigsten Zuge mit dem Springer der diesseitigen Königinn einen Schach zu bieten, der das Spiel entscheidet.

19.	Kn, Thrn. 6.	= =	Kn, Lf. 5. †.
20.	Kg, Spr. 3.	= =	Sp, Kg. 5.
21.	*Sp, Kg. 4.	= =	Kn, 4.
22.	Sp, Lfr. 6. †.	=	Spr, Lfr. 6.
23.	B, Lfr. 6. gewinnt.		

Dasselbe Spiel auf eine andere Art.

Der Schwarze zieht beym dritten Zuge Kn, 5. anstatt B, Lfr. 4.

	Weiß.		Schwarz.
1.	B, Kg. 4.	= =	B, Kg. 5.
2.	B, Lfr. 4.	= =	B, Kn. 5.
3.	B, Kn. 5.	= =	Kn, 5.
4.	B, Kg. 5.	= =	Kn, Kg. 5. †.
5.	Lfr, Kg. 2.	= =	Lf, Spr. 4.

6. B,

	Weiß.					Schwarz.		
6.	B,	Kn.	4.	=	=	Kn,	Kg.	6.
7.	B,	Lf.	4.	=	=	Lfr,	Sp.	4.†.
8.	Lf,	Kn.	2.	=	=	Lfr,	Kn.	2.†.
9.	Sp,	Kn.	2.	=	=	Spr,	Lfr.	6.
10.	Spr,	Lfr.	3.	=	=	*Kn,	Kg.	3.
11.	*Kn,	Sp.	3.	=	=	Kn,	Sp.	3.
12.		Sp,	3.	=	=	B,	Lf.	6.
13.	Kg,	Lf.	1.	=	=	Kg,	Spr.	8.
14.	B,	Thrn.	3.	=	=	Lf,	Lfr.	3.
15.		Lfr,	3.	=	=	Sp,	Kn.	7.
16.	Sp,	Th.	5.	=	=	Th,	Sp.	8.
17.	B,	Spr.	4.	=	=	B,	Thrn.	6.
18.	B,	Thrn.	4.	=	=	Spr,	Thrn.	7.
19.	Lfr,	Kg.	4.	=	=	Sp,	Lfr.	6.
20.	Lfr,	Thrn.	7.†.	=	=	Sp,	Thrn.	7.
21.	Thrn,	Kg.	1.	=	=	B,	Lfr.	5.
22.	Thrn,	Kg.	7.	=	=	B,	Spr.	4.
23.		Sp,	7.	=	=	Thrn,	Lfr.	7.
24.	Thrn,	Lfr.	7.	=	=	Kg,	Lfr.	7.
25.	Sp,	Kn.	6.†.	=	=		Kg,	6.
26.	Sp,	Kg.	4.	=	=	Spr,	Lfr.	6.
27.	Sp,	Spr.	3.	=	=	Th,	Kg.	8.
28.	Th,	Kg.	1.†.	=	=	Kg,	Lfr.	7.
29.	Th,	Kg.	8.	=	=	Spr,	Kg.	8.
30.	Kg,	Kn.	2.	=	=	Spr,	Kn.	6.
31.	B,	Sp.	3.	=	=	*B,	Spr.	6.
32.		Kg,	3.	=	=	Spr,	Lfr.	5.†.
33.	Sp,	Lfr.	5.	=	=	B,	Lfr.	5.
34.	Kg,	Lfr.	4.	=	=		Kg,	6.

	Weiß.		Schwarz.
35.	B, Sp. 4.	: :	Kg, Kn. 6.
36.	B, Th. 4.	: :	B, Th. 6.
37.	Kg, Spr. 3.	: :	B, Thrn. 5.
38.	Kg, Lfr. 4.	: :	*Kg, Lf. 7. (a)

(a) Wenn der Schwarze, anstatt Kg, Lf. 7. beym acht und dreyßigsten Zuge folgendermaßen zieht:

	Weiß.		Schwarz.
38.	: : :	:	Kg, 6.
39.	B, Sp. 5.	:	B, Sp. 5.
40.	B. Lf. Sp. 5.	:	B, Sp. 5.
41.	*B, Th. 5.	:	Kg, Kn. 6.
42.	B, Th. 6.	:	Kg, Lf. 6. so muß

43. *B, Kn. 5. f. gewinnen, weil der Schwarze geschehen lassen muß, daß einer von den beyden Bauern B, Th. 6. oder B, Kn. 5. in die Dame ziehe. Noch beym ein und vierzigsten Zuge, anstatt Kg, Kn. 6. hätte er B, Sp. 4. ziehen sollen, um selbst in die Dame zu kommen, in welchem Falle beyde sich eine neue Königinn gemacht hätten. Wenn man alsdann die Probe machen will, so wird man finden, daß auch in dieser Lage das Spiel noch unentschieden bleibt, und daß derjenige, der es zu gewinnen suchen wollte, Gefahr laufen würde, es zu verlieren.

39. Kg, 3. u. s. w.

In dieser Stellung bleibt das Spiel unentschieden, wenn der schwarze König nicht von dem Flügel weicht, wo der weiße die Stärke seiner Bauern versammelt hat, und wenn der weiße genau seinem Beyspiele folgt.

Dasselbe

Dasselbe Spiel auf eine andere Art.

Man zieht beym vierten Zuge Spr, Lfr. 3. anstatt B, Kg. 5.

	Weiß.			Schwarz.
1.	B, Kg. 4.	=	=	B, Kg. 5.
2.	B, Lfr. 4.	=	=	B, Kn. 5.
3.	B, Kn. 5.	=	=	Kn, 5.
4.	Spr, Lfr. 3.	=	=	B, Kg. 4.
5.	Spr, Kg. 5.	=	=	*Lf, Kg. 6.
6.	Lfr, Kg. 2.	=	=	*Lfr, Lf. 5.
7.	Spr, 4.	=	=	*B, Lfr. 5.
8.	Spr, Kg. 3.	=	=	Kn, 6.
9.	Kg, Spr. 1.	=	=	Spr, Lfr. 6.
10.	Sp, Lf. 3.	=	=	Kg, Spr. 8.
11.	Kg, Thrn. 1.	=	=	B, Th. 6.
12.	B, Kn. 3.	=	=	B, Kn. 3.
13.	Lfr, Kn. 3.	=	=	Lfr, Kg 3.
14.	Lf, Kg. 3.	=	=	Sp, Kn. 7. u. s. w.

In dieser Stellung sind beyde Spiele einander gleich.

Dasselbe Spiel auf eine andere Art.

Man zieht beym dritten Zuge Spr, Lfr. 3. anstatt B, Kn. 5.

	Weiß.			Schwarz.
1.	B, Kg. 4.	=	=	B, Kg. 5.
2.	B, Lfr. 4.	=	=	B, Kn. 5.

3. Spr,

Weiß.			Schwarz.
3. Spr, Lfr. 3. (a)	=	=	B, Kg. 4.

(a) Wenn man anstatt Spr, Lfr. 3. beym dritten Zuge, Kn, Kg. 2. zöge, so könnte man leicht selber das Spiel verlieren. Z. B.

	Weiß.			Schwarz.	
3.	Kn, Kg. 2.	=	=	B, Lfr.	4.
4.	B, Kn. 5. †.	=	=	Lfr, Kg.	7.
5.	B, Lf. 4.	=	=	B, Lf.	6.
6.	B, Lf. 6.	=	=	Sp, Lf.	6.
7.	Spr, Lfr. 3.	=	=	Lf, Spr.	4.
8.	B, Thrn. 3.	=	=	Sp, Kn.	4.
9.	Kn, Kg. 4.	=	=	Lf, Lfr.	3.
10.	B, Lfr. 3.	=	=	Spr, Lfr.	6.
11.	Kn, 3.	=	=	Spr, Thrn.	5.

12. Thrn, Spr. 1. oder was man sonst ziehen mag, so muß der Schwarze gewinnen, wenn er mit dem Zuge Lfr, Thrn. 4. †. Schach bietet.

4.	Spr, Kg. 5.	=	=	Lfr, Kn.	6.
5.	B, Kn. 3.	=	=	B, Kn.	3.
6.	Lfr, Kn. 3.	=	=	Lfr, Kg.	5.
7.	B, Kg. 5.	=	=	Spr, Kg.	7.
8.	Lf, Lfr. 4.	=	=	Lf, Kg.	6.
9.	B, Lf. 3.	=	=	Sp, Kn.	7.
10.	Kg, Spr. 1.	=	=	Kg, Spr.	8.
11.	Kn, Kg. 2.	=	=	B, Th.	6.
12.	Sp, Kn. 2.	=	=	Spr, Lf.	6.
13.	Sp, Lfr. 3.	=	=	Kn, Kg.	7.
14.	Lfr, Kg. 4. u. s. w.				

In dieser Lage schafft man sich seinen Springer Spr, Lf. 6. vom Halse, der den diesseitigen einzelnen

zelnen Bauern B, Kg. 5. zu schlagen wohl; und wenn dieser Bauer gerettet ist, so ist das Spiel von beyden Seiten gleich.

§. 2.

Der dem man Gambit giebt, nimmt den Gambitbauern.

Erstes Spiel.

Anmerkung. Obgleich dieses erste Spiel den fünf folgenden ganz gleich zu seyn scheinen möchte, weil es immer ein und ebendasselbe Gambitspiel bleibt, so haben wir doch lieber einen Unterschied darunter machen wollen, theils um der bessern Ordnung willen, theils um alle Veränderungen dieses Spielanfanges dem Verstande desto besser einzuprägen, theils endlich um den besten Entwurf, den man beym Angriff sowohl, als bey der Vertheidigung von beyden Theilen befolgen kann und muß, desto deutlicher zu bezeichnen.

Der Gambit giebt, rückt beym vierten Zuge den Bauern des Thurns des Königs zween Schritte vor.

	Weiß.		Schwarz.
1.	B, Kg. 4.	= =	B, Kg. 5.
2.	B, Lfr. 4.	= =	B, Lfr. 4.
3.	Spr, Lfr. 3.	= =	B, Spr. 5.
4.	B, Thrn. 4.	= =	*B, Spr. 4.
5.	Spr, Kg. 5.	= =	*B, Thrn. 5.

Weiß.	Schwarz.
6. B, Kn. 4. = =	Kn, Lfr. 6.
7. B, Lf. 3. (a) = =	B, Kn. 6.

(a) Man sieht voraus, daß er den Bauern seiner Königinn gegen den diesseitigen Springer anrücken lassen wird, und deckt deshalb den diesseitigen Bauern B, Kn. 4. der sonst unbedeckt bleiben würde, sobald sich der Springer auf das Feld Spr, Kn. 3. zurückzöge.

Wenn man anstatt B, Lf. 3. den Springer der diesseitigen Königinn gerückt, und Sp, Lf. 3. gezogen hätte, so hätte er dagegen B, Lf. 6. ziehen müssen, um diesem Springer das Feld Sp, Kn. 5. zu verwehren, von wo derselbe zugleich seine Königinn, den Gambitbauern B, Lfr. 4. und den Bauern B, Lf. 7. angegriffen hätte.

8. Spr, Kn. 3. = =	Lfr, Thrn. 6.
9. Kn, Kg. 2. = =	Spr, Kg. 7.
10. Kn, Lfr. 2. = =	Spr, 6. deckt

beständig den Gambitbauern, der ihm das Spiel gewinnen muß.

Zurückführung dieses Spiels auf den siebenten Zug, da man Lfr, Lf. 4. zieht, anstatt B, Lf. 3.

Weiß.	Schwarz.
7. Lfr, Lf. 4. = =	Spr, Thrn. 6.
8. B, Lf. 3. = =	Lfr, Kn. 6.
9. Spr, Kn. 3. = =	*B, Lfr. 3.
10. B, Lfr. 3. (b) = =	*Lfr, Spr. 3. muß

bey einer ohnedies bessern Stellung seines Spiels wenigstens den Bauern B, Thrn. 4. gewinnen.

(b) Wenn man B, Kg. 5. zieht, anstatt B, Lfr. 3. so kömmt folgendes heraus:

10.	B, Kg. 5.	: :	*B, Spr. 2.
11.	Thrn, Spr. 1.	: :	*Kn, Thrn. 4. †.

Nachher zieht er Lfr, Kg. 7. und dann B, Kn. 6. und hat ein treffliches Spiel.

Wenn man anstatt B, Kg. 5. aber Lf, Spr. 5. zieht, welches diesseits der beste Zug ist, weil man dadurch seine Königinn angreift, und zu gleicher Zeit den Bauern B, Thrn. 4. deckt, so wird nachstehendes Spiel daraus:

	Weiß.		Schwarz.
10.	Lf, Spr. 5.	: :	B, Spr. 2.
11.	Thrn, Spr. 1.	: :	Lfr, Spr. 3. †.
12.	Kg, Kn. 2.	: :	Kn, Lfr. 3.
13.	Kn, Kg. 2.	: :	B, Lfr. 6.
14.	Lf, Thrn. 6.	: :	Thrn, 6.
15.	Thrn, Spr. 2.	: :	Kn, Kg. 2. †.
16.	Kg, 2.	: :	Lfr, Thrn. 4. gewinnt.

Zweytes Spiel.

Der Gambit giebt, rückt beym dritten Zuge den Bauern des Thurns des Königs zween Schritte vor.

	Weiß.		Schwarz.
1.	B, Kg. 4.	: :	B, Kg. 5.
2.	B, Lfr. 4.	: :	B, Lfr. 4.
3.	B, Thrn. 4.	: :	Lfr, Kg. 7.
4.	Kn, Spr. 4.	: :	*Spr, Lfr. 6.
5.	Kn, Spr. 7. (a)	: :	Thrn, Spr. 8.

(a) Wiewohl dieser Zug in den Umständen der beste zu seyn scheint, so ist er doch nicht der sicherste;

 man

man hätte vielleicht besser gethan, wenn man den Gambitbauern B, Lfr. 4. genommen hätte.

Weiß.		Schwarz.
6. Kn, Thrn. 6.	= =	*Lfr, Kn. 6.
7. *B, Thrn. 5.(b)	= =	*Thrn, Spr. 4.(c)

(b) Man zieht diesen Zug, um ihn zu verhindern, daß er nicht Thrn, Spr. 6. ziehe, und die diesseitige Königinn augenblicklich mit Gewalt nehme.

(c) Er zieht seinen Thurn hierher, um der diesseitigen Königinn den Rückweg zu versperren, und sie zur Uebergabe zu zwingen, so bald er den Zug Lfr, 8. thun kann.

8. B, Kg. 5.(d) = = Lfr, Kg. 5. hat ein treffliches Spiel, und muß die Königinn zwingen, sich zu ergeben.

(d) Dies ist der beste Zug, den man thun kann; denn wenn er nun auf der Stelle Lfr, 8. ziehen wollte, so zöge man dagegen Kn, Lfr. 6. Durch den Zug B, Kg. 5. zwingt man ihn also, Lfr, Kg. 5. zu ziehen, wodurch man etwas Luft, und zugleich Zeit bekömmt, einen oder den andern Stein zur Rettung der Königinn herbeyzubringen, die man am Ende noch wohl retten kann, allein das diesseitige Spiel ist darum nichts desto weniger verloren.

☞ Zurückführung des obigen Spiels auf den vierten Zug, da man anstatt Kn, Spr. 4. folgendermaßen zieht:

Weiß.		Schwarz.
4. Spr, Lfr. 3.	= =	B, Kn. 6.
5. B, Kn. 4.	= =	Lf, Spr. 4.

6. Lf,

Weiß.		Schwarz.
6. Lf, Lfr. 4 (e)	= =	Lfr, Thrn. 4. †.

(e) Wenn man anstatt Lf, Lfr. 4. so zieht:

6. Kn, 3.	= =	Lf, Lfr. 3.
7. Kn, Lfr. 3.	so muß	Lfr, Thrn. 4. †. gewinnen.

Und wenn man Sp, Kn. 2. zieht, anstatt Kn, 3. so zieht er dagegen Spr, Lfr. 6. und nachher Spr, Thrn. 5. und rettet dadurch den Gambitbauern bey einer ungleich bessern Stellung seines Spiels.

7. B, Spr. 3. (f)	= =	Lfr, Spr. 5. (g) muß gewinnen.

(f) Wenn man anstatt B, Spr. 3. seinen Läufer schlägt, und Thrn, 4. zieht, so muß er sich hüten, den diesseitigen Thurn mit seiner Königinn zu nehmen, weil er dabey einen Stein einbüßen würde; er muß vielmehr gleich den diesseitigen Springer durch den Zug Lf, Lfr. 3. schlagen, und nachher Kn, Thrn. 4. †. ziehen, um dadurch Stein um Stein zu bekommen.

(g) Wenn man beym folgenden Zuge seinen Läufer nähme, und Lf, Spr. 5. zöge, so muß er, der vorstehenden Anmerkung zufolge, nicht gleich den diesseitigen Läufer mit seiner Königinn schlagen, sondern den Springer mit seinem Läufer nehmen, und die diesseitige Königinn angreifen. Dadurch bringt er es zum Tausch, und rettet seinen Bauern und seine Vortheile.

Drittes Spiel.

Der Gambit giebt, zieht beym vierten Zuge den Läufer seines Königes.

Weiß.		Schwarz.
1. B, Kg. 4.	= =	B, Kg. 5.

Weiß.		Schwarz.
2. B, Lfr. 4.	= =	B, Lfr. 4.
3. Spr, Lfr. 3.	= =	B, Spr. 5.
4. Lfr, Lf. 4.	= =	B, Spr. 4.
5. Spr, Kg. 5.	= =	Spr, Thrn. 6.
6. Spr, 4.	= ☞	Spr. 4.
7. Kn, Spr. 4.	= =	B, Kn. 5.
8. Kn, Lfr. 4.	= =	B, Lf. 4.
9. Kn, Kg. 5. †.	= =	Lf, Kg. 6.
10. Kn, Thrn. 8.	= =	Kn, Thrn. 4. †.
11. Kg, Lfr. 1.	= =	Kn, Lfr. 4. †.
12. Kg, Spr. 1.	= =	Kn, Kg. 4.
13. *B, Thrn. 3.	= =	Sp, Kn. 7. u. s. w.

Nachher wird er rochen, und ein gutes Spiel haben, ob er gleich beym Tausch verloren hat.

☞ Zurückführung des vorstehenden Spiels auf den sechsten Zug, da der Schwarze, anstatt Spr, 4. zu ziehen, vortheilhafter spielt, indem er Schach bietet, und folgendergestalt zieht:

Weiß.		Schwarz.
6. = = =	=	Kn, Thrn. 4. †.
7. Spr, Lfr. 2.	=	*B, Kn. 5.
8. *B, Kn. 5. (a)	=	*B, Lfr. 3.

(a) Man mag seinen Bauern mit dem diesseitigen Läufer nehmen, oder diesen Laufer auf das Feld Lfr, Sp. 3. zurückziehen, so wird er dagegen Lf, Spr. 4. ziehen. Man hat alsdann keinen andern Zug, als B, Spr. 3. und er nimmt den Bauern B, Spr. 3. und gewinnt einen Stein.

9. Lfr,

	Weiß.		Schwarz.
9.	Lfr, Sp. 5.†.	= =	B, Lf. 6.
10.	B, Lf. 6.	= =	Kn, Kg. 7.†.
11.	Kg, Lfr. 1.	= =	B, Spr. 2.†.
12.	Kg, Spr. 2.	= =	Kn, Spr. 5.†.
13.	Kg, Lfr. 1.	= =	Kn, Sp. 5.†.
14.	B, Kn. 3.	= =	Kn, Lf. 6. gewinnt.

Viertes Spiel.

Derjenige, dem Gambit gegeben wird, bietet, anstatt den Springer des Königs auf das dritte Feld des Thurns zu setzen, beym fünften Zuge Schach mit seiner Königinn.

	Weiß.		Schwarz.
1.	B, Kg. 4.	= =	B, Kg. 5.
2.	B, Lfr. 4.	= =	B, Lfr. 4.
3.	Spr, Lfr. 3.	= =	B, Spr. 5.
4.	Lfr, Lf. 4.	= =	B, Spr. 4.
5. ☛	Spr, Kg. 5.	= =	Kn, Thrn. 4.†.
6. ☛	*Kg, Lfr. 1.	= =	Spr, Thrn. 6.
7.	B, Kn. 4.	= =	B, Kn. 6.
8.	Spr, Kn. 3.	= =	B, Lfr. 3.
9.	B, Spr. 3. (a)	= =	*Kn, Kg. 7. (b) behält einen Bauern mehr, und noch dazu einen Freybauern.

(a) Wenn man anstatt B, Spr. 3. den Bauern nähme, und so zöge:

9. B, Lfr. 3. = = B, Lfr. 3.
10. Kn, Lfr. 3. = so würde Lf, Thrn. 3. gewinnen.

(b) Wenn er, anstatt seine Königinn auf das Feld Kn, Kg. 7. zuruckzuziehen, sich damit aufhielte, Schach zu bieten, und Kn, Thrn. 3. †. zu ziehen, so würde er seine Königinn verlieren. Z. B.

9.	‥	‥	Kn, Thrn. 3. †.
10.	Kg, 1.	‥	Kn, Spr. 2.

11. Spr, Lfr. 2. und nachher Lfr, 1. würde die Königinn zwingen, sich zu ergeben.

☞ Erste Zurückführung dieses Spiels auf den fünften Zug, da man, anstatt Spr, Kg. 5. nunmehro Lfr, 7. †. zieht.

	Weiß.		Schwarz.
5.	Lfr. 7. †.	‥	Kg, Lfr. 7.
6.	Spr, Kg. 5. †.	‥	Kg, 8.
7.	Kn, Spr. 4.	‥	*Kn, Lfr. 6. (c)

(c) Zöge er B, Kn. 6. um den diesseitigen Springer mit Gewalt zu nehmen, so wäre er mit zween Zügen matt.

8.	Kn, Thrn. 5. †.	‥	Kg, 7.
9.	*Spr, Lfr. 7.	‥	Kn, Lfr. 7.
10.	Kn, Kg. 5. †.	‥	Kn, Kg. 6.
11.	Kn, Thrn. 8.	‥	Spr, Lfr. 6.
12.	B, Kn. 3.	‥	Sp, Lf. 6.

Alsdann zieht er Kg, Lfr. 7. und hernach Lfr, Spr, 7. und muß das Spiel gewinnen.

☞ Zwote Zurückführung dieses Spiels auf den sechsten Zug, da man den König, anstatt auf Kg, Lfr. 1. auf das Feld Kg, 2. zurückzieht.

6. Kg,

Weiß.		Schwarz.
6. Kg, 2.	= =	*B, Lfr. 3. †.
7. B, Lfr. 3.	= =	B, Lfr. 3. †.
8. Kg, Lfr. 1. (d)	= =	*B, Kn. 5.

(d) Thäte man, anstatt Kg, Lfr. 1., den Zug Spr, Lfr. 3., so würde er dagegen Kn, Kg. 4. †. ziehen, und den diesseitigen Bauern B, Kg. 4. sowohl, als den Läufer Lfr, Lf. 4. erobern. Zöge man aber Kg, Lfr. 3. anstatt Kg, Lfr. 1., so würde er durch den Zug Kn, Lfr. 6. †. einen Stein gewinnen.

9. Kn, Lfr. 3. (e)	= =	Kn, Thrn. 3. †.

(e) Nimmt man den Bauern nicht mit der Königinn, sondern mit dem Springer durch den Zug Spr, Lfr. 3., so zieht er Lf, Thrn. 3. †. und gewinnt immer das Spiel.

10. Kn, Thrn. 3.	= =	Lf, Thrn. 3. †. gewinnt.

☞ Andere Zurückführung auf diesen sechsten Zug, da man, anstatt den König auf das Feld Kg, 2. zurückzuziehen, den Bauern des Springers vorrückt.

Weiß.		Schwarz.
6. B, Spr. 3.	= =	B, Spr. 3.
7. Kn, Spr. 4.	= =	*B, Spr. 2. †.
8. Kn, Thrn. 4.	= =	B, Thrn. 1. Kn. †.
9. Kg, Lfr. 2.	= =	*Spr, Thrn. 6.
10. Lfr, 7. †. (f)	=	Spr, Lfr. 7.

(f) Thut man anstatt Lfr, 7. †. den Zug Kn, Thrn. 5. so kömmt folgendes Spiel heraus:

10. Kn, Thrn. 5.	= =	*Kn, Kg. 4.
11. Lfr, 7. †.	= =	Kg, Kn. 8.
12. Kn, Spr. 5. †.	= =	Lfr, Kg. 7. gewinnt.

P 5 Hätte

Hätte man aber, anstatt Kn, Thrn. 5. den Zug Kn, Lfr. 6. gethan, so hätte er dagegen Kn, Thrn. 2. †. gezogen, und in der Folge Mittel gefunden, auf der Reyhe des Springers Schach zu bieten, um seine Königinn wieder auf das Feld Kn, Spr. 7. bringen zu können, oder dem Bauer seiner Königinn durch den Zug B, Kn. 6. Luft zu machen, und mit diesem Läufer und der Königinn das Spiel zu gewinnen.

Und wenn man endlich B, Kn. 3. anstatt Kn, Lfr. 6. gezogen hätte, so hätte er durch den Zug Thrn, Spr. 8. seiner Königinn Luft gemacht, und das Spiel gewonnen.

	Weiß.		Schwarz.
11.	Kn, Thrn. 5.	= =	*Lfr, Kg. 7.
12.	Kn, Lfr. 7. †.	= =	Kg, Kn. 8.
13.	Kn, Thrn. 5. (g)	= =	Thrn, Lfr. 8. †.

(g) Wenn man auch Kn, Spr. 7. oder Kg, 2. zöge, so würde er dem ohngeachtet doch Thrn, Lfr. 8. ziehen, und das Spiel gewinnen.

14.	Kg, 2. (h)	= =	Kn, Lfr. 1. †.

(h) Wollte man den Springer vorziehen, so würde er ihn mit seiner Königinn nehmen, und Stein gegen Stein tauschen, da ihm denn immer ein Stein mehr, als diesseits, übrig bliebe.

Zöge man aber den diesseitigen König auf das Feld Kg, Spr. 3. zurück, so würde er auf dem Felde Kn, Spr. 1. Schach bieten, nachgehends aber B, Kn. 6. ziehen, und das Spiel gewinnen.

Wenn man endlich den König auf das Feld Kg, 3. zurückzieht, so gewinnt er ebenfalls, dadurch, daß er auf dem Felde Kn, Spr. 1. und nachmals auf dem Felde Kn, Lfr. 1. Schach bietet.

	Weiß.	Schwarz.
15.	Kg, 3.	Lfr, Lf. 5. †.
16.	B, Kn. 4.	Kn, Lfr. 2. †.
17.	Kg, Kn. 3.	Kn, 4. †.
18.	Kg, 2.	Thrn, Lfr. 2. †.
19.	Kg, 1.	Thrn, Lfr. 1. †.
20.	Kg, 2.	Kn, 1. †. matt.

Fünftes Spiel.

Derjenige, dem Gambit gegeben wird, zieht nunmehr besser, da er beym vierten Zuge den Läufer seines Königs auf das zweyte Feld des Springers setzt.

	Weiß.	Schwarz.
1.	B, Kg. 4.	B, Kg. 5.
2.	B, Lfr. 4.	B, Lfr. 4.
3.	Spr, Lfr. 3.	B, Spr. 5.
4.	Lfr, Lf. 4.	*Lfr, Spr. 7. (a)

(a) Es fällt in die Sinne, daß er das Spiel verlieren müßte, wenn er, anstatt *Lfr, Spr. 7. unschicklicherweise B, Lfr. 6. zöge.

	Weiß.	Schwarz.
4		B, Lfr. 6.
5.	Spr, 5.	B, Spr. 5.
6.	Kn, Thrn. 5. †.	Kg, 7.
7.	Kn, Spr. 5. †.	Kg, 8.
8.	Kn, Thrn. 5. †.	Kg, 7.
9.	Kn, Kg. 5. †. matt.	

	Weiß.	Schwarz.
5.	B, Thrn. 4.	B, Thrn. 6.
6.	B, Spr. 5.	B, Spr. 5.
7.	Thrn, 8.	Lfr, Thrn. 8.

8. *Spr,

Weiß.			Schwarz.
8.	*Spr, Thrn. 2.	= =	Kn, Kg. 7.
9.	B, Kn. 3.	= =	B, Lf. 6.
10.	Kn, Thrn. 5.	= =	Lfr, Spr. 7.
11.	Spr, Lfr. 3.	= =	B, Kn. 5.
12.	Lfr, Sp. 3.	= =	*Lfr, Thrn. 6.
13.	Kg, Lfr. 2.	= =	Sp. Kn. 7. und

hernach Sp, Lfr. 6. rettet den Gambitbauern, und hat zum Gewinn das beste Spiel.

☞ Zurückführung dieses Spiels auf den sechsten Zug, da man B, Kn. 4. zieht, anstatt B, Spr. 5.

Weiß.			Schwarz.
6.	B, Kn. 4.	= =	B, Kn. 6.
7.	B, Lf. 3.	= =	B, Lf. 6.
8.	Kn, Kg. 2.	= =	*Kn, Kg. 7. (b)

(b) Hätte er anstatt *Kn, Kg. 7. bey diesem achten Zuge Lf, Spr. 4. gezogen, so hätte ihn sein eigner Läufer auf diesem Felde verhindert, seinen Bauern B, Spr. 5. gegen den diesseitigen Springer anrücken zu lassen, und B, Spr. 4. zu ziehen, wenn diesseits der Zug B, Spr. 3. beym folgenden neunten Zuge gethan wird. Dadurch hätte man den Vortheil erlangt, seine Bauern zu trennen, und den Gambitbauern wiederzunehmen, dessen Beybehaltung ihm den Gewinn des Spiels zuwege bringt.

9.	B, Spr. 3.	= =	*B, Spr. 4.
10.	Spr, 1.	= =	B, Lfr. 3.
11.	Kn, Kg. 3.	= =	Spr, Lfr. 6.

12.

	Weiß.	Schwarz.
12.	Lfr, Kn. 3. = =	Spr, Thrn. 5.
13.	Kg, Lfr. 2. = =	Sp, Kn. 7.
14.	Sp, Th. 3. = =	Sp, Lfr. 6.
15.	Sp, Lf. 2. = =	Lf, Kn. 7. u. s. w.

In dieser Stellung kann man weder von dem Springer noch von dem Thurn des diesseitigen Königs Gebrauch machen. Der Schwarze darf also nur rochen, und nachher den diesseitigen Bauern B. Kg. 4. mit seinen Steinen angreifen, so gewinnt er das Spiel, worinn hier nicht weiter fortgefahren wird, weil es diejenigen nicht bedürfen, die auf die in dieser Abhandlung bisher gegebene Vorschriften aufmerksam gewesen sind.

Sechstes Spiel.

Der Gambit giebt, zieht, anstatt des Springers des Königs, beym dritten Zuge den Läufer des Königs.

	Weiß.	Schwarz.
1.	B, Kg. 4. = =	B, Kg. 5.
2.	B, Lfr. 4. = =	B, Lfr. 4.
3.	Lfr, Lf. 4. = =	Kn, Thrn. 4. †. (a)

(a) Diesem unschicklichen Schachbieten hat er den Verlust dieses und des folgenden Spiels zuzuschreiben. Er hätte lieber B, Lfr. 5. oder B, Spr. 5. ziehen sollen. S. unten.

4.	Kg, Lfr. 1. = = =	Lfr, Lf. 5.
5.	B, Kn. 4. = = =	Lfr, Sp. 6.

6. Spr,

Weiß.		Schwarz.
6.	Spr, Lfr. 3.	Kn, Spr. 4.
7.	Lfr, Kg. 7. †.	Kg, Lfr. 8.
8.	B, Thrn. 3.	Kn, Spr. 3.
9.	Sp, Lf. 3.	Kg, Lfr. 7.
10.	Sp, Kg. 2.	Kn, Spr. 6.
11.	Spr, Kg. 5. †. gewinnt.	

☞ Zurückführung des vorigen Spiels auf den vierten Zug, da der Schwarze B, Kn. 6. zieht, anstatt Lfr, Lf. 5.

Weiß.		Schwarz.
4.		B, Kn. 6.
5.	Spr, Lfr. 3.	Lf, Spr. 4.
6.	B, Kn. 4.	B, Spr. 5.
7.	Sp, Lf. 3.	Kn, Thrn. 5.
8.	*B, Thrn. 4.	B, Thrn. 6.
9.	Kg, Lfr. 2.	Lf, Lfr. 3.
10.	B, Lfr. 3.	Kn, Spr. 6.
11.	B, Spr. 5.	Kn, Spr. 5.
12.	Sp, Kg. 2.	Sp, Kn. 7.
13.	Sp, Lfr. 4.	Kn, 8. (b)

(b) Der Zurückzug seiner Königinn auf ihr eigenes Feld beweist, wie unrecht er gethan, als er beym dritten Zuge Kn, Thrn. 4. †. zog. Dieser Zug war blößer Zeitverlust für ihn, den man sich diesseits zu Nutze machte, um alle Steine in Thätigkeit zu setzen, die Bauern vorrücken zu lassen, und ihm den Angriff abzugewinnen.

14.	B, Lf.	Sp, 6.
15.	Lfr, Kn. 3.	Kn, 7.

16.

	Weiß					Schwarz		
16.	Lf,	Kg.	3.	=	=	Kg,	Lf.	8.
17.	B,	Th.	4.	=	=	Kg,	Sp.	8.
18.	B,	Th.	5.	=	=	Sp,	Lf.	8.
19.	B,	Sp.	4.	=	=	B,	Lf.	6.
20.	B,	Sp.	5.	=	=	B,	Sp.	5.
21.	*B,	Th.	6.	=	=	B,	Sp.	6.
22.	Kn,	Sp.	3.	=	=	Spr,	Lfr.	6.
23.	Lfr,	Sp.	5.	=	=	Kn.	Lf.	7.
24.	B,	Kn.	5.	=	=	Lfr,	Spr.	7.
25.	*Lfr,	Lf.	6.	=	=	Spr,	Kn.	7.
26.	Sp,	Kn.	3.	=	=	Spr,	Kg.	5.
27.	Sp,	Kg.	5.	=	=	Lfr,	Kg.	5.
28.	B,	Lfr.	4.	=	=	Lfr,	Spr.	7.
29.	Lf,	Kn.	4.	=	=	Lfr,	Kn.	4.
30.	B,	Kn.	4.	=	=	Kn,	Kg.	7.
31.	Kg,	Lfr.	3.	=	=	Th,	Spr.	8.
32.	Th,	Lf.	1.	=	=	Th,	Spr.	6.
33.	Lfr,	Sp.	7.	=	=	Thrn,	Spr.	8.
34.	Th,	Lf.	8.†	=	=	Thrn,	Lf.	8.
35.	Lfr,	Lf.	8.	=	=	Kg,	Lf.	8.
36.	Thrn,	Lf.	1.†	=	=	Kg,	Sp.	8.
37.	Kn,	Lf.	4.	=	=		Kn,	7.
38.	B,	Lfr.	5.	=	=	Th,	Spr.	8.
39.	Kn,	Lf.	6.	=	=	Kn,	Lf.	6.
40.	B,	Lf.	6.	=	=	Kg,	Lf.	7.
41.	B,	Kn.	5.	=	=	B,	Thrn.	5.
42.		Thrn,	1.	=	=		Thrn,	8.
43.	Thrn,	Spr.	1.	=	=		Thrn,	7.
44.	Thrn,	Spr.	8.	=	=	B,	Sp.	5. (c)

(c) Wenn es, anstatt diesen Bauern vorzurücken, den Bauern des Thurns des Königs zöge, um ihn in die Dame zu bringen, so wird aus dem damit zu machenden Versuch erhellen, daß es um einen Zug zu spät dahin gelangen würde.

	Weiß.		Schwarz.
45.	Thrn, Th. 8.	= =	Kg, Sp. 6.
46.	Thrn, Sp. 8. †.	= =	Kg, Lf. 7.
47.	Thrn, Sp. 7. f.	= =	Kg, Kn. 8.
48.	*B, Kg. 5. (d)	= =	B, Kg. 5.

(d) Man opfert diesen Bauern auf, um den Bauern des Läufers der Königinn mit dem Bauern der Königinn, dem der Bauer der seinigen im Wege steht, unterstützen zu können.

49.	B, Kn. 6.	= =	Kg, Lf. 8.
50.	B, Kn. 7. †.	= =	Kg, Kn. 8.
51.	Thrn, Sp. 8. †. gewinnt.		

Dasselbe Spiel auf eine andere Art.

	Weiß.		Schwarz.
1.	B, Kg. 4.	= =	B, Kg. 5.
2.	B, Lfr. 4.	= =	B, Lfr. 4.
3.	Lfr, Lf. 4.	= =	*B, Spr. 5. (a)

(a) Er könnte bey diesem dritten Zuge eben so schicklich B, Lfr. 5. ziehen.

3.		= =	B, Lfr. 5.
4.	Kn, Kg. 2.	= =	Kn, Thrn. 4. †.
5.	Kg, Kn. 1.	= =	B, Kg. 4.
6.	Kn, Kn. 4. †.	= =	Lfr, Kg. 7.
7.	B, Kn. 3.	= =	B, Spr. 5.
8.	Spr, Lfr. 3.	= =	Kn, Spr. 4. muß gewinnen.

4. Kn,

Weiß.		Schwarz.
4. Kn, Thrn. 5. (b)	- -	Kn, Kg. 7.

(b) Wenn man anstatt Kn, Thrn. 5. bey diesem vierten Zuge Spr, Lfr. 3. zieht, so zieht er dagegen Lfr, Spr. 7. zieht man nun darauf B, Thrn. 4. so kömmt gerade das fünfte Spiel heraus, s. oben S. 235. welches er durch den von seinen Mitbauern unterstützten Gambitbauern gewann. Das Resultat von allen diesen Spielen, von allen diesen verschiedenen Spielanfängen ist, daß der Gambitbauer demjenigen, der ihn bekömmt, den Gewinn des Spiels zuwege bringt, im Gegentheil aber auch den Verlust desselben nach sich zieht, wenn man die rechten Züge entweder nicht zu thun weiß, oder verabsäumt.

5. B, Kn. 3.	- -	B, Thrn. 6.
6. B, Spr. 3.	- -	B, Spr. 3.
7. B, Spr. 3.	- -	Spr, Lfr. 6.
8. Lf, Spr. 5.	- -	Spr, Thrn. 5.
9. Lf, Kg. 7.	- -	Spr, 3.
10. Lf, Lfr. 6.	- -	Thrn, Spr. 8.
11. Thrn, 3.	- -	*Spr, Kg. 4. gewinnt.

§. 3.

Vom Gambit der Königinn.

Der Gambit der Königinn ist ein Spiel, in welchem derjenige, der den Zug hat, damit anfängt, daß er den Bauern der Königinn zween Schritte vorrückt, und im Fall sein Gegner denselben Zug thut, beym zweeten Zuge den Bauern des Läufers zween Schritte vorzieht, und ihn aufzuopfern scheint, um seinen Steinen Luft zu machen. Dadurch gewinnt er den Vortheil des Angriffs, und auch wohl in der Folge das Spiel, wenn der Gegner nicht sehr regelmäßig zieht, und diesem Angriffe nicht die rechte Vertheidigung entgegen setzt.

Erstes Spiel.

Angriff des Gambits der Königinn.

	Weiß.		Schwarz.
1.	B, Kn. 4.	= =	B, Kn. 5.
2.	B, Lf. 4.	= =	*B, Lf. 4.
3.	*B, Kg. 3.	= =	B, Sp. 5. (a)

(a) Es ist beym Gambit des Königs gezeigt worden, daß der Bauer, der den Gambitbauern genommen hat, recht gut unterstützt werden kann. Beym Gambit der Königinn aber thut man sehr unrecht, wenn man diesen Bauern zu unterstützen sucht. Diesrs Spiel und die folgenden sollen diesen Satz erhärten.

4.	*B, Th. 4.	= =	B, Th. 4.
5.	Lfr, Lf. 4.	= =	Lf, Kn. 7.
6.	*Kn, Lfr. 3.	= =	Lf, 6. (b)

(b) Wenn er anstatt Lf, 6. beym sechsten Zuge so spielt:
6. = = = = Spr, Thrn. 6.
7. Kn, Th. 8. = = Lf, 6.
8. *Lfr, Sp. 5. = = Lf, Sp. 5. so muß
9. Kn, Th. 7. vermöge des Tausches, und unter Begünstigung einer bessern Stellung, das Spiel gewinnen.

7.	*Lfr, 7. †.	= =	Kg, Kn. 7.
8.	Kn, Lfr. 5. †.	= =	Kg, Kn. 6. oder
			B, Kg. 6.
9.	Kn, Kg. 6. †. matt.		

Dasselbe

Dasselbe Spiel auf eine andere Art.

Weiß.		Schwarz.
1.	B, Kn. 4.	B, Kn. 5.
2.	B, Lf. 4.	B, Lf. 4.
3.	B, Kg. 3.	B, Sp. 5.
4.	B, Th. 4.	☞ B, Lf. 6.
5.	B, Sp. 5.	B, Sp. 5.

6. Kn, Lfr. 3. nimmt mit Gewalt den Thurn, den Läufer, oder den Springer des Gegners. Läßt er den Thurn nehmen, und zieht beym sechsten Zuge, wie folget:

6.		Kn, Lf. 7.
7.	Kn, Th. 8.	Sp, Lf. 6. so muß
8.	*B, Kn. 5. gewinnen.	

☞ Abänderung oder Zurückführung des obigen Spiels auf den vierten Zug, da der Schwarze anstatt B, Lf. 6. nunmehr Lf, Th. 6. zieht.

Weiß.		Schwarz.
4.		Lf, Th. 6.
5.	B, Sp. 5.	Lf, Sp. 5.
6.	Sp, Lf. 3.	Lf, Th. 6. (a)

(a) Wenn der Schwarze anstatt Lf, Th. 6. beym sechsten Zuge B, Lf. 6. zieht:

6.		B, Lf. 6.
7.	*B, Sp. 3.	B, Sp. 3.
8.	Lfr, Sp 5.	B, Sp. 5. so muß
9.	Kn, Sp. 3. gewinnen.	

7.	Th, 6.	Sp, Th. 6.
8.	Kn, Th. 4. †. gewinnt.	

Dasselbe Spiel auf eine andere Art.

	Weiß.		Schwarz.
1.	B, Kn. 4.	= =	B, Kn. 5.
2.	B, Lf. 4.	= =	B, Lf. 4.
3.	B, Kg. 3.	= =	B, Sp. 5.
4.	B, Th. 4.	= =	Lf, Kn. 7.
5.	B, Sp. 5.	= =	Lf, Sp. 5.
6.	B, Sp. 3.	= =	Kn, 5.
7.	B, Lf. 4.	= =	Lf, 4.
8.	Kn, Th. 4. †.	= =	B, Lf. 6.
9.	Kn, Lf. 4. gewinnt.		

Zweytes Spiel.

Vertheidigung des Gambits der Königinn.

	Weiß.		Schwarz.
1.	B, Kn. 4.	= =	B, Kn. 5.
2.	B, Lf. 4.	= =	B, Lf. 4.
3.	B, Kg. 3. (a)	= =	*B, Kg. 5. (b)

(a) Zieht man beym dritten Zuge anstatt B, Kg. 3. auf folgende Art:

3. Kn, Th. 4. †. = = B, Lf. 6.
4. Kn, Lf. 4. = = *B, Kg. 5.
5. B, Kg. 5. so gewinnt Kn, Th. 5. †. seinen Bauern wieder.

(b) Bey der Vertheidigung dieses Gambits muß dieser Bauer allemal zween Schritte vorgerückt werden, weil alsdann von beyden Fällen einer eintritt, entweder derjenige, der Gambit giebt, nimmt diesen Bauern, und muß alsdann den Tausch der Königinnen geschehen lassen, mit dem Nachtheil, daß er nicht mehr rochen darf, (weil sein König von

seiner

seiner Stelle gezogen worden); oder er nimmt diesen Bauern nicht, und dann erlangt und behält derjenige, dem Gambit gegeben wird, einigen Vortheil, wie aus diesem und den folgenden Spielen zu ersehen ist.

	Weiß.		Schwarz.
4.	Kn, Th. 4.†.(c)	= =	B, Lf. 6.

(c) Dies ist ein verlohrner Zug; man sollte B, Kn. 5. ziehen.

5.	B, Kg. 5.	= =	B, Sp. 5.
6.	Kn, Lf. 2.	= =	B, Th. 6.
7.	B, Th. 4.	= =	Lf, Sp. 7.
8.	B, Sp. 5.	= =	B.Lf, Sp. 5. u.s.w.

In dieser Stellung scheint das Spiel des Schwarzen besser zu stehen.

Dasselbe Spiel auf eine andere Art.

	Weiß.		Schwarz.
1.	B, Kn. 4.	= =	B, Kn. 5.
2.	B, Lf. 4.	= =	B, Lf. 4.
3.	*B, Kg. 4. (a)	= =	*B, Kg. 5.

(a) In den vorigen Spielen zog man diesen Bauern nur einen Schritt, um den Fehler zu benutzen, den der Gegner machte, als er zur Unterstützung des Gambitbauers B, Sp. 5. zog, wodurch man in den Stand kam, den Thurn seiner Königinn und den Bauern des Läufers seines Königs durch den Zug Kn, Lfr. 3. zugleich anzugreifen. So bald man aber sieht, daß er diesen Fehler nicht mehr macht, so thut man besser, den Bauern des Königs zween Schritte vorzurücken, denn wenn man

 ihn

ihn nur einen thun läßt, so kann der Gegner den Läufer der diesseitigen Königinn das halbe Spiel hindurch eingesperrt erhalten.

Weiß.		Schwarz.
4. B, Kg. 5. (b)	= =	Kn, 1. †.

(b) Wenn man Lfr, Lf. 4. zöge, so würde er dagegen Kn, 4. ziehen, und bey einer bessern Stellung des Spiels einen Bauern mehr behalten.

5. Kg, Kn. 1.	= =	Lf, Kg. 6.
6. Sp, Kn. 2.	= =	*B, Sp. 5. (c)

(c) Nach der Lage der Umstände thut er recht, den Bauern zu unterstützen, der den Gambitbauern genommen hat.

7. B, Th. 4.	= =	B, Lf. 6.
8. B, Sp. 5.	= =	B, Sp. 5.
9. B, Sp. 3.	= =	*B, Th. 5. (d)

(d) Er nimmt den diesseitigen Bauern nicht, rückt auch den seinigen nicht vor, weil man sonst seinen Bauern B, Sp 5. nehmen, mit dem diesseitigen Läufer Schach bieten, und sein ganzes Spiel verderben würde.

10. B, Lf. 4.	= =	*B, Sp. 4.

In dieser Stellung, obgleich der Schwarze einen Bauern weniger hat, steht sein Spiel doch eben so gut, denn er hat zween Freybauern, gegen einen diesseitigen einzelnen oder entblößten Bauern, den man schwerlich retten kann.

Dasselbe

Dasselbe Spiel auf eine andere Art.

Weiß.				Schwarz.
1.	B, Kn. 4.	=	=	B, Kn. 5.
2.	B, Lf. 4.	=	=	B, Lf. 4.
3.	*B, Kg. 4.	=	=	*B, Kg. 5.
4.	Kn, Th. 4. †	=	=	B, Lf. 6.
5. ☞	B, Kg. 5.	=	=	*Kn, 4.
6.	Kn, Lf. 4.	=	=	Kn, Kg. 5.
7.	Spr, Lfr. 3.	=	=	Kn, Lf. 7. oder Kn, Lf. 5. so hat

der Schwarze ein gutes Spiel.

☞ Zurückführung dieses Spiels auf den fünften Zug, da man, anstatt den Bauern seines Königs zu nehmen, den Bauern der Königinn vorrückt, und also zieht:

Weiß.				Schwarz.
5.	B, Kn. 5.	=	=	*B, Sp. 5.
6.	Kn, 1.	=	=	B, Kn. 5.
7.	B, Kn. 5.	=	=	Spr, Lfr. 6.
8.	Sp, Lf. 3.	=	=	Lfr, Sp. 4.
9.	Lf, Kn. 2.	=	=	Lfr, Lf. 3.
10.	Lf, 3.	=	=	Kn, 6. u.s.w.

In dieser Stellung behält der Schwarze seinen Vortheil, und wird es dahin bringen, den diesseitigen entblößten Bauern B, Kn. 5. zu nehmen.

Dasselbe Spiel auf eine andere Art.

Weiß.		Schwarz.
1. B, Kn. 4.	= =	B, Kn. 5.
2. B, Lf. 4.	= =	B, Lf. 4.
3. B, Kg. 4.	= =	B, Kg. 5.
4. *B, Kn. 5. (a)	= =	*Lfr, Lf. 5. (b)

(a) Dies ist endlich der rechte Zug, den man thun mußte; das Schachbieten mit der Königinn bey diesem vierten Zuge war ein verlorner Zug.

(b) Er konnte eben so gut auch B, Lfr. 5. ziehen, es können aber nicht alle mögliche Spielarten hier vorgetragen werden.

5. Lfr, Lf. 4.	= =	Spr, Lfr. 6.
6. Kn, Lf. 2.	= =	Spr, 4. (c)

(c) Durch diesen Zug verliert er das Spiel ohne Rettung. Er mußte rochen. S. die Zurückführung dieses Spiels.

7. *Lfr, Sp. 5. †.	= =	B, Lf. 6.
8. Kn, Lf. 5.	= =	Kn, Th. 5. †. (d)

(d) Wenn er den diesseitigen Läufer nähme, und B, Sp. 5. zöge, so würde man seinen Bauern wiedernehmen und Schach bieten.

9. Sp, Lf. 3.	= =	Sp, Kn. 7. (e),

(e) Wenn er B, Sp. 5. zöge, anstatt Sp, Kn. 7. so würde man dagegen Kn, Lf. 8. †. ziehen, nachher seinen Springer Spr, 4. nehmen, und also zween Steine gewinnen.

Hätte er aber, anstatt Sp, Kn. 7. den Zug Sp, Th. 6. gethan, so würde man Lfr, Lf. 6. †. ziehen, und seine Königinn zur Uebergabe zwingen.

Wenn

Wenn er endlich B, Th. 6. gezogen hätte, so zöge man dagegen B, Sp. 4. und nöthigte ihn, seine Königinn zurückzuziehen, wobey man, wenn man den diesseitigen Läufer zurückgezogen, einen Stein gewonnen hätte.

	Weiß.	Schwarz.
10.	*B, Lf. 6. = =	Sp, Lf. 5.
11.	B, Sp. 7. †. = =	Kn, Sp. 5.
12.	B, Lf. 8. Kn. †. =	Th, Lf. 8.
13.	Sp, 5. gewinnt.	

☞ Zurückführung des obigen Spiels auf den sechsten Zug, da der Schwarze, anstatt Spr, 4., besser thut, daß er rocht.

	Weiß.	Schwarz.
6.	= = = =	Kg, Spr. 8.
7.	Lf, Spr. 5. = =	Kn, 6. u. s. w.

In dieser Stellung sind beyde Spiele einander gleich; und der Erfolg aller dieser verschiedenen Spiele des Gambits der Königinn lehrt, daß, wenn von beyden Theilen regelmäßig gespielt wird, ein solches Spiel immer in das Gleis gewöhnlicher Spiele zurück kömmt, die, wenn sonst alles gleich ist, unentschieden bleiben müssen.

Fünftes Kapitel.

Von den Endigungen der Spiele.

Gegen das Ende der Spiele sind die Könige die besten Steine, um die Bauern zu unterstützen, die man Willens ist, in die Dame zu führen.

Diesem richtigen Grundsatze zu Folge, entscheidet der Gang der beyden Könige, ihr mehreres oder minderes Vorrücken auf dem Schachbrett, und ihre größere oder kleinere Entfernung von den Bauern, die sie unterstützen sollen, den Ausgang des Spiels.

Sie müssen sich also, besonders wenn keine Steine mehr vorhanden sind, durch die sie zum Rückzuge gezwungen werden können, an ihre Bauern anschließen, um diese nachher unter ihrem Schutze vorrücken zu lassen.

In diesem Falle hat derjenige den Vortheil, der sich von beyden zuerst seinem Gegner gerade entgegen stellen kann. Unter dem Entgegenstellen verstehen wir das möglichst nahe Zusammenrücken beyder Könige, so daß nur ein Feld zwischen beyden bleibt; (denn dichter dürfen sie nicht zusammenrücken; und hierinn unterscheidet sich der Gang der Könige von dem Gange der übrigen Steine.)

Es fällt daher in die Sinne, daß der König, der zuerst zu dieser Entgegenstellung gelangt, oder

sich

sich zuerst seinem Gegner bis auf ein einziges zwischen ihnen liegendes Feld nähert, gewisse Vortheile hat, und daß dieser Gegner, wenn sonst alles gleich ist, weil er nichts bessers ziehen kann, sich zu eins von beyden entschliessen muß:

Entweder sich beständig in dieser Entgegenstellung zu erhalten dadurch, daß er seinen König immer rechts oder links so zieht, daß nur ein Feld zwischen beyden bleibe, in welchem Falle das Spiel unentschieden bleibt;

Oder sich von dem Gegner auf eine äußerste Linie des Schachbretts zurücktreiben zu lassen, wodurch, je nach dem die Umstände sind, das Spiel patt wird, oder unentschieden bleibt, wenn er sich in der Entgegenstellung erhalten kann, oder aber verloren geht, wenn er seinem Gegner weichen, und zugeben muß, daß dieser seine Bauern in die Dame führe.

Dieses soll durch nachfolgende Spielendung deutlich bewiesen werden, die sehr einfach ist, und dennoch in unzähligen andern Spielen, auf welche dieser nehmliche Grundsatz leicht angewendet werden kann, die richtige Führung der Könige lehren wird, da der Gang und folglich die Entgegenstellung der Könige allemal zum Gewinn, zum Verlust, oder zur Unentschiedenheit der Spiele, den Ausschlag giebt.

Dieses Kapitel zerfällt in drey Abschnitte.

Der erste handelt von Spielendungen, da auf beyden Seiten nur Bauern übrig sind.

Der zweete von Spielendungen, da noch Bauern und Steine vorhanden sind.

Der dritte von Spielendungen, da von beyden Seiten nichts als Steine übrig geblieben.

Erster Abschnitt.

Von Spielendungen, da nur Bauern übrig sind.

I.

Ein Bauer allein gegen einen einzelnen König.

Stellung.

Weiß.	Kg, Spr. 1., B, Spr. 2.
Schwarz.	Kg, Spr. 8.

In dieser Stellung wird der Weiße gewinnen, wenn er den Zug hat, weil er sich mit dem Könige zuerst dem feindlichen Könige bis auf ein Feld nähern, und den Gegner zwingen wird, ihm zu weichen, und zu leiden, daß er seinen Bauern zur Dame führe:

	Weiß.		Schwarz.
1.	Kg, Lfr. 2.	- -	Kg, Spr. 7.
2.	Kg, Spr. 3.	- -	Kg, Spr. 6.
3.	Kg, Spr. 4.	- -	Kg, Lfr. 6. (a)

(a) Wenn er anstatt Kg, Lfr. 6. beym dritten Zuge Kg, Thrn. 6. gezogen hätte, so hätte man dagegen beym vierten Zuge Kg, Lfr. 5. gezogen, und dann wäre es das nehmliche gewesen.

4. Kg,

Weiß.		Schwarz.
4.	Kg, Thrn. 5.	Kg, Spr. 7.
5.	Kg, Spr. 5.	Kg, Thrn. 7.
6.	Kg, Lfr. 6.	Kg, Thrn. 6.
7.	B, Spr. 4.	Kg, Thrn. 7.
8.	B, Spr. 5.	Kg, Spr. 8.
9.	*Kg, Spr. 6. (b)	Kg, Lfr. 8. (c)

(b) Hätte man anstatt Kg, Spr. 8. beym neunten Zuge B, Spr. 6. gezogen, so hätte er dagegen Kg, Lfr. 8. gezogen, und das Spiel patt gemacht, weil man ihm alsdann nicht mehr hätte verwehren können, sich immer dem diesseitigen Könige entgegenzustellen, und dadurch den Fortgang des diesseitigen Bauers zur Dame zu verhindern.

(c) Wenn er anstatt Kg, Lfr. 8. beym neunten Zuge Kg, Thrn. 8. gezogen hätte, so wäre es offenbar auf eins herausgekommen:

9.	...	Kg, Thrn. 8.
10.	*Kg, Lfr. 7.	Kg, Thrn. 7.
11.	B, Spr. 6. †. bringt den Bauern in die Dame.	

10.	*Kg, Thrn. 7.	Kg, Lfr. 7.
11.	B, Spr. 6. †. bringt den Bauern in die Dame.	

Hat aber in dieser eben gegebenen Stellung des Spiels der Schwarze den Zug, so bleibt das Spiel unentschieden. Z. B.

Schwarz.		Weiß.
1.	Kg, Spr. 7.	Kg, Lfr. 2.
2.	Kg, Spr. 6.	Kg, Spr. 3.
3.	*Kg, Spr. 5. (a)	Kg, Lfr. 3.

(a) Ist der schwarze König einmal auf dieses Feld gekommen, so kann er nicht anders, als durch den diesseitigen Bauern zum Rückzug gezwungen werden; in diesem Falle darf er sich beym Zurückgehn nur immer dem diesseitigen Könige entgegenstellen, so bleibt das Spiel unentschieden, weil man den diesseitigen Bauern nicht zur Dame führen kann, und es also patt wird.

Aus dem nothwendigen Gewinn dieses Spiels, wenn man den Zug hat, und aus der nothwendigen Unentschiedenheit desselben, wenn man ihn nicht hat, erhellet, daß dieser Gewinn oder diese Unentschiedenheit von der Entgegenstellung der beyden Könige abhängt, das heißt, daß der Gewinn des Spiels, die gegebene Stellung desselben mag seyn, welche sie will, demjenigen nicht fehlen kann, der von beyden zuerst sich dem andern entgegenstellen kann.

Sie mögen z. B. so stehen:

Weiß. Kg, Spr. 3., B, Spr. 2.
Schwarz. Kg, Spr. 5.

In dieser Stellung, und nach dem Gange, der oben vorgeschrieben worden, kann der Schwarze, wenn er den Zug hat, nicht anders ziehen, als Kg, Lfr. 5. oder Kg, Thrn. 5., wogegen man Kg, Thrn. 4. oder Kg, Lfr. 4. ziehen, und das Spiel gewinnen würde. Hat man aber selbst den Zug, so kann man bloß das Spiel unentschieden machen; denn man kann nicht anders ziehen, als Kg, Thrn. 3. oder Kg, Lfr. 3. und wenn der Schwarze dagegen Kg, Thrn. 5. oder Kg, Lfr. 5. zieht, so erhält er sich, selbst beym Zurückweichen vor dem diesseitigen Bauer, in der Entgegenstellung gegen den diesseitigen König, und macht das Spiel nothwendig patt oder unentschieden.

Es ist also nicht der Zug, der dieser Spielendung den Ausschlag giebt, sondern die Entgegenstellung

beyder

beyder Könige gegen einander, und die Möglichkeit, sie in selbiger zu erhalten.

In der zuerst gegebenen Stellung muß der König, der den Bauern hat, die dritte Linie vor seinem Bauer einzunehmen suchen; kann er dieses erlangen, so gewinnt er das Spiel; kann der einzelne König ihn abhalten, diese dritte Reyhe vor seinem Bauer einzunehmen, so bleibt das Spiel unentschieden. Hat der Weiße den Zug, so kömmt er offenbar auf das Feld Kg, Spr. 4. zwo Reyhen vor seinem Bauer; hat aber der Schwarze den Zug, so nimmt er das Feld Kg, Spr. 5. ein, und verhindert den Weißen, das Feld Kg, Spr. 4. zu beziehen, und folglich den Bauern in die Dame zu führen.

Hat der Bauer sich bis auf drey Felder der Dame genähert, so geht er mit Gewalt hinein, der Zug mag seyn an welchem Spieler er will, wenn nur der König mit seinem Bauer vereinigt ist, und einen Schritt vor ihm steht, z. B.

Stellung.

Weiß. Kg, Spr. 6., B, Spr. 5.
Schwarz. Kg, Spr. 8.

Hat der Weiße den Zug, so wird er so ziehen:

Kg, Lfr. 6.	: :	Kg, Lfr. 8.
B, Spr. 6.	: :	Kg, Spr. 8.
*B, Spr. 7.	: :	Kg, Thrn. 7.
Kg, Lfr. 7. bringt seinen Bauern in die Dame.		

Hätte der Schwarze den Zug gehabt, so hätte er nichts anders ziehen können, als Kg, Lfr. 8. oder Kg, Thrn. 8.; zieht er Kg, Lfr. 8. so zieht man dagegen Kg, Thrn. 7. und zieht er Kg, Thrn. 8. so zieht man Kg, Lfr. 7. und führt den Bauern mit Gewalt in die Dame.

Hieraus ergiebt sich, daß dieser Bauer, um zur Dame zu gelangen, bey Betretung seines siebenten

Feldes,

Feldes, von welchem er hernach den Schritt in die Dame thun soll, nicht Schach bieten müsse, weil sonst der einzelne König seine Zuflucht dicht vor dem Bauer nimmt, und nothwendig patt wird; da hingegen, wenn dieser Bauer bey Betretung seines siebenten Feldes nicht Schach geboten hätte, der einzelne König ziehen, und seine Entgegenstellung gegen den diesseitigen verlassen mußte, der also nun Freyheit behielt, seinen Bauern in die Dame zu bringen.

Steht der Bauer auf einer Thurnreyhe, und der einzelne König hat die Zeit, das erste oder zweyte Feld des Läufers zu beziehen, so verhindert er den feindlichen König, das zweyte Feld des Springers zu beziehen, und seinen Bauern zur Dame zu führen.

Stellung.

Weiß. Kg, Spr. 3., B, Thrn, 2.
Schwarz. Kg, Sp. 8.

Hat der Schwarze den Zug,

Kg, Lf. 7. : : Kg, Lfr. 4.
Kg, Kn. 7. : : Kg, Lfr. 5.
Kg. 7. : : Kg, Spr. 6. so verhindert Kg, Lfr. 8. den diesseitigen König, das Feld Kg, Spr. 7. zu beziehen, und folglich kann man den Bauern B, Thrn. 2. nicht in die Dame bringen.

Hätte der Weiße den Zug gehabt,

Kg, Lfr. 4. : : Kg, Lf. 7.
Kg, Lfr. 5. : : Kg, Kn. 7.
Kg, Lfr. 6. : : Kg, 8. so gelangt Kg, Spr. 7. auf das zweyte Feld des Springers, und bringt seinen Bauern B, Thrn. 2. in die Dame.

Denkt man sich den Bauern auf jeder andern Reyhe des Schachbretts, so kommt seine Gelangung zur Dame auf die Stellung der beyden Könige ge an, die alsdann nach der hier oben gegebenen Vorschrift ziehen müssen.

Schwarz.				Weiß.
4.	Kg, Lfr. 5.	-	-	B, Spr. 4. †.
5.	Kg, Spr. 5.	-	-	Kg, Spr. 3.
6.	Kg, Spr. 6.	-	-	Kg, Lfr. 4.
7.	Kg, Lfr. 6.	-	-	B, Spr. 5. †.
8.	Kg, Spr. 6.	-	-	Kg, Spr. 4.
9.	Kg, Spr. 7.	-	-	Kg, Lfr. 5.
10.	Kg, Lfr. 7.	-	-	B, Spr. 6. †.
11.	Kg, Spr. 7.	-	-	Kg, Spr. 5.
12.	*Kg, Spr. 8.	-	-	Kg, Lfr. 6.
13.	Kg, Lfr. 8.	-	-	B, Spr. 7. †.
14.	Kg, Spr. 8.	-	-	Kg, Spr. 6.
15.	Patt, oder unentschieden.			

II.

Ein König und zween Bauern, gegen einen König und einen Bauern.

Dieses Spiel wird gemeiniglich von dem Könige gewonnen, der die zween vereinigte Bauern hat, weil er mit Hülfe dieser beyden Bauern den feindlichen König zwingt, die Entgegenstellung zu verlassen, wodurch er alsdann Luft bekömmt, den einzelnen Bauern desselben wegzunehmen, und seinen eigenen in die Dame zu bringen.

Es giebt indessen Fälle, da der König, der nur einen Bauern hat, sich in der Entgegenstellung erhalten, und das Spiel unentschieden machen kann.

Stellung.

Weiß. Kg, Sp. 2., B, Lfr. 5.
Schwarz. Kg, Sp. 8., B, Lfr. 6., B, Spr. 5.

In dieser Stellung bringt der Weiße das Spiel zum Stehen, wenn er sich dem schwarzen Könige auf dem Felde Kg, Kn. 4. entgegenstellen, und sich mittelst nachstehender Züge in dieser Stellung erhalten kann.

Kg, Lf. 3.	=	=	Kg, Lf. 7.
*Kg, Kn. 3. (a)	=	=	Kg, Kn. 6.

(a) Wenn man anstatt *Kg, Kn. 3. den Zug Kg, Kn. 4. gethan hätte, so hätte der Schwarze Kg, Kn. 6. gezogen, und das Spiel gewonnen, weil man sich genöthigt gesehen hätte, das Feld Kg, Kn. 4. zu verlassen. Der Schwarze hätte alsdann durch den Zug Kg, Lf. 5. den diesseitigen König gezwungen, zurückzugehen, hätte sich auf den Bauern B, Lfr. 5. geworfen, ihn weggenommen, und die seinigen in die Dame geführt. Man zieht also Kg, Kn. 3., um den sogenannten Nachzug zu gewinnen, und nicht eher auf dem Felde Kg, Kn. 4. anzukommen, als in demselben Augenblick, da der Schwarze das Feld Kg, Kn. 6. beziehet.

Versucht der Schwarze, sich linker Hand zu schlagen, so kann man die Entgegenstellung behaupten, wenn man immer sorgfältig den diesseitigen König um drey Felder von dem seinigen entfernt hält.

W.	Kg, Kn. 4.	=	=	Kg, 7.
	Kg, 3.	=	=	Kg, Lfr. 7.
	*Kg, Lfr. 3.	=	=	Kg, Spr. 7.
	*Kg, Spr. 3.	=	=	Kg, Thrn. 6.

*Kg, Spr. 4. wird immer die Entgegenstellung gegen den schwarzen König behaupten, und muß ihm in gleicher Entfernung folgen, wenn derselbe von da wieder zurückgeht, so daß er in demselben Augenblick, da jener wieder das Feld Kg, Kn. 6. bezieht, Zug um Zug das Feld Kg, Kn. 4. betrete.

Wenn man dieses Beyspiel recht verstanden hat, so kennt man den ganzen Vortheil, den der schwächste König aus seiner Entgegenstellung gegen den feindlichen König ziehen kann, und die Züge, die er thun muß, um dazu zu gelangen, und sich dabey zu behaupten, um das Spiel zum Stehen zu bringen.

* Kg, Kn. 4. muß nun immer dem schwarzen Könige in der Entgegenstellung folgen, und nur ein Feld zwischen sich und ihm lassen, ohne jedoch den Bauern B, Spr. 5. außer Acht zu lassen; das heißt, er muß sich beständig so in der Nähe zu halten suchen, daß er diesen Bauern schlagen kann, ehe derselbe zur Dame gelangt; und von da wird man immer nahe genug seyn, auch den andern Bauern B, Lfr. 6. nach der oben angezeigten Spielart von der Dame abzuhalten.

Andere Stellung.

Weiß. Kg, Lf. 3., B, Th. 4., B, Lf. 4.

Schwarz. Kg, Lf. 5., B, Spr. 5.

Der Weiße, wenn er gewinnen will, muß so spielen:

B, Th. 5.	B, Spr. 4.
Kg, Kn. 3.	B, Spr. 3.
Kg, 2.	Kg, Lf. 6.

Kg, Lfr. 3.	=	=	Kg, Spr. 7.
*B, Lf. 9.	=	=	Kg, Th. 6.
B, Lf. 6.	=	=	Kg, Th. 7.
Kg, Spr. 3.	=	=	Kg, Th. 6.

Kg, Lfr. 4. gewinnt.

III.

Zween Bauern auf jeder Seite, gegen eben so viel feindliche auf jeder Seite.

Stellung.

Weiß. Kg, Spr. 1., B, Thrn. 3., B, Spr. 2.: B, Th. 3., B, Sp. 2.

Schwarz. Kg, Spr. 8., B, Thrn. 6., B, Spr. 7.: B, Th. 6., B, Sp. 7.

In dieser Stellung muß das Spiel unentschieden bleiben, es mag den Zug haben, wer da will. Hat ihn der Schwarze, so wird er so spielen:

Schw. Kg, Lfr. 7.	=	=	Kg, Lfr. 2.
Kg, 6.	=	=	*Kg, 2. (a)

(a) Man zieht Kg, 2. um nach der im vorigen Beyspiele erhaltenen Vorschrift den Nachzug zu gewinnen, und sucht eher das Feld Kg, 3. zu besetzen, als in dem Augenblick, da der Gegner das Feld Kg, 5. betritt. Unterdessen kann man auch anstatt Kg, 2. den Zug Kg, 3. thun, und das Spiel doch zum Stehen bringen, wenn man sich auf seine Bauern zur Linken wirft, alsdann wird der Gegner seinerseits dasselbe thun, die Bauern werden von beyden Theilen geschlagen, jeder macht sich eine neue Königinn, und das Spiel bleibt ebenfalls unentschieden.

Kg, 3.
Kg, Kn. 5. : : Kg, Lfr. 4.
Kg, Lf. 4. : : Kg, Lfr. 5.
Kg, Sp. 3. : : Kg, Spr. 6.
Kg, Sp. 2. : : Kg, Spr. 7.
Kg, Th. 3. : : Kg, Thrn. 6.
B, Sp. 5. : : B, Spr. 4.
B, Sp. 4. : : B, Spr. 5.
B, Sp. 3. : : B, Spr. 6. u. s. w.

Auf diese Weise macht sich jeder eine neue Königinn, und das Spiel bleibt unentschieden.

Schw. Kg, 5. : : Kg, 3.
B, Spr. 6. : : B, Spr. 3.
B, Sp. 6. : : B, Sp. 3.
B, Sp. 5. : : B, Sp. 4.
B, Spr. 5. : : B, Spr. 4.

Alsdann darf der Weiße nur immer dem Schwarzen folgen, und sich in beständiger Entgegenstellung erhalten, so bleibt das Spiel offenbar unentschieden.

Hätte der Weiße den Zug gehabt, so würde er in der oben gegebenen Stellung folgendermaßen gespielt haben:

Weiß. Kg, Lfr. 2. : : Kg, Lfr. 7.
Kg, 3. : : *Kg, 7.
Kg, 4. : : Kg, 6.
B, Spr. 3. : : B, Spr. 6.
B, Sp. 3. : : B, Sp. 6.
B, Sp. 4. : : B, Sp. 5.
B, Spr. 4. : : B, Spr. 5.

Und so ist es abermals klar, daß das Spiel unentschieden bleiben muß, wenn beyde Könige sich in der Entgegenstellung erhalten.

IV.

Eine andere Spielendung, da die Anzahl der Bauern auf beyden Seiten gleich ist.

Stellung.

Weiß. Kg, Spr. 3., B, Kn. 4., B, Lf. 5.
B, Sp. 5., B, Th. 4.

Schwarz. Kg, Th. 5., B, Thrn. 5., B, Spr. 4.,
B, Kg. 4., B, Kn. 5.

In dieser Stellung gewinnt der Schwarze, wenn er den Zug hat, und auf folgende Art spielt:

Schw.	B, Kg. 3.	- -	B, Sp. 6.
	Kg, Th. 6.	- -	B, Th. 5.
	*B, Thrn. 4. †.	- -	Kg, Spr. 4.
	B, Kg. 2. gewinnt.		

Hätte der Weiße den Zug gehabt, und so, wie folgt, gezogen, so hätte er selbst das Spiel gewonnen.

Weiß.	B, Sp. 6.	- -	Kg, Th. 6.
	B, Th. 5.	- -	B, Kg. 3.
	B, Lf. 6.	- -	B, Thrn. 4. †.
	*Kg, Lfr. 4. (a)	- -	B, Kg. 2.

(a) Zöge man sich auf das Feld Kg, Spr. 2. zurück, so wäre das Spiel verloren.

	B, Lf. 7.	- -	Kg, Sp. 7.
	B, Th. 6. †.	- -	Kg, Lf. 8.

B,

B, Th. 7. - - - Kg, Sp. 7.
B, Lf. 8. Kn. 7. gewinnt.

V.

Beyspiel einer Spielendung, da derjenige, der einen Bauern weniger hat, durch seine vortheilhafte Stellung das Spiel gewinnt.

Stellung.

Weiß. Kg, Kn. 3., B, Lf. 3., B, Sp. 3., B, Th. 3.: B, Thrn. 2.

Schwarz. Kg. 5., B, Sp. 5., B, Thrn. 4., B. Spr. 4.

Wenn in dieser Stellung der Schwarze den Zug hat, so gewinnt er das Spiel, indem er folgendermaßen zieht:

Schw. *B, Thrn. 3. (a) - - Kg. 3.

(a) Er muß gleich diesen Bauern ziehen, um nachher seinen Bauern B, Spr. 4. vorzurücken, den man nicht nehmen darf, damit sein Bauer B, Thrn. 3. nicht zur Dame gelange. Hätte er anstatt *B, Thrn. 3. den Zug B, Spr. 5. gethan, so hätte man Bauern gegen Bauern getauscht, und der diesseitige König hätte Zeit gehabt, herbeyzukommen, und seinem Bauer B, Spr. 3. das Einrücken in die Dame zu verwehren.

*B, Spr. 3. - - Kg, Lfr. 3.
B, Thrn. 2. u. s. w.

Hätte man aber diesseits den Zug gehabt, oder wäre der diesseitige König, anstatt auf dem Felde Kg, Kn. 3. zu stehen, bis auf das Feld Kg, 3.

vorgerückt gewesen, so hätte man selbst das Spiel gewonnen:

Schw.	. . . . .	Kg, 3.
B, Thrn. 3.	. .	*Kg, Lfr. 2.
Kg, 4.	. . .	*B, Th. 4.
B, Th. 4.	. . .	B, Thr. 4.

In dieser Stellung kann er nichts bessers vornehmen, als sich auf die diesseitigen Bauern, B, Th. 4. und B, Lf. 3. werfen, um sie zu schlagen, ehe sie zur Dame gelangen; allein dadurch gewinnt man diesseits selbst Zeit, seine Bauern B, Spr. 4. und B, Thrn. 3. auch zu schlagen, und den diesseitigen Bauern B, Thrn. 2. in die Dame zu bringen.

In diesen Umständen also, wie in unzähligen andern, entscheidet ein einziger Zeitpunkt das Spiel vom Gewinn zum Verlust.

Es wäre unmöglich, alle Verkettungen von Spielen zu erschöpfen, die aus den verschiedenen Stellungen der Könige, und der in gleicher Anzahl vorhandenen Bauern, gegen das Ende der Spiele entstehen; die gegebenen Beyspiele sind hinreichend, über die Stärke und den Gang der Könige in solchen Umständen, wie auch darüber Licht zu verbreiten, was unter der Entgegenstellung derselben zu verstehen sey, wie man von beyden Theilen dazu gelangen und sich darinn erhalten könne, und was daraus entweder zum Gewinn oder zur Unentschiedenheit der Spiele für ein Vortheil zu ziehen sey.

Wir

Wir wollen hier die Anmerkung machen, daß ein einzelner Bauer, der unter dem Schutze seines Königs auf das siebente Feld seines Thurns gelangt ist, das Spiel gegen einen König und eine Königinn zum Stehen bringt, wenn man sich den König, der die Königinn hat, in einer gewissen Entfernung denkt, weil in diesem Falle der König, der einen einzelnen Bauern allein hat, nothwendig in einer Ecke des Schachbretts patt werden muß.

Auf gleiche Weise bringt ein unter dem Schutze seines Königs auf das siebente Feld des Läufers vorgedrungener Bauer das Spiel gegen einen König und eine Königinn zum Stehen, wenn dieser König in einer gewissen Entfernung steht; denn in dieser Lage zieht sich der König, der den Bauern allein hat, in einen Winkel des Schachbretts, läßt sich den Bauern nehmen, und wird patt.

Ist aber der König, der die Königinn hat, nahe genug, um dem König, der nur einen Bauern allein hat, in demselben Augenblick auf den Hals zu kommen, da der Bauer vor der Dame anlangt, und steht seine Königinn so, daß sie unter dem Schutze ihres Königs Schach bieten kann, so gewinnt er das Spiel, wenn auch gleich der Gegner in die Dame kömmt.

Stellung.

Weiß. Kg. 5. Kn. 2.

Schwarz. Kg. Spr. 1. B. Lfr. 2.

Der Weiße zieht:

Zu Kg. Lfr. 4. [illegible] B. Lfr. 1. Kn. 1. Kg. Spr. 3. macht mit dem folgenden Zuge matt.

Ist ein Bauer bis auf das siebente Feld irgend eines andern Steins, als des Thurns oder Läufers vorgedrungen, so kann derselbe, ob er gleich von seinem Könige unterstützt wird, das Spiel gegen einen König und eine Königinn dennoch nicht zum Stehen bringen, weil in solcher Stellung die Königinn den König zwingen wird, sich hinter seinen Bauern zu flüchten, und der König, der die Königinn hat, bey jedem solchen Zurückzuge, wozu er den Gegner durch wiederholtes Schachbieten zwingt, einen Zeitpunkt gewinnt, den er dazu nutzen wird, den Bauern anzufallen, ihn zu schlagen, und indessen mit der Königinn matt zu machen.

Zweeter Abschnitt.

Von den Endigungen der Spiele, da noch Bauern und Steine vorhanden sind.

I.

Ein Läufer und ein Bauer gegen zween Bauern.

Stellung.

Schwarz. Kg. Lfr. 6. L. Lfr. Kn. 6. B. Lfr. 5.
Weiß. Kg. Kg. 2. B. Lfr. 3. B. Kg. 3.

In dieser Stellung muß der Schwarze, der den Läufer hat, das Spiel gewinnen. [illegible]

W. Kg, 1. . . . . . S. Kg, 6.
Kg, Kn. 3. . . . . *Lfr, Lf. 7. (a)

(a) Zöge der Schwarze Kg, Kn. 2 anstatt *Lfr, Lf. 7. so würde man dagegen B, Kg. 4. ziehen, Bauern gegen Bauern tauschen, und folglich das Spiel unentschieden machen.

Kg, 2. . . . . Kg, Kn. 6.
Kg, Kn. 3. . . . . Kg, Lf. 5.
Kg, Lf. 3. . . . . Lfr, Th. 5. †.
Kg, Kn. 3. . . . . *Lfr, Spr. 4.
Kg, 2. . . . . *Kg, Lf. 4.
Kg, Lfr. 2. . . . . Kg, Kn. 3. gewinnt.

Andere Spielart.

W. B, Lfr. 4. . . . . S. Kg, 6. (b)

(b) Hätte der Schwarze den Zug Kg, Spr. 6. gethan, so hätte man dagegen Kg, Lf. 2. und hernach B, Kg. 4. gezogen, und ihn gezwungen, Bauern um Bauern zu nehmen, folglich das Spiel zum Stehen zu bringen; allein durch die Ankunft des Schwarzen auf dem Felde Kg, Kn. 5. wird man verhindert, ihn durch den Zug B, Kg. 4. zum Tausche der Bauern zu reizen.

Kg, Lfr. 3. . . . . Kg, Kn. 5.
Kg, 2. . . . . Kg, 4. gewinnt.

Eine andere Spielart.

W. Kg, Spr. 2. . . . . S. Kg, Spr. 5.
Kg, Lfr. 2. (c) . . . . Kg, Thrn. 4.

(c) Hätte man anstatt Kg, Lfr. 2. den Zug Kg, Thrn. 3. gethan,

Kg, Thrn. 3. . . Lfr, [illegible]. 5.
[illegible] Kg. 4. . . B, [illegible] 4.

so würde in dieser Stellung der Schwarze seinen Bauern B, Lfr. 4. mit seinem auf das Feld Lfr, Spr. 3. zu setzenden Läufer decken, und man würde dadurch genöthigt seyn, seinem Könige zu weichen, der entweder von seiner rechten, oder von seiner linken Seite die diesseitigen Bauern angreifen, schlagen, und den seinigen in die Dame bringen würde.

W. Kg, Spr. 2. . . Lfr, Lf. 5.
Kg, Lfr. 2. . . B, Lfr. 4. gewinnt.

Wäre aber die Stellung folgende gewesen:

Schwarz. Kg, Lfr. 6., Lfr, Kn. 6., B, Lfr. 5.
Weiß. Kg, Spr. 2., B, Spr. 3., B, Lfr. 3.

so würde in dieser Stellung das Spiel unentschieden bleiben, weil der Schwarze die Bauern des Weißen nicht mehr von der linken Seite angreifen könnte, wie ihm solches bey der zuerst gegebenen Stellung frey stand. Wollte er aber von seiner rechten Seite die diesseitigen Bauern B, Lfr. 3. und B, Spr. 3. anfallen, so behielte man immer die Macht, ihn zum Tausch eines Bauers aufzufordern, und folglich das Spiel zum Stehen zu bringen; man muß also Kg, Thrn. 3. ziehen, wenn er den Zug Kg, Spr. 5. thut; auf diese Weise kömmt man wieder auf das Feld Kg, Spr. 2. zurück; wendet er sich zu seiner Rechten, so muß man B, Lfr. 4. ziehen, alsdann Kg, Lfr. 3. und endlich B, Spr. 4., dadurch wird er gezwungen, Bauern um Bauern zu nehmen, und das Spiel bleibt unentschieden.

Eine

Eine andere Stellung.

Schwarz.	Kg, Sp. 1,	W, Th. 2.,	B, Sp. 7.
Weiß.	Kg, Kn. 2.,	Lf, Kg. 5.,	B, Lf. 5.

W. *Lf, Th. 1.	Kg, Th. 1.
*Kg, Lf. 2.	B, Sp. 5.
B, Lf. 6.	B, Sp. 4.
B, Lf. 7.	B, Sp. 3.†.
Kg, Sp. 3.	Kg, Sp. 1.
B, Lf. 8. Kn.	*B, Th. 1. Kn.
Kn, Lf. 2.†. matt.	

II.

Ein Läufer und ein Bauer gegen einen Bauern.

Ein einzelner Bauer mit einem Läufer kann gegen einen Läufer, der mit dem diesseitigen von entgegengesetzter Farbe ist, das Spiel nicht gewinnen. Sind beyde Läufer von einerley Farbe, so gewinnt derjenige, der den Bauern mehr hat, wenn er es dahin bringen kann, seinen König, indem er ihn vor den Bauern hinzieht, dem feindlichen entgegenzustellen, und dem feindlichen Läufer durch den diesseitigen mit dem Könige unterstützten Läufer den Weg zu versperren, hernach aber diesen Läufer Preis zu geben, um den feindlichen von der Linie wegzubringen, über welche hinüber der diesseitige Bauer seinen letzten Schritt in die Dame thun muß.

Stel-

[illegible] Stellung.

Weiß. Kg, Thrn. 6., Lf, Kn. 5., B, Spr. 6.
Schwarz. Kg, Lfr. 8., Lfr, Sp. 2.

W. Kg, Thrn. 7. (a) - - Lfr, Kn. 4.

(a) Der Weiße muß den Zug haben, wenn er zur Entgegenstellung gegen den schwarzen König gelangen will. Hätte der Schwarze den Zug gehabt, so würde er Kg, Spr. 8. gezogen haben, von welchem Felde er alsdann nicht mehr zu vertreiben gewesen wäre.

Lf, Thrn. 6. † - - Kg, 8.
*Lf, Spr. 7. - - Lfr, Lf. 5.
Lf, 3. - - Lfr, 8.
*Lf, Sp. 4. (b) gewinnt.

(b) Es ist leicht einzusehen, daß man, wenn man noch nicht so weit vorgedrungen wäre, als in der hier gegebenen Stellung vorausgesetzt wird, den diesseitigen Bauern durch Aufopferung des Läufers nicht in die Dame bringen würde, weil der Schwarze alsdann noch Zeit genug hätte, mit seinem Läufer zurückzugehen, und dem diesseitigen Bauer den Eintritt in die Dame zu versperren.

Gemeiniglich wird also dieses Spiel unentschieden bleiben, und nur nach Maasgabe der Stellungen gewonnen werden können, in dem Falle nehmlich, da, wie in dem gegenwärtigen, der König, der den Bauern hat, sich dem feindlichen Könige entgegenstellen kann.

Bey der Endigung dieses Spiels muß man also, wie bey unzähligen andern, berechnen, ob man zuerst zur Entgegenstellung gelangen, und ob man sich dabey erhalten, oder den Gegner zwingen kann, davon abzugehen, um sich dem zu Folge zu entschließen, ob man Stein um Stein nehmen wolle, oder nicht, man mag nun den Gewinn oder die Unentschiedenheit des Spiels zur Absicht haben.

Wir wollen einmal die folgende, oder irgend eine andere derselben ähnliche Stellung annehmen:

Weiß. Kg, 4., Thrn, Kn. 1., Lf, Lfr. 2., B, Lfr. 3.

Schwarz. Kg, Spr. 5., Thrn, 3., Sp, Thrn. 4., B, Lfr. 4.

Man zieht also, wie folgt:

Thrn, Spr. 1. †.	= =	Kg, Thrn. 5.
*Lf, Thrn. 4.	= =	Thrn, 4.
*Thrn, Spr. 8.	= =	Kg, Thrn. 6.
Thrn, 8. †.	= =	Kg, Spr. 5.
Thrn, 4.	= =	Kg, Thrn. 4.

Kg, Lfr. 4. kömmt zuerst zur Entgegenstellung gegen den feindlichen König, zwingt denselben, davon abzugehen, und bringt den Bauern B, Lfr. 3. in die Dame.

Wir merken hierbey an, daß ein Bauer auf der Thurnreyhe, ungeachtet derselbe einen Läufer zur Unterstützung hat, nicht kann zur Dame gelangen, wenn dieser Läufer nicht von der Farbe des Feldes ist, auf welchem der Bauer in die Dame tritt; denn in solchem Falle kann der einzelne König aus diesem Eckfelde nicht vertrieben werden, mithin kann es nicht anders als patt werden, oder unentschieden bleiben.

Ein Läufer und ein Bauer, gegen drey Bauern.

Dieses Spiel bleibt gemeiniglich unentschieden, da derjenige, der die drey Bauern hat, sie mit seinem Könige nicht unterstützen kann, weil er diesen braucht, um dem feindlichen Bauer das Vordringen zu verwehren; er kann daher wohl seine Bauern in einer Linie vorrücken lassen, allein der Gegner kann zween davon mit seinem Läufer nehmen, sobald es ihm beliebt; dieser verliert zwar dabey seinen einzigen Bauern, schlägt aber dagegen den dritten mit seinem Könige, und bringt dadurch das Spiel zum Stehen.

Stellung.

Schwarz. Kg, Kn. 8., Lfr, Kn. 6.: B, Lfr. 7.
Weiß. Kg, Lf. 4.: B, Sp. 5., B, Lf. 2., B, Kn. 3.

Schw.	B, Lfr. 5.	= =	Kg, Kn. 4.
	B, Lfr. 4.	= =	Kg, 4.
	Kg, Kn. 7.	= =	B, Lf. 4.
	Kg, Lf. 7.	= =	B, Kn. 4.
	Kg, Kn. 7.	= =	B, Lf. 5.
	Lfr, Sp. 8.	= =	B, Kn. 5.
	Kg, Kn. 8.	= =	B, Kn. 6.
	Kg, Kn. 7.	= =	Kg, Lfr. 4.
	Lfr, Kn. 6. bringt das Spiel zum Stehen.		

Eine

Eine andere Stellung.

Schwarz. Kg, Kn. 8., Lfr, Kn. 6.: B, Kn. 4.
Weiß. Kg, Sp. 7.: B, Sp. 5., B, Lf. 2.
B, Kn. 3.

Schw. Kg, Kn. 7. - - Kg, Th. 6.
Lfr, Sp. 4. (a) - - Kg, Sp. 6. (b)

(a) Er thut diesen Zug, um den weißen zu verhindern, seinen Bauern wieder zu Hülfe zu kommen.

(b) Thäte man anstatt Kg, Sp. 6. den Zug B, Sp. 6. um den Bauern in die Dame zu bringen, so verlöre man das Spiel; denn in solchem Falle gäbe der Schwarze seinen Läufer gegen diesen Bauern hin, und hätte noch Zeit, die beyden Bauern B, Lf. 2. und B, Kn. 3. zu schlagen, und seinen Bauern B, Kn. 4. in die Dame zu bringen. Z. B.

- - - - B, Sp. 6.
Kg, Lf. 6. - - B, Sp. 7.
Lfr, Kn. 6. - - Kg, Th. 7.
Kg, Sp. 5. - - B, Sp. 8. Kn. †.
Lfr, Sp. 8. - - Kg, Sp. 8.
Kg, Sp. 4. gewinnt, weil man nicht zeitig genug zurück eilen kann, um den Bauern B, Kn. 4. zu verhindern, in die Dame zu gehen.

Kg, Kn. 6. - - Kg, Sp. 7.
Kg, Lf. 5. - - Kg, Th. 6.
Lfr, Kg. 1. - - B, Sp. 6.
Kg, Sp. 4. - - B, Sp. 7.
Lfr, Spr. 3. - - Kg, Sp. 6.
Kg, Lf. 3. - - Kg, Lf. 5. bringt das Spiel zum Stehen, weil der Schwarze den Bauern B, Lf. 2. nicht nehmen kann, ohne daß der Weiße sogleich auch den Bauern B, Kn. 4. schlägt.

IV.

Zween Bauern mehr auf der einen Seite, und jeder einen Läufer von verschiedener Farbe.

Dieses Spiel muß derjenige gewinnen, der die beyden Bauern mehr hat; er muß sich aber wohl hüten, daß er nicht beyde auf Felder von der Farbe seines Läufers setze; der feindliche König würde sich sonst zwischen diese Bauern stellen, und von diesem Flecke nicht weggetrieben werden können, wodurch denn also das Spiel unentschieden bleiben würde.

Stellung.

Weiß. Kg, Lfr. 3., B, Thrn. 3., B, Spr. 4., B, Lfr. 4., B, Kg. 4.: B, Th. 4., B, Sp. 3., Lfr, Lf. 4.

Schwarz. Kg, Lf. 6., B, Th. 5., B, Sp. 6., B, Spr. 7., B, Thrn. 6., Lfr, Kn. 8.

In dieser oder einer andern ähnlichen Stellung muß man B, Kg. 5. ziehen; thäte man den unschicklichen Zug B, Lfr. 5., so würde der Schwarze das Feld Kg, Kn. 6. besetzen, von wo man ihn weder verjagen, noch einen von den diesseitigen Bauern in die Dame bringen könnte.

Ueberhaupt muß man, wenn man gegen Ende eines Spiels zween Bauern neben einander und einen Läufer hat, die Bauern, um sie in die Dame zu bringen, immer auf solche Felder setzen, die mit dem Läufer von entgegengesetzter Farbe sind, damit man

man sich des Läufers bedienen könne, um den König oder die andern Steine des Gegners wegzujagen, die das Eindringen dieser Bauern in die Dame verhindern.

Eine andere Stellung.

Weiß. Kg, Sp. 5., B, Th. 4., B, Sp. 3., B, Lf. 4., Lfr, Kn. 3.: B, Thrn. 3., B, Spr. 4., B, Lfr. 3.

Schwarz. Kg, Lfr. 6., B, Thrn. 6., B, Spr. 5., B, Th. 5., B, Sp. 6., Lfr, Lf. 5,

In dieser Stellung muß der Weiße, um das Spiel zu gewinnen, folgendermaßen ziehen:

B, Sp. 4. - - B, Sp. 4. (a)

(a) Zieht der Schwarze, anstatt B, Sp. 4. so, wie folget:

- - - - Lfr, Sp. 4.

Kg, Sp. 6. - - Lfr, Kn. 2. so gewinnt B, Lf. 5. das Spiel, indem er den schwarzen Bauern B, Th. 5. schlägt, und nachher einen von seinen beyden Bauern B, Th. 4. oder B, Lf. 5. Preis giebt, um den andern in die Dame zu bringen.

B, Th. 5. - - - B, Th. 5.
Kg, Lf. 5. gewinnt.

Hätte in der gegebenen Stellung der Schwarze den Zug gehabt, oder hätte, welches auf eins hinaus läuft, sein Läufer Lfr, Lf. 5. auf irgend einem andern Felde, etwa Lfr, Kn. 4. oder Lfr, Kg. 3. gestanden, wo derselbe vor dem diesseitigen Könige sicher gewesen wäre, so würde man nichts destoweniger das Spiel gewinnen, wenn man auf nachstehende Weise zöge:

Schw. Lfr, Kg. 3.	= =	B, Sp. 4.
B, Sp. 4.	= =	*B, Lf. 5. (a)

(a) Wollte man, statt des Zuges B, Lf. 5. den Bauern B, Sp. 4. schlagen, so kann man die Probe machen, und sich dadurch überzeugen, daß es alsdann schlechterdings unmöglich ist, irgend einen von den beyden Bauern B, Th. 4. und B, Lf. 4. in die Dame zu bringen, und daß folglich das Spiel unentschieden bleiben muß.

B, Lf. 5.	= =	*Kg, Lf. 6. (b)

(b) Bloß dadurch, daß man den feindlichen König abhält, sich auf dem Felde Kg, Lf. 7. festzusetzen, kann man dazu gelangen, den diesseitigen Bauern B, Th. 4. in die Dame zu bringen. Der Gegner kann solches nicht anders verhüten, als wenn er seinen Läufer für diesen Bauern hingiebt, wodurch alsdann diesseits ebenfalls das Spiel gewonnen wird.

Kg, 7.	= =	Lfr, Lf. 4.
Kg, Kn. 8.	= =	*Kg, Sp. 7.
Lfr, Kn. 4.	= =	B, Th. 5.
B, Sp. 3.	= =	Lfr, Sp. 3.
B, Lf. 4. (c)	= =	Lfr, Lf. 4. gewinnt.

(c) Er opfert diese Bauern auf, um dem diesseitigen Bauern B, Th. 5. das Eindringen in die Dame zu verwehren.

Ein Bauer mehr (wenn die Läufer von verschiedener Farbe sind,) kann gar nicht in die Dame gebracht werden, wenn er auch bis auf sein

sechstes

sechstes Feld vorgedrungen ist, weil der feindliche König, oder sein Läufer, ihm immer den Weg versperren, und überdies der König, der den Bauern weniger hat, immer bey der Hand seyn kann, seinen Bauern auf der Seite zu Hülfe zu kommen, auf welcher sein Gegner Mine macht, dieselben anzufallen und zu schlagen.

Unterdessen kann die Stellung, worinn die beyden Könige stehen, hierinn eine Ausnahme machen. Z. B.

Stellung.

Schwarz. Kg, 4., Lfr, Lf. 7.: B, Kg. 3., B, Lfr. 3.

Weiß. Kg, Lfr. 1., Lfr, Sp. 5.: B, Kn. 7.

Dieses Spiel gewinnt der Schwarze durch die Ueberlegenheit, die ihm seine beyde von dem König unterstützte Bauern geben. Z. B.

Schw. Kg, Kn. 4. : : Lfr, Th. 6. (a)

(a) Wenn man, anstatt Lfr, Th. 6. den Zug Lfr, Lf. 6. thut, um den schwarzen Bauern B, Lfr. 3. anzugreifen, so bietet er Schach mit seinem Bauer, hernach mit seinem Läufer, und gelangt zur Dame.

Und wenn man, anstatt Lfr, Th. 6., folgendermaßen zieht:

: : : : Kg, 1.
Kg, Lf. 3. : : Kg, Kn. 1.
Lfr, Th. 5. : : Lfr, Th. 6.

Kg, Kn. 4. u. s. w. so kann man dem Schwarzen nun schon nicht mehr wehren, sich links zu wenden, seinen König auf das zweyte Feld des Läufers des diesseitigen Königs zu setzen, und sich folglich eine neue Königinn zu machen.

Schw.	Kg, Lf. 3. = =	Lfr, Sp. 7.
	B, Kg. 2. †. = =	Kg, Lfr. 2.
	Kg, Kn. 2. gewinnt.	

V.

Ein Freybauer mehr, und ein Läufer gegen einen Springer.

Stellung.

Schwarz. Kg, Spr. 8., Lf, Kg. 8.: B, Spr. 7., B, Thrn. 7.: B, Th. 7., B, Sp. 6., B, Lf. 6., B, Kn. 5., B, Kg. 4.

Weiß. Kg, Lfr. 2., Spr, Kg. 5., B, Spr. 2., B, Thrn. 2.: B, Th. 2., B, Sp. 2., B, Lf. 3., B, Kn. 4.

W.	Kg, 3. = =	Kg, Lfr. 8.
	Kg, Lfr. 4. = =	Kg, 7.
	B, Spr. 4. = =	B, Thrn. 6.
	B, Thrn. 4. = =	Kg, 6.
	B, Sp. 4. = =	B, Spr. 6.
	B, Th. 4. = =	B, Th. 6.
	Kg, 3. = =	B, Sp. 5.
	B, Th. 5. = =	Kg, Lfr. 6.
	Kg, Lfr. 4. = =	Kg, 6.
	Kg, 3. bringt das Spiel zum Stehen.	

VI.

Endigung eines Spiels, welches einer von beyden nothwendig gewinnen muß, obgleich die Anzahl der Bauern und Steine von beyden Seiten gleich ist.

Stellung.

Weiß. Kg, 2., Lfr, Kn. 5.: B, Th. 2., B, Sp. 3. B, Lf. 4.

Schwarz. Kg, Lfr. 5., Lf, Kn. 7.: B, Th. 3., B, Sp. 4., B, Lf. 5.

Dieses Spiel gewinnt der Schwarze, wenn er Lf, Th. 4. zieht, man mag nun seinen Läufer schlagen, oder nicht; im letztern Falle schlägt er selbst den diesseitigen Bauern B, Sp. 3.

Wenn die Bauern so in einander verschrenkt stehen, als in gegenwärtiger Stellung, so gewinnt derjenige, dessen Bauern auf dem Schachbrett am weitesten vorgedrungen sind, wenn er einen Stein Preis geben, und sich dadurch den Einzug in die Dame verschaffen kann, vorausgesetzt jedoch, daß der feindliche König zu weit entfernt stehe, um es verhindern zu können.

Wir behaupten nicht, daß die bisher gegebenen Stellungen, noch auch diejenigen, so wir noch hinzu fügen wollen, die einzigen seyen, bey denen ein Spiel nothwendig gewonnen werden, oder unentschieden bleiben muß. Es fällt in die Sinne, daß die Stellung der Steine, der Bauern, ja nur eines einzigen Bauers, und hauptsächlich der beyderseitigen Könige, und je nachdem diese mehr oder minder weit auf dem Schachbrette vorgedrungen sind, die Verkettung dieser Spielendungen, und die Möglichkeiten des Gewinns oder der Unentschiedenheit, ins Unendliche verändern, und vervielfältigen; wir haben bloß den Versuch gemacht, durch einige Beyspiele Grundsätze beyzubringen, nach welchen die Spieler in den vorkommenden Umständen sich richten, und sich dieselben nach dem mehrern oder mindern Maaß ihrer Fähigkeit oder ihrer Uebung zu Nutze machen können.

VII.

Fünf Bauern gegen viere, und jeder einen Thurn.

Stellung.

Weiß. Kg, 3., Thrn, Kn. 3.: B, Thrn. 4., B, Spr. 3.: B, Lf. 3., B, Sp. 3., B, Th. 3.

Schwarz. Kg, Lf. 6., Thrn, Kn. 6.: B, Thrn. 5., B, Spr. 4.: B, Sp. 6., B, Th. 6.

Schw. Thrn, Lfr. 6. (a)	: :	B, Lf. 4.

(a) Er setzt seinen Thurn auf diese Linie, um den diesseitigen König zu verhindern, seine beyde Bauern B, Thrn. 5. und B, Spr. 4. anzugreifen.

B, Sp. 5.	: :	B, Sp. 5. †.
B, Sp. 5.	: :	B, Sp. 4.
Thrn, Lfr. 1.	: :	Kg, 4.
Thrn, Lfr. 2.	: :	Thrn, Lf. 3. †.
Kg, Sp. 6.	: :	Thrn, Lf. 5.

Schw. Thrn, Lfr. 3.	=	=	Thrn, 5.	
Thrn, Spr. 3.	=	=	Kg, Lfr. 4.	
Thrn, Th. 3.	=	=	Kg, Spr. 4.	
Thrn, Sp. 3.	=	=	Thrn, Lfr. 5.	
Thrn, Sp. 4. †		=	Thrn, Lfr. 4.	
Thrn, Sp. 1. (b)		=	B, Thrn, 5.	

(b) Wenn er Thurn um Thurn nähme, so würde man diesseits um einen Zug später als er zur Dame gelangen, und das Spiel dennoch unentschieden bleiben.

B, Sp. 4.	=	=	B, Thrn. 6.
B, Sp. 3.	=	=	Kg, Spr. 5.
Thrn, Spr. 1. †		=	Kg, Lfr. 6. (c)

(c) Deckte man den Schach mit dem Thurn, so würde er Thurn um Thurn nehmen, und dem Weißen in die Dame zuvor kommen; indessen würde das Spiel ebenfalls unentschieden bleiben.

Kg, Lf. 5.	=	=	Thrn. Lfr. 2.
Thrn, 1.	=	=	Kg Spr. 7.
Kg, Lf. 4.	=	=	B, Thrn. 7.
Kg, Lf. 3.	=	=	B, Thrn. 8. Kn.
Thrn, 8.	=	=	Kg, Thrn. 8. u. s. w.

Es ist augenscheinlich, daß der diesseitige Thurn gegen seinen Bauern B, Sp. 3. eingebüßt wird, und das Spiel unentschieden bleibt.

VIII.

Vier ~~Von~~ Bauern gegen drey, und jeder einen Thurn.

Dieses Spiel muß, so wie das vorhergehende, unentschieden bleiben; inzwischen giebt es eine Stellung, wo es derjenige gewinnt, der einen Bauern mehr hat.

Stellung.

Weiß. Kg, Lfr. 3., Thrn, Kn. 3.: B, Thrn, 3., B, Spr. 4., B, Lfr. 5.: B, Sp. 3.

Schwarz. Kg, Lfr. 6., Thrn, Sp. 6.: B, Thrn. 6., B, Spr. 5., B, Lfr. 7.

W. Kg, 3.	= =	*B, Thrn, 5.
Kg, Kn. 2.	= =	B, Spr. 4.
B, Spr. 4.	= =	Thrn, Sp. 4.
Thrn, Spr. 3.	= =	Kg. 5.
Kg, Lf. 3.	= =	Thrn, Sp. 7.
B, Sp. 4.	= =	Kg, Lfr. 4.
Thrn, Spr. 1.	= =	Kg, Lfr. 3.
Kg, Lf. 4.	= =	Kg, Lfr. 2.
Thrn, Kn. 1.	= =	Kg, Lfr. 3.
Thrn, Kn. 4.	= =	Kg, 3.
Kg, Lf. 5. (a)	=	Thrn, Lf. 7. †.

(a) Rückte man den Bauern vor, so wäre er verloren.

Kg, Kn. 6.	= =	Thrn, Lf. 3.
Thrn, Kn. 5.	= =	Thrn, Lf. 4.
Kg, 7.	= =	Thrn, Sp. 4.
Kg, Lfr. 7. (b)	=	Thrn, Spr. 4.

(b) Man opfert den Bauern, den man mehr hat, auf, weil man zween Züge vor dem Gegner voraus hat, um den noch übrigen diesseitigen Bauern in die Dame zu bringen.

B, Lfr. 6.	= =	Thrn, Spr. 1.
Kg, Spr. 6.	= =	B, Spr. 4.

B,

w. B, Lfr. 7.	=	=	Thrn, Lfr. 1.

Thrn, Lfr. 5. zwingt den Schwarzen, Thurn um Thurn zu nehmen, und gewinnt das Spiel.

Andere Stellung.

Weiß. Kg, Kn. 3., Th, Kg. 2.: B, Kn. 4., B, Thrn. 3., B, Spr. 4.

Schwarz. Kg, Lfr. 6., Th, Lfr. 3.: B, Sp. 4., B, Kn. 6., B, Spr. 7., B, Thrn. 6.

Dieses Spiel gewinnt der Schwarze, wenn er seine einzelne Bauern B, Sp. 4. und B, Kn. 6. Preis giebt, um die diesseitige Bauern B, Thrn. 3. und B, Spr. 4. zu nehmen, und seine Bauern B, Spr. 7. und B, Thrn. 6. in die Dame zu bringen.

w. Kg, Lf. 4.	=	=	Th, Thrn. 3.
Th, Kg. 6.†.	=	=	Kg, Lfr. 7.
Th, Kn. 6.	=	=	Th, Spr. 3.
Kg, Sp. 4.	=	=	Th, Spr. 4.†.
Kg, Lf. 5.	=	=	B, Thrn. 5.
Th, 6.	=	=	B, Thrn. 4.
Th, 1.	=	=	Th, Spr. 3.
B, Kn. 6. (a)	=	=	Th, Kn. 3.

(a) Wenn man anstatt B, Kn. 6. folgendermaßen zöge:

Th, Kn. 1.	=	=	Kg, 7.
B, Kn. 6.†.	=	=	Kg, Kn. 7.
Th, Kn. 5.	=	=	B, Spr. 5.
Th, Lfr. 5.	=	=	B, Thrn. 3.
Th, Lfr. 7.†.	=	=	Kg, 6.
Th, Kg. 7.†.	=	=	Kg, Lfr. 6.

Th,

Th, Kg. 8. = = Th, Kn. 3.
Kg, Lf. 6. = = B, Spr. 4.
B, Kn. 7. = = B, Thrn. 2.
Th, Thrn. 8. = = B, Spr. 3.
Kg, Lf. 7. so würde B, Spr. 2. gewinnen.

W. Kg, Lf. 6. = = B, Spr. 5.
B, Kn. 7. = = B, Thrn. 3.
Kg, Lf. 7. = = B, Spr. 4.
B, Kn. 8. Kn. = Th, Kn. 8.
Kg, Kn. 8. = = B, Spr. 3. gewinnt.

IX.

Drey Bauern gegen zween, und jeder einen Thurn.

Stellung.

Weiß. Kg, Spr. 1., Thrn, Kg. 3: B, Lfr. 2., B, Spr. 2., B, Thrn. 3.

Schwarz. Kg, Spr. 8., Thrn, Lf. 7.: B, Spr. 7., B, Thrn. 6.

W. B, Lfr. 4. = = Kg, Lfr. 7.
Kg, Lfr. 2. = = Kg, Spr. 6.
B, Spr. 4. = = Kg, Lfr. 6.
Kg, Lfr. 3. = = Thrn, Sp. 7.
B, Thrn. 4. = = Thrn, Lf. 7. (a)

(a) Da die Absicht des Schwarzen bloß dahin geht, das Spiel zum Stehen zu bringen, so kann er nicht besser thun, als daß er seinen Thurn auf der Linie, die er decken will, beständig hin und wieder ziehe.

Thrn, Th. 3. = = Thrn, Lf. 6.
B, Thrn. 5. = = Thrn, Sp. 6.

Thrn,

w. Thrn, Th. 5.	= =	Thrn, Sp. 3. †.
Kg, 4.	= =	Thrn, Sp. 4. †.
Kg, Lfr 3.	= =	Thrn, Sp. 3. †.
Kg, Spr. 2.	= =	Thrn, Lf. 3. (b)

(b) Der Schwarze will dadurch, daß er seinen Thurn auf dieser Linie behält, den weißen König hindern, sie zu überschreiten, und seinen Bauern zu Hülfe zu kommen.

B, Spr. 5. †.	= =	B, Spr. 5.
B, Spr. 5. †.	= =	Kg, Lfr. 7.
Thrn, Th. 7. †.	= =	Kg, Lfr. 8.
Thrn, Th. 8. †.	= =	Kg, Lfr. 7.
B, Spr. 6. †.	= =	Kg, Lfr. 6.
Thrn, Lfr. 8. †.	= =	Kg, Spr. 5.
Thrn, Lfr. 7.	= =	Kg, Thrn. 5. u. s. w.

In dieser Lage bleibt das Spiel offenbar unentschieden, weil der weiße König nicht durchkommen kann, um seinen Bauern zu unterstützen, und selbst wenn er dieses zu thun im Stande wäre, dennoch denselben nicht in die Dame bringen könnte, da der schwarze König die Entgegenstellung ge~~nom-~~wonnen ~~men~~ hat, und mit Hülfe seines Thurns sich auch darinnen erhalten kann.

X.

Drey Bauern gegen einen, und jeder einen Thurn.

Stellung.

Weiß. Kg, Spr. 1., Th, 2.: B, Lfr. 2., B, Spr. 2., B, Thrn. 3.

Schwarz. Kg, Spr. 6., Th, Sp. 7.: B, Lfr. 4.

Bey

Bey dieser oder einer andern ähnlichen Stellung muß man durch den Zug B, Spr. 3. Bauern um Bauern anbieten, sich aber wohl hüten, nicht zu schlagen, weil man dadurch die diesseitigen Bauern trennen, und Gefahr laufen würde, das Spiel unentschieden zu machen; man muß vielmehr mit Hülfe des Thurns den Schwarzen zwingen, selbst Bauern um Bauern zu nehmen, da man denn mit den zween übrig gebliebenen Bauern das Spiel unfehlbar gewinnt.

Hat man aber einmal den feindlichen König auf eine der äußersten Linien des Schachbretts getrieben, so muß man ja nicht aus Uebereilung einen der beyden Bauern so vorrücken, daß der Gegner mit Aufopferung seines Thurns patt werden könne. Es sey also nachfolgende Stellung, die ganz natürlich aus obigem Spiele entstehen kann:

Weiß. Kg, Lfr.6., Thrn, Sp.7.: B, Thrn.6., B, Spr.6.

Schwarz. Kg, Spr.8., Thrn, Kn.8.

Wenn man in dieser Stellung den Bauern vorrückt, und folgendermaßen zieht:

B, Thrn. 7.†. = = Kg, Thrn. 8.
Kg, Spr. 5. = = Thrn, Kn. 5.†.
Kg, Thrn. 6. = so giebt Thrn, 5.†. seinen Thurn Preis, und wird patt.

Man muß also, anstatt den Bauern B, Thrn.6. vorzurücken, folgendergestalt ziehen:

Thrn,

Thrn, Sp. 5. = = Thrn, Kn. 6. †.
Kg, Spr. 5. = = Thrn, Kn. 8.
*B, Thrn. 7. †. = = Kg, Thrn. 8.

Kg, Thrn. 6. ist keinem Schachbieten mehr ausgesetzt, und macht den Gegner matt.

XI.

Zween Bauern gegen einen, und jeder einen Thurn.

Nach den oben gegebenen Vorschriften muß dieses Spiel unentschieden bleiben.

Indessen kann es auch derjenige gewinnen, der die beyden Bauern hat, wenn der feindliche König, gegen dessen zur Dame gelangten Bauern er seinen Thurn eingebüßt hat, zu weit entfernt steht, und nicht zeitig genug zurück kommen kann, um den Einzug der beyden Bauern in die Dame abzuwenden.

Stellung.

Schwarz. Kg, Thrn. 5., Th, Lfr. 6.: B, Thrn. 6., B, Spr. 4.
Weiß. Kg, Lfr. 4., Th, Spr. 7.: B, Lfr. 5.

Schw. Th, Lf. 6. = = Kg, 5. (a)

(a) Wenn man, anstatt Kg, 5. zu ziehen, den Bauern B, Spr. 4. nehmen wollte, so würde man den Thurn verlieren; zöge man aber Kg, Spr. 3. anstatt Kg, 5., so würde er Thrn, Lf. 3. †. ziehen, und dann geschähe eins von beyden: Entweder man zöge Kg, Lfr. 4., und dann würde er durch den Zug Thrn, Lfr. 3. †. den König zwingen, den Bauern B, Spr. 4. zu verlassen;

Oder

Oder man zöge Kg, Spr. 2., und dann würde er Thrn, Lfr. 3. ziehen, den diesseitigen Bauern B, Lfr. 5. zur Uebergabe zwingen, und das Spiel gewinnen.

Schw. Kg, Thrn. 4. = = B, Lfr. 6.
Th, Lf. 1. (b) = = B, Lfr. 7.

(b) Wenn er Th, Lf. 8. zöge, anstatt Th, Lf. 1., so würde man dagegen zuerst B, Lfr. 7., hernach Th, Spr. 8. ziehen, und in die Dame kommen.

Th, Lfr. 1. = = Kg, 6.
B, Thrn. 5. = = ☞ Kg, 7.
Kg, Thrn. 3. = = B, Lfr. 8. Kn.
Th, Lfr. 8. = = Kg, Lfr. 8.
B, Spr. 3. = = Kg, Lfr. 7.
B, Spr. 2. (c) = Kg, Lfr. 6.

(c) Durch diesen bis zum Eintritt in die Dame vorgedrungenen Bauern wird man verhindert, die Züge Kg, Spr. 6. und Kg, Thrn. 5. zu thun, durch welche man sonst das Spiel zum Stehen gebracht hätte.

B, Thrn. 4. = = Kg, Lfr. 5.
Kg, Thrn. 2. = = Kg, Lfr. 4.
B, Thrn. 3. = = Kg, Lfr. 3.
B, Spr. 1. Kn. = Thrn, Spr. 1.
Kg, Spr. 1. bringt seinen Bauern in die Dame.

☞ Wenn man aber den diesseitigen Bauern, anstatt ihn durch den Zug Kg, 7. mit dem Könige zu unterstützen, lieber durch den Zug Th, Spr. 8. mit dem Thurn unterstützt hätte, so hätte der diesseitige König den Bauern des Schwarzen um zwey

Felder

Felder näher gestanden, und wäre also im Stande gewesen, sich gegen dieselben zu wenden, und ihnen den Eintritt in die Dame zu verwehren.

Man thut also besser, wenn man anstatt Kg, 7. folgendermaßen zieht:

Schw.	. . . . .	Th, Spr. 8.
B, Spr. 3.	. .	B, Lfr. 8. Kn.
Th, Lfr. 8.	. .	Th, Lfr. 8.
B, Spr. 2.	. .	Th, Spr. 8. (d)

(d) Es kostet zwar einen Zug mehr, den Thurn auf dieses Feld zurückzuziehen, dagegen braucht aber auch der diesseitige auf das Feld Kg, Lfr. 6. gebrachte Weiß zween Züge weniger, um die Bauern des Schwarzen anzugreifen, als bey der vorigen Spielart; man gewinnt also bey der gegenwärtigen Art immer einen Zug, und dieser ist hinreichend, den Ausgang eines Spiels vom Gewinn zur Unentschiedenheit, und nicht selten zum Verlust zu lenken.

Kg, Thrn. 3.	. .	Kg, Lfr. 5.
Kg, Thrn. 2.	. .	Kg, Lfr. 4.
B, Thrn. 4.	. .	Kg, Lfr. 3.
B, Thrn. 3.	. .	Kg, Lfr. 2. ver-

hindert den schwarzen Bauern B, Spr. 2. in die Dame zu ziehen, und bringt folglich das Spiel zum Stehen.

Aus obigem Beyspiel erhellet, daß es Stellungen giebt, in welchen man bey einer ganz gleichen Anzahl von Bauern das Spiel gewinnen kann. Z. B.

Stellung.

Weiß. Kg, Th. 5., Th, Lf. 1.: B, Th. 6.,
B, Sp. 6.

Schwarz. Kg, Th. 8., Th, Lfr. 8.: B, Spr. 4.,
B, Thrn. 3.

Hat man den Zug, so zieht man folgendergestalt:

Th, Lf. 8.†.	=	=	Th, Lf. 8.
B, Sp. 7.†.	=	=	Kg, Sp. 8.
*Kg, Sp. 6.	=	=	Th, Lf. 6.†.
Kg, Lf. 6.	=	=	B, Thrn. 2.(a)

(a) Wenn er, anstatt B, Thrn. 2. so zieht:

=	=	=	Kg, Th. 7.
*Kg, Lf. 7.	=	=	B, Thrn. 2.
B, Sp. 8. Kn.†.	=		Kg, Th. 6. so macht
Kn, Sp. 6.†. matt.			

Kg, Sp. 6.	=	=	B, Thrn. 1. Kn.
B, Th. 7.†. matt.			

XII.

Ein Thurn und ein Bauer gegen einen Läufer.

Dieses Spiel wird gemeiniglich von demjenigen gewonnen, der den Thurn und Bauern hat.

Stellung.

Weiß. Kg, 5., Thrn, 7.: B, Kn. 6.

Schwarz. Kg, Kn. 8., Lf, Spr. 4.

Man zieht folgendermaßen:

Thrn, 4.	=	=	Lf, Kn. 1.
Thrn, Kn. 4.	=	=	Lf, Sp. 3.

B,

B, Kn. 7.	: :	Lf, 2.
Kg. Kn. 6.	: :	Lf, Lfr. 5.
Thrn, Lfr. 4.	: :	Lf Kn. 7.
Thrn, Lfr. 8. †.	: :	Lf, Kg. 8.
Thrn, 8.	: :	Kg, Lf. 8.

Thrn, Kg. 8. †. gewinnt.

Inzwischen kann es doch eine Stellung geben, bey welcher der König, der nur den Läufer hat, das Spiel zum Stehen bringen kann.

Stellung.

Weiß. Kg. Spr. 4., Thrn, 6.: B, Lfr. 5.
Schwarz. Kg, Lfr. 7., Lfr, Lf. 3.

W. Thrn, Lf. 6.	: :	Lfr, Kn. 4.
Kg, Thrn. 5.	: :	Kg, Spr. 7. (a)

(a) Wenn der Schwarze, anstatt Kg. Spr. 7. zu ziehen, wie er thun mußte, um seinen König in der Entgegenstellung gegen den diesseitigen zu erhalten, seinen Läufer zöge, so verlöre er das Spiel. Z. B.

: : :	: :	Lfr, Kg. 3.
B, Lfr. 6.	: :	Lfr, Kn. 4.
*Kg, Spr. 5.	: :	Lfr, Kg. 3. †.
Kg, Lfr. 5.	: :	Lfr, Kn. 2.
Thrn, Lf. 7. †.	: :	Kg, Lfr. 8.

Kg, Spr. 6. gewinnt.

Und wenn er anstatt Lfr, Kg. 3. den Zug Lfr, Sp. 1. gethan hätte, so hätte man dagegen Kg, Spr. 5., hernach B, Lfr. 6., und dann, wenn er mit dem Läufer Schach geboten hätte, Kg, Lfr. 5. gezogen, durch dieses Mittel aber den diesseitigen Bauern in die Dame gebracht, und das Spiel gewonnen.

In obiger Lage muß also das Spiel unentschieden bleiben, wenn der Schwarze die Vorsicht braucht, 1) seinen König in der Entgegenstellung gegen den weißen König zu erhalten, und 2) seinen Läufer so zu ziehen, daß er das Vordringen des Bauers B, Lfr. 5. verhindern, und gleich Schach bieten könne, sobald der weiße König ein Feld von der Farbe des Läufers betritt, um seinen Bauern zu unterstützen, und denselben in die Dame zu bringen.

XIII.

Fünf Bauern gegen viere, und jeder seine Königinn.

Ohne von dieser Spielendung Beyspiele zu geben, fällt es in die Sinne, daß ein solches Spiel gemeiniglich unentschieden bleibt, weil sich derjenige, der den Bauern mehr hat, für dem beständigen Schachbieten des andern, der den Bauern weniger hat, nicht hüten kann.

Es giebt indessen doch Stellungen, in welchen ein Bauer mehr den Gewinn des Spiels verursacht. Z. B.

Stellung.

Schwarz. Kg, Spr. 8., Kn, 8.: B, Spr. 7., B, Thrn. 6., B, Th. 6., B, Sp. 7., B, Kn. 3.

Weiß. .. Kg. Spr. 1., Kn, Lf. 1.: B, Spr. 2., B, Thrn. 2., B, Th. 3., B, Sp. 4.

Wenn

Wenn das Spiel in dieser Stellung unentschieden bleiben soll, so muß man hauptsächlich trachten, den schwarzen Bauern B, Kn. 3. mit dem diesseitigen König anzugreifen, ehe der schwarze König demselben zu Hülfe kommen kann; oder aber man muß dem Gegner unaufhörlich Schach bieten. Der Schwarze hingegen, um das Spiel zu gewinnen, muß suchen dem Bauer B, Kn. 3. mit seinem Könige zu Hülfe zu eilen, und dem beständigen Schachbieten auszuweichen. Um diese Absichten zu erreichen, können beyde Theile etwan so ziehen:

W. Kn, 2. = = Kn, 4.†.

Kg, Lfr. 1.(a) = = Kn, Kg. 4.(b)

(a) Wenn man, anstatt Kg, Lfr. 1. so zieht:

Kn, Lfr. 2. = = Kn, Th. 1. †.

Kn, Lfr. 1. = = *Kn, Lf. 3. so verliert Kn, 1. oder was man auch sonst ziehen mag, das Spiel, weil der Schwarze alsdann Kn, Lf. 2. ziehen, und hernach seinen Bauern B, Kn. 3. vorrücken wird, ohne das diesseitige beständige Schachbieten zu fürchten.

(b) Er zieht seine Königinn hieher, ehe er seinen König anrücken läßt, um den doppelten Schach zu verhüten, den man ihm durch den Zug Kn, Lfr. 2. bieten, ihn damit zum Tausch der Königinnen zwingen, und Zeit gewinnen würde, seinen Bauern B, Kn. 3. mit dem diesseitigen Könige anzugreifen und zu schlagen.

Kg, Lfr. 2. = = *Kg, Lfr. 7.

Kn, Kg. 3. = = Kn, Lf. 4.

Kn, Lfr. 3.†. = = Kg, 6.

W. Kn, Kg. 3. † | Kg, Kn. 4.
Kn, Lfr. 3. † (e) | Kn, Kg. 4. gewinnt

(e) Wenn man anstatt Kn, Lfr. 3. so ziehet:

Kn, 2. | Kn, Lf. 2.
Kg, 3. | Kn, 2.

(Kg, Kn. 2. so kömmt Kg, Lf. 4. den Bauer B, Kn. 3. zu Hülfe, und gewinnt das Spiel.

Dritter Abschnitt.

Von den Endigungen der Spiele, da nur Steine übrig sind.

I.

Ein Thurn gegen einen König allein.

Dieses Matt ist leicht zu machen. Wir wollen die Art und Weise angeben, wie man solches in den wenigst möglichen Zügen machen kann.

Stellung.

Weiß. Kg, Kn. 3., Thrn, Lfr. 4.
Schwarz. Kg, Lf. 5.

W. Thrn, 4.	Kg, Sp. 5.
Kg, Lf. 3.	Kg, Th. 5.
Kg, Sp. 3.	Kg, Sp. 5.

Thrn, 5. †. zwingt den schwarzen König, um eine Linie weiter zu weichen. Zieht er nun Kg, Lf. 6. so geht man mit dem diesseitigen König auf ihn loß, und zwar nicht gerade vor ihm

ihm durch den Zug Kg, Lf. 4., sondern in der Richtung eines Springers, wie folget:

w. Kg, Sp. 4.	= =	Kg, Kn. 6.
Kg, Lf. 4.	= =	Kg, 6.
Kg, Kn. 4.	= =	Kg, Lfr. 6.
Kg, 4.	= =	Kg, Spr. 6.
Thrn, Th. 5.	= =	Kg, Thrn. 6.
Kg, Lfr. 4.	= =	Kg, Spr. 6.

In dieser Stellung zieht man den diesseitigen Thurn auf das Feld Thrn, Sp. 5., um dem Gegner den Nachzug abzugewinnen; er kann alsdann nichts anders ziehen, als Kg, Lfr. 6. oder Kg, Thrn. 6.; zieht er Kg, Lfr. 6., so treibt man ihn durch den Zug Thrn, Sp. 6. †. sogleich um eine Linie weiter, zieht er aber Kg, Thrn. 6., so zieht man dagegen Kg, Spr. 4., ihm bleibt alsdann kein andrer Zug übrig, als Kg, Spr. 6., darauf treibt man ihn wieder durch den Zug Thrn, Sp. 6. †. weiter, und so von Linie zu Linie bringt man ihn endlich auf die äußerste des Schachbretts, wo er matt wird.

II.

Zween Thürne gegen einen.

Um dieses Spiel zu gewinnen, muß derjenige, der die beyden Thürne hat, den König, der nur einen hat, auf eine der äußersten Linien des Schachbretts treiben, dadurch daß er ihm nach und nach mit einem seiner Thürne die Rückkehr auf die Mitte des Schachbretts abschneidet, so daß dieser auf eine äußerste Linie getriebene König matt werde, oder sich genöthigt sehe, Thurn um Thurn zu nehmen, wodurch denn das Spiel eben auch gewonnen wird.

Stellung.

Schwarz. Kg, Thrn. 7, Thrn, Lfr. 7., Th, Lf. 7.
Weiß. Kg, 4., Th, Sp. 2.

Schw. Th, Lf. 1. (a) - - Th, Thrn. 2. †.

(a) Er muß damit anfangen, daß er seine Thürme trennt, damit man durch wiederhohltes Schachbieten auf eine äußerste Linie des Schachbretts getrieben werde.

Kg, Spr. 8.	-	-	Th, 2.
Th, Kn. 1.	-	-	Th, 8. †.
Kg, Thrn. 7.	-	-	Th, 2.
*Thrn, Kg. 7. †.	-	-	Kg, Lfr. 3.
Th, Lfr. 1. †.	-	-	Kg, Spr. 2.
Th, Lfr. 6.	-	-	Th, 3.
Thrn, Spr. 7. †.	-	-	Kg, Thrn. 2.

Th, Thrn. 6. macht, daß man Thurn um Thurn nehmen muß, und gewinnt das Spiel.

Andere Stellung.

Weiß. Kg, Kn. 8., Th, 7., Thrn, Lf. 5.
Schwarz. Kg, Kn. 6., Thrn, 4.

In dieser sonderbaren Stellung, in welcher man gleich matt seyn würde, wenn der Schwarze den Zug hätte, muß man so ziehen:

Thrn,

Thrn, 5.	=	=	Thrn,	5.
Th, 6. f.	=	=	Kg,	5.
Th, 5. †.	=	=	Kg, Lfr.	4.

Th, Thrn. 5. gewinnt.

III.

Ein Thurn und ein Läufer gegen einen Thurn.

Ein berühmter Schriftsteller behauptet, daß mit einem Thurn und einem Läufer gegen einen Thurn das Spiel gewonnen werden müsse, und führt zum Beweis dieses Satzes die nachfolgende Stellung an, welche, seinem Vorgeben nach, für den König, der den Thurn allein hat, die vortheilhafteste seyn soll.

Stellung.

Weiß. Kg, 6., Th, Lf. 1., Lf, Kg. 5.
Schwarz. Kg, 8., Th, Kn. 7.

W. Th, Lf. 8. †. (a) = = Th, Kn. 8.

(a) Thut man anstatt Th, Lf. 8. den Zug Lf, Lfr. 6., der das Spiel auf einmal zu entscheiden scheint, so zieht der Schwarze Th, Kg. 7. †., und wird, wenn man seinen Thurn nimmt, patt.

Th, Lf. 7.	=	=	Th, Kn. 2.
Th, Sp. 7. (b)	=	=	Th, Kn. 1.

(b) Durch das hin und wieder ziehen des diesseitigen Thurns auf einer und eben derselben Linie will man den Schwarzen dahin bringen, Th, Kn. 1. oder Th, Kn. 3. zu ziehen, damit man im Stande sey, seinem Thurne, wenn er auf einem von diesen Födern steht, mit dem weißfeldigen Läufer das Schachbieten zu verwehren.

w. Th, Spr. 7. . . . . Th, Lfr. 1. (c)

(c) Wenn der Schwarze anstatt Th, Lfr. 1. so zieht:

: : : : : : Kg, Lfr. 8.
Th, Thrn. 7. : : Th, Spr. 1.
Th, Lf. 2. : : ☞ Th, Spr. 6. †.
Lf, Lfr. 6. : : Kg, Spr. 8.
Th, Lf. 8. †. : : Kg, Thrn. 7. so macht
Th, Thrn. 8. †. matt.

☞ Zieht er anstatt Th, Spr. 6. so wie folgt:

: : : : : : Kg, Spr. 8.
Th, Lf. 8. †. : : Kg, Thrn. 7.
Th, Thrn. 8. †. : : Kg, Spr. 6. so gewinnt
Th, Spr. 8. den Thurn.

*Lf, Spr. 3. . . . . Kg, Lfr. 8. (d)

(d) Wenn er anstatt Kg, Lfr. 8. so zieht:

: : : : : : Th, Lfr. 3.
Lf, Kn. 6. : : Th, Kg. 3. †.
Lf, Kg. 5. : : Th, Lfr. 3.
Th, Kg. 7. †. : : Kg, Lfr. 8.
Th, Sp. 7. : : Kg, Spr. 8.
Th, Spr. 7. †. : : Kg, Lfr. 8.
Th, Spr. 4. : : Kg, 8.
*Lf, Lfr. 4. : : Kg, Lfr. 8.
Lf, Kn. 6. †. : : Kg, 8.
Th, Spr. 8. †. : : Th, Lfr. 8. so macht
Th, Lfr. 8. †. matt.

Th, Spr. 4. . . . . Kg, 8.
Th, Lf. 4. . . . . Th, Kn. 1. (e)

(e) Zieht er anstatt Th, Kn. 1. folgendermaßen:

: : :

Kg, Sfr. 8.

Lf, Kg. 5. - - Kg, Spr. 8. so macht Th, Thrn. 4. mit dem folgenden Zuge Th, Thrn. 8. matt.

W, *Kf, Thrn. 4. - - Kg, Lfr. 8.
Lf, Lfr. 6. - - Th, Kg. 1.†.
Lf, Kg. 5. - - Kg, Spr. 8.
Th, Thrn. 4. macht mit dem folgenden Zuge Th, Thrn. 8. matt.

Um dieses Matt auszuführen, muß also der feindliche König auf eine der vier äußersten Seiten oder Linien des Schachbretts getrieben, daselbst in gewisse zum Mattmachen bequeme Stellungen gebracht und erhalten, oder in die Nothwendigkeit gesetzt werden, seinen Thurn Preis zu geben, oder denselben gegen den diesseitigen Läufer zu vertauschen; jedoch muß alle Vorsicht angewandt werden, daß er nicht patt werde, oder Gelegenheit finde, Thurn gegen Thurn zu nehmen.

Ferner muß zu diesem Mattmachen vorzüglich der Läufer gebraucht werden, damit derselbe dem feindlichen Thurne das Schachbieten verwehre, oder doch den Schach so decken könne, daß der Thurn, der ihn geboten hat, dadurch außer Stand gesetzt werde, den Zug, mit welchem man den Gegner durch den diesseitigen Thurn auf der Stelle matt zu machen gedenkt, zu verhindern.

Indessen ist es doch zu allgemein gesprochen, wenn man dieses Matt für ein solches ausgiebt, welches in allen möglichen Stellungen nothwendig erfolgen müsse. Denn

1) In

1) In der gegebenen Stellung; wenn der Schwarze den Zug hat, Schach bietet, und nachher richtig zieht, so muß erst eine neue Methode erfunden werden, (wenn anders eine solche möglich ist,) ihn nothwendig matt zu machen.

2) In einer andern Stellung; wozu wir die folgende, als der vorigen ähnlich, wählen.

Stellung.

Weiß. Kg. Lfr. 6., Th, Kn. 1., Lfr, 5.
Schwarz. Kg, Lfr. 8., Th, Kg. 7.

W.	Th, Kn. 8. †.	:	Th, Kg. 8.
	Th, Kn. 7.	:	Th, Kg. 2.
	Th, Thrn. 7.	:	Th, Spr. 2.
	Th, Lf. 7.	:	Th, Kg. 2.

In dieser Stellung ist es gar nicht abzusehen, wie man ein nothwendiges Matt herausbringen wolle, und es geht mit dieser Spielendung, wie mit unzähligen andern, in welchen unendlich veränderlichen Stellungen der Steine, der Bauern, und besonders der Könige, den Ausgang des Spiels oft plötzlich vom Gewinn zum Verlust, und vom Verlust zur Unentschiedenheit lenken.

IV.

Eine Königinn gegen einen Thurn.

In den mehresten Stellungen oder Ausgängen dieser Spielendung ist dieses Matt nothwendig. Um dazu zu gelangen, muß man

1) Den

1) Den König, der den Thurn allein hat, auf eine äusserste Linie des Schachbretts treiben. Zu diesem Ende muß man den diesseitigen König in solche Entgegenstellung mit dem seinigen bringen, daß zwischen beyden nur ein Feld offen bleibe, und ihn darinn zu erhalten suchen; nachher muß man die Königinn in Thätigkeit und Bewegung setzen, theils mit derselben Schach bieten, theils auch sie in eine schräge Richtung gegen seinen Thurn bringen, den er nicht rücken darf, weil derselbe seinen König deckt, wodurch also der König gezwungen wird, sich um eine Linie weiter zurückzuziehen.

2) Nachdem man ihn durch solches Verfahren auf eine äusserste Linie des Schachbretts getrieben hat, muß man sich wohl vorsehen, daß er nicht seinen Thurn Preis geben könne, um patt zu werden, welches leicht angeht, wenn man die diesseitige Königinn demselben in der Richtung eines Springers entgegensetzt; diese muß man also immer in einer gewissen Entfernung von dem feindlichen Könige halten, und durch ihre Stellung denselben sowohl von der Rückkehr auf die Mitte des Schachbretts, als auch seinen Thurn vom Schachbieten abhalten.

Zu der folgenden oder einer andern ähnlichen Stellung kann man den König immer bringen, der nur einen Thurn gegen eine Königinn hat:

Stellung.

Schwarz. Kg, Kn. 7., Thrn, Kn. 6.
Weiß. Kg, Lfr. 5., Kn, Kg. 5.

W. 1. Kn, Sp. 5. †. - Kg, 7.
2. Kn, Sp. 7. †. - Thrn, Kn. 7.
3. Kn, Sp. 4. †. - Kg, Kn. 8.
4. *Kg, 6. - Kg, Lf. 8. (a)

(a) Wenn er Kg, 8. zöge, anstatt Kg, Lf. 8. so würde man dagegen Kn, Sp. 5. ziehen, und das Spiel gewinnen.

5. *Kn, Sp. 5. (b) - Thrn, Lf. 7.

(b) Hätte man ihm die diesseitige Königinn durch den Zug Kn, Sp. 6. in der Richtung eines Springers entgegengesetzt, so hätte er Thrn, Kg. 7. †. gezogen, und wenn man ihm alsdann den Thurn genommen hätte, so wäre er patt gewesen.

6. Kg, Kn. 6.

In dieser Stellung wird er matt, wenn er seinen Thurn nicht von seinem Könige entfernt.

6. - Thrn, Th. 7.
7. Kn, Kg. 8. †. - Kg, Sp. 7.
8. Kn, 7. †. - Kg, Sp. 8.
9. Kn, 8. †. - Kg, Sp. 7.
10. Kn, Lf. 7. †. - Kg, Th. 6.
11. Kn, Lf. 6. †. - Kg, Th. 5.
12. Kg, Lf. 5. macht ohne Rettung matt.

Wenn er bey dem sechsten Zuge, anstatt Thrn, Th. 7., seinen Thurn entfernt, und Thrn, 7. oder Thrn, Lf. 1. zieht, welches gleich viel ist, so

muß

muß man ihm mit der Königinn beständig Schach bieten, und zwar so, daß er am Ende einem doppelten Schach, der König und Thurn zugleich trifft, und das Spiel zum diesseitigen Vortheil entscheidet, nicht entgehen könne. Z. B.

W.	6.	= = = = =		Thrn, Lf. 1.
	7.	Kn, Lfr. 5. †.	=	Kg, Sp. 8.
	8.	Kn, Lfr. 8. †.	=	Kg, Sp. 7.
	9.	Kn, Lfr. 3. †.	=	Kg, Sp. 8.
	10.	Kn, Sp. 3. †.	=	Kg, Lf. 8.
	11.	Kn, Spr. 8. †.	=	Kg, Sp. 7.
	12.	Kn, Spr. 2. †.	=	Kg, Th. 7.
	13.	Kn, Th. 2. †.	=	Kg, Sp. 7.
	14.	Kn, Sp. 2. †. gewinnt den Thurn.		

Es giebt aber Stellungen, in welche der diesseitige König und die Königinn durch die Folge der Züge, durch das Nehmen eines Steins, oder irgend einen andern dringenden Umstand gerathen können, in welchen die Ausführung dieses Matts unmöglich ist, und das Spiel nothwendig unentschieden bleiben muß.

Es sey folgende oder eine andere ihr ähnliche Stellung:

Schwarz. Kg, Lf. 8., Thrn, Lf. 7.
Weiß. Kg, Sp. 6., Kn, 6.

Hat der Schwarze den Zug, so zieht er Thrn, Sp. 7. †.; man zieht dagegen Kg, Th. 6.; er opfert alsdann durch den Zug Thrn, Th. 7. †. seinen Thurn auf, und wird nothwendig patt, oder das Spiel bleibt unentschieden.

Wäre

Wäre die Stellung folgende:

Schwarz.	Kg, Kn. 8.,	Thrn, Kn. 7.
Weiß.	Kg, Lf. 6.,	Kn, Kg. 6.

so zöge der Schwarze so:

	Thrn, Lf. 7. †.
Kg, Sp. 6.	Thrn, Sp. 7. †.
Kg, Th. 6.	

In dieser Stellung kann der Schwarze nicht so, wie in der vorhergehenden, seinen Thurn Preis geben, um patt zu werden, und man kann ihn nach dem oben gegebenen Unterrichte matt machen, wenn man, nach Maaßgabe der Umstände, ungefähr so spielt:

W.	Kg, Th. 6.	Thrn, Kn. 7.
	Kn, Lfr. 6. †.	Kg, Lf. 7.
	Kn, Kg. 5. †.	Kg, Kn. 8.
	*Kg, Sp. 6.	Thrn, Kg. 7.
	*Kn, Lfr. 5.	Kg, 8.
	Kg, Lf. 6.	Thrn, Lfr. 7.
	Kn, Spr. 5.	Kg, Lfr. 8.
	Kg, Kn. 6.	Thrn, Spr. 7.
	Kn, Thrn. 5.	Kg, Spr. 8.
	Kg, 6.	Thrn, 7.
	Kn, Spr. 6. †.	Thrn, Spr. 7.
	Kn, Kg. 8. †.	Kg, Thrn. 7.
	*Kg, Lfr. 6. (c)	Thrn, Spr. 3.

(c) In dieser Stellung würde der Schwarze, weil er ziehen muß, matt seyn, wenn er nicht seinen Thurn entfernte. Hätte man aber dießseits in dieser oder einer

einer ähnlichen Stellung den Zug, so müßte man sich zuförderst des Nachzuges bemächtigen, um erst wieder in dieselbe Stellung zu kommen, nachdem man dem Schwarzen den Zug in die Hände gespielt hätte. Dies kann auf folgende Weise geschehen:

Kn, Kg. 4.†. = = Kg, Spr. 8.
Kn, Th. 8.†. = = Kg, Thrn. 7.
*Kn, Kg. 8. u. s. w.

Alsdann befindet man sich gerade in der nehmlichen Stellung, wie vorher, und der Schwarze, weil er ziehen und seinen Thurn entfernen muß, verliert nothwendig das Spiel.

W. Kn, Kg. 4.†. = = Kg, Spr. 8.
Kn, Th. 8.†. = = Kg, Thrn. 7.
Kn, Sp. 7.†. = = Kg, Thrn. 8.
Kn, Lf. 8.†. = = Kg, Thrn. 7.
Kn, Lf. 7.†. gewinnt den Thurn.

Hätte der König, der den Thurn hat, noch einen Bauern bey sich, den er unterstützen könnte, so würde dieser Bauer den Thurn decken, und das Mattsetzen unmöglich machen, folglich das Spiel unentschieden bleiben. Dies fällt von selbst in die Sinne, und es wird also nicht nöthig seyn, ein Beyspiel davon zu geben.

V.

Ein König allein gegen zween Läufer.

Um diesen König matt zu machen, muß man
1) denselben durch Entgegenstellung des diesseitigen Königs auf eine äußerste Linie des Schachbretts treiben;

2) denselben in ein Eckfeld des Schachbretts jagen, und damit er nicht entwische, ihm den Ausgang durch die Läufer versperren;

3) sich wohl vorsehen, daß er nicht patt werde, welches man am besten verhüten kann, wenn man sich des Nachzuges bemächtiget, indem man die Läufer auf ihren Linien hin und wieder zieht.

Stellung.

Schwarz. Kg, Spr. 7.
Weiß. Kg, 6., Lfr, lf. 2., Lf, lfr. 2.

W.	Lf, Kg. 3.	= =	Kg, lfr. 8.
	Lfr, Spr. 6.	= =	Kg, Spr. 7.
	Lfr, Thrn. 5.	= =	Kg, lfr. 8.
	Lf, Thrn. 6. †.	= =	Kg, Spr. 8.
	*Lfr, Spr. 6.	= =	Kg, Thrn. 8.
	*Kg, lfr. 6.	= =	Kg, Spr. 8.
	*Lfr, Kn. 3.	= =	Kg, Thrn 8.
	*Kg, Spr. 6.	= =	Kg, Spr. 8.
	Lfr, lf. 4. †.	= =	Kg, Thrn. 8.
	Lf, Spr. 7. †. matt.		

VI.

Ein König gegen zween Springer.

Der König, der die zween Springer hat, kann seinen Gegner nicht matt machen.

Wenn dieser Gegner indessen einen Bauern hat, den er ziehen kann, so giebt es eine Stellung, in welcher man ihn matt machen kann, wenn man

Zeit genug hat, die Springer auf die Felder zu bringen, auf welchen dieses Matt bewürkt werden kann.

Stellung.

Weiß. Kg, Sp. 6., Spr, Lfr. 3., Sp, Kn. 6.
Schwarz. Kg, Sp. 8., B, Thrn. 3.

W. Spr, Kn. 4.	= =	B, Thrn. 2.
Spr, Lf. 6. †.	= =	Kg, Th. 8.
*Sp, 5.	= =	B, Thrn. 1. Kn.
Sp, Lf. 7. †. matt.		

Es kann sogar eine Stellung geben, in welcher ein Springer allein einen König matt macht, der einen Bauern hat, den er ziehen kann.

Stellung.

Weiß. Kg, Lf. 1., Sp, Kn. 2.
Schwarz. Kg, Th. 1., B, Th. 3.

Man zieht so:

Sp, 3. †.	= =	Kg, Th. 2.
*Sp, Lf. 5.	= =	Kg, Th. 1.
*Kg, Lf. 2.	= =	Kg, Th. 2.
*Sp, Kn. 3.	= =	Kg, Th. 1.
*Sp, Lf. 1.	= =	B, Th. 2.
*Sp, 3. †. matt.		

VII.

Ein König allein gegen einen Läufer und einen Springer.

Dies ist ein nothwendiges Matt; um dazu zu gelangen, muß man den feindlichen König in ein Eckfeld des Schachbretts von der Farbe des diesseitigen Läufers treiben, wozu mehr oder minder Züge gehören, je nachdem die Stellung der Steine, und die Art anzugreifen und zu vertheidigen beschaffen ist.

Wir wollen die folgende Stellung annehmen. Sie scheint die vortheilhafteste für den König zu seyn, der sich gegen das Mattwerden wehren soll, weil er auf einem Eckfelde von verschiedener Farbe mit dem diesseitigen Läufer steht, und weil man ihn erst auf das andere Eckfeld von der Farbe des Läufers treiben muß.

Schwarz. Kg, Th.8.
Weiß. Kg, Lf.6., Spr, Kn.5., Lf, Kg.5.

W.	1.	Spr, Sp. 6.†.	= =	Kg, Th. 7.
	2.	Lf, 7.	= =	Kg, Th. 6.
	3.	Lf, Sp. 8.	= =	Kg, Th. 5.
	4.	*Spr, Kn.5.	= =	Kg, Th. 4. (a)

(a) Zieht der Schwarze, anstatt Kg, Th. 4. beym vierten Zuge Kg, Th. 6., um sich desto mehr von dem Winkel zu entfernen, in welchem er sein Mattwerden vor Augen sieht, so wird er nichts desto weniger matt, und noch dazu um drey Züge früher, als durch das Spiel des diesseitigen Springers. Z. B.

4.	= = = = = =	= =	Kg, Th. 6.
5.	*Spr, Sp.4.†.	= =	Kg, Th. 5.
6.	Kg, Lf. 5.	= =	Kg, Th. 4.
7.	Kg, Lf. 4.	= =	Kg, Th. 5.
8.	Lf, 7.†.	= =	Kg, Th. 4.
9.	*Spr, Kn.3.	= =	Kg, Th. 3.
10.	*Lf, Th. 5.	= =	Kg, Th. 4.
11.	*Lf, Kn. 2.	= =	Kg, Th. 3.

12. *Lf, Sp. 4.†. : : Kg, Th. 2.
13. Kg, Lf. 3. : : Kg, Sp. 1.
14. Kg, Sp. 3. : : Kg, Th. 1.
15. Kg, Lf. 2. : : Kg, Th. 2.
16. *Spr, Lf. 1.†. : : Kg, Th. 1.
17. Lf, 3.†. matt.

W. 5. Kg, Lf. 5. (b) : : Kg, Sp. 3. (c)

(b) Man könnte auch, anstatt Kg, Lf. 5. beym fünften Zuge Lf, Kg. 5. ziehen, und ihn in eben so viel Zügen matt machen. Man zieht aber Kg, Lf. 5. weil dadurch der Gang des Schwarzen mehr gezwungen wird, und folglich die Ausführung des Mattsetzens einfacher wird, obgleich die Anzahl der Züge in beyden Fällen gleich ist.

(c) Wenn der Schwarze, anstatt Kg, Sp. 3. beym fünften Zuge Kg, Th. 5. zieht, so zieht man dagegen *Spr, Sp. 4. und verfolgt das Spiel nach der oben in der Anmerkung (a) bey der Veränderung vorgeschriebenen Methode.

6. *Spr, Sp. 4. : : Kg, Sp. 2. (d)

(d) Wenn der Schwarze, anstatt Kg, Sp. 2. beym sechsten Zuge so zieht:

6. : : : : : : Kg, Th. 3.
7. Kg, Lf. 4. : : Kg, Th. 4.
8. Lf, 7. : : Kg, Th. 3.
9. *Spr, Kn. 3. : : Kg, Th. 4.
10. *Lf, Sp. 6. : : Kg, Th. 5.
11. Lf, Th. 5. so wird das Spiel weiter fortgespielt, wie es oben in der Veränderung vom zehnten Zuge an bis zu Ende vorgeschrieben worden.

7. *Lf, Lfr. 4. : : Kg, Lf. 3.
8. Lf, Kg. 3. (e) : : Kg, Sp. 3.

(e) Diesen und den folgenden Zug thut man bloß, um den König in dem Winkel des Schachbretts festzuhalten, in welchem er matt werden soll.

W. 9. Lf. Kn. 2. = = Kg, Th. 4.
10. *Spr, Lf. 6. (f) = = Kg, Sp. 3. (g)

(f) Thäte man, anstatt *Spr, Lf. 6. den Zug Kg, Lf. 4. so machte man um einen Zug später matt.

(g) Wenn der Schwarze, anstatt Kg, Sp. 3. beym zehnten Zuge Kg, Th. 3. zöge, so würde man ihn durch den Zug Kg, Lf. 4. um so früher matt machen.

11. Spr, Kn. 4. †. (h) = = Kg, Th. 4.

(h) Von nun an halten der Springer und Läufer allein schon den schwarzen König in dem Winkel fest, in welchem er matt werden soll; man muß daher dieses Matt nach den verschiedenen Stellungen beschleunigen lernen, in welchem sich die Könige und die Steine gegen das Ende dieses Spiels befinden. Denn es ist klar, daß man um so viel Züge eher matt macht, als man weniger dazu nöthig hat, den König in den Winkel zu treiben, in welchem er matt werden soll.

12. Kg, Lf. 4. = = Kg, Th. 3.
13. *Kg, Sp. 5. = = Kg, Sp. 2. (i)

(i) Wenn der Schwarze, anstatt Kg, Sp. 2. beym dreyzehnten Zuge Kg, Th. 2. zöge, so würde er in eben so viel Zügen durch den Läufer matt werden, anstatt daß er es itzt vom Springer wird. Z. B.

13. : : : : : : Kg, Th. 2.
14. Kg, Sp. 4. : : Kg, Sp. 1.
15. Kg, Sp. 3. : : Kg, Th. 1.
16. *Lf, 1. : : Kg, Sp. 1.
17. Lf, Th. 3. : : Kg, Th. 1.

18.	*Spr, Kg. 2.	: :	Kg, Sp. 1.
19.	Spr, Lf. 3. †.	: :	Kg, Th. 1.
20.	Lf, Sp. 2. †. matt.		

XV.	14.	Kg, Sp. 4.	: :	Kg, Th. 2.
	15.	Lf, 1.	: :	Kg, Sp. 1.
	16.	Lf, Th. 3.	: :	Kg, Th. 2.
	17.	*Spr, Kg. 2.	: :	Kg, Sp. 1.
	18.	Kg, Sp. 3.	: :	Kg, Th. 1.
	19.	Lf, Sp. 2. †.	:	Kg, Sp. 1.
	20.	Spr, Lf. 3. †. matt.		

Es ist leicht zu sehen, daß dieses Matt unter allen am schwersten zu bewerkstelligen und es ist um so weniger nöthig, sich darauf zu legen, da es nur sehr selten vorkömmt. Es ist eine Art von Aufgabe, deren Auflösung aber doch zu mehrerem Unterrichte dienet; denn man lernt dadurch den Gang und die Würkung der Steine, besonders aber des Springers berechnen, und in unzähligen Gelegenheiten bestmöglichst benutzen, in welchen die richtig berechneten Züge dieses Steins, der dem Könige jedesmal zwey Felder zugleich versperret, in den Gewinn des Spiels einen entscheidenden Einfluß haben.

Sechstes Kapitel.

Von sonderbaren oder seltenen Spielen.

In welchen man zu einer Zeit, da man in einer verzweifelten Lage zu seyn, und mit einem Zuge matt werden zu müssen scheint, wenn man nicht den Zug hätte, den Gegner nicht eher aus dem Schach läßt, bis er selbst matt ist.

Erstes Spiel.

(Es ist im Stamma das 55ste Spiel.

Spiel eines Springers um matt zu machen.

Stellung.

Schwarz. Kg, Th. 7., Thrn, 8., Th, Thrn. 3., Lf, Spr. 4.: B, Th. 6., B, Sp. 7., B, Lfr. 3.

Weiß. Kg, Spr. 1., Th, Lf. 1., Sp, Kn. 4., Lf, Kg. 3.: B, Th. 5., B, Lf. 7., B, Lfr. 2.

Weiß.	Schwarz.
Sp, Lfr. 5. †. (a)	B, Sp. 6.

(a) Durch diesen Zug versperrt der Springer den feindlichen Läufer die Richtung auf das Feld, au welchem der diesseitige Bauer in die Dame ziehe soll, und kömmt zugleich in den Stand, nachhe auf dem Felde Sp, Kn. 6. matt zu machen.

Weiß.		Schwarz.
B, Sp. 6. †.	= =	Kg, Th. 8. (b)

(b) Wenn er, anstatt Kg, Th. 8., so zieht:

= = = = = = =		Kg, Sp. 7.
Sp, Kn. 6. †.	= = =	Kg, Th. 8. so macht
B, Sp. 7. †. matt.		

B, Lf. 8. Kn. †.	= =	Thrn, Lf. 8.
Th, Lf. 8. †.	= =	Kg, Sp. 7.
Sp, Kn. 6. †. matt.		

Zweytes Spiel.

(Es ist im Stamma das 44ste Spiel.)

Matt mit einem Thurn und zween Springern.

Stellung.

Schwarz. Kg, Sp. 8., Kn, Kg. 4., Th, Thrn. 8., Thrn, 6., Lf, 8., B, Sp. 6., B, Lf. 5., B, Lfr. 4., B, Spr. 6.

Weiß. Kg, Thrn. 2., Kn, Lf. 4., Th, Spr. 7., Sp, 5., Spr, Kn. 4., B, Th. 6., B, Sp. 4., B, Thrn. 3.

W. B, Th. 7. †.	= =	Kg, Th. 8.
Kn, 5. †.	= =	Kn, 5.
Sp, Lf. 7. †.	= =	Kg, Th. 7.
Sp, Kn 5. †.	= =	Kg, Th. 6.
Sp, Lf. 7. †.	= =	Kg, Sp. 7.
Sp, 5. †.	= =	Kg, Th. 8.
Th, 7. †.	= =	Kg, Sp. 8.
Spr, Lf. 6. †. matt.		

Man kann um einen Zug früher matt machen, wenn man anstatt Sp, Lf. 7. †. beym fünften Zuge so zieht:

B, Sp. 5. †.	: : :	Kg, Th. 5.
Th, 7. †.	: : :	Lf, Th. 6.
Th, 6. †. matt.		A. d. K. Ueb.

Drittes Spiel.

(Es ist im Stamma das 50ste Spiel.)

Man opfert einen Thurn auf, um mit einem Bauer, einem Läufer und einem Springer matt zu machen. Vortheil eines Königs, der einen Bauern unterstützt, und sich dem feindlichen auf eine äußerste Linie des Schachbretts getriebenen Könige entgegenstellen kann.

Stellung.

Schwarz. Kg, Th. 8., Th, Kn. 8., Thrn, Kg. 8., Sp, Kn. 4., B, Kn. 2., B, Kg. 3.

Weiß. Kg, Th. 6., Th, Lf. 1., Sp, Kg. 5., Lf, Th. 3., B, Sp. 6.

W. Th, Lf. 8. †. (a)	: :	Th, Lf. 8.

(a) Man giebt diesen Thurn Preis, um den seinigen von der Linie wegzubringen, auf welcher man ihm mit dem diesseitigen Läufer Schach bieten will.

B, Sp. 7. †.	: :	Kg, Sp. 8.
Lf, Kn. 6. †.	: :	Th, Lf. 7.
Sp, Kn. 7. †. matt.		

Viertes Spiel.

(Es ist im Stamma das 71ste Spiel.)

Dem vorigen ähnlich.

Stellung.

Schwarz. Kg, Thrn. 7., Th, Lf. 8., Thrn, 1., Lfr, Lf. 5., B, Lfr. 2., B, Thrn. 6.

Weiß. Kg, Lfr. 7., Th, Lfr. 6., Sp, Kg. 6., Lf, Kn. 2., B, Spr. 5.

W. B, Spr. 6. †. = = Kg, Thrn. 8.
B, Spr. 7. †. = = Kg, Thrn. 7.
Th, Thrn. 6. †. (a) = = Thrn, 6.

(a) Man giebt diesen Thurn gegen seinen Bauern B, Thrn. 6. hin, weil letzterer den diesseitigen Springer hindert, ihn matt zu machen.

Sp, Spr. 5. †. matt.

Fünftes Spiel.

(Es ist im Stamma das 22ste Spiel.)

Man giebt einen Thurn Preis, um mit dem zweeten Zuge matt zu machen.

Stellung.

Schwarz. Kg, Lf. 6., Th, Kn. 2., Thrn, 2., Lfr, Sp. 6., B, Lf. 5., B, Kn. 6., B, Kg. 3.

Weiß. Kg, 1., Th, Sp. 1., Thrn, Kg. 7., Sp, 5., B, Lf. 4., B, Kg. 6.

Thrn,

W. Thrn, Lf. 7. †. (a) . . . Lfr, Lf. 7.

(a) Um ein so einfaches Matt zu bewerkstelligen, brauch man nur zu berechnen, wie viel Zufluchtsörter der feindlichen Könige durch seine eigene Steine und Bauern sowohl, als durch die diesseitigen versperrt sind.

Sp, Th. 7. †. matt.

Sechstes Spiel.

(Es ist im Stamma das 25ste Spiel.)

Man opfert einen Thurn auf, um mit zween Springern und einem Bauer matt zu machen.

Stellung.

Schwarz. Kg, Sp. 8., Th, Kn. 2., Sp, Lf. 8.
Spr, Kn. 6., B, Th. 7., B, Lfr. 3.
B, Spr. 3.

Weiß. Kg. Spr. 1., Th, Spr. 7., Sp, 4.,
Spr, Lf. 5., B, Lf. 6.

W. Th, Sp. 7. †. (a) . . Spr, Sp. 7. (b)

(a) Zur Bewerkstelligung eines so einfachen Matts mit dem dritten Zuge, giebt man den Thurn Preis, um den diesseitigen Bauern B, Lf. 6. in Thätigkeit zu setzen, der den Gegner auf dem Felde B, Sp. 7. matt machen soll, wohin er aber nicht anders gelangen kann, als wenn er den Springer schlägt, der den diesseitigen Thurn genommen hat.

(b) Zieht er seinen König zurück, anstatt den diesseitigen Thurn zu nehmen, so wird er durch das Spiel der beyden Springer matt. Z. B.

. . . . Kg, Th. 8.
Th, Sp. 8. †. . . . Kg, Sp. 8.

Sp,

Sp, Th. 6. †. : : : Kg, Th. 8.
Sp, Lf. 7. †. : : : Kg, Sp. 8.
Spr, Th. 6. †. matt.

W. Sp, Th. 6. †. : : Kg, Th. 8.
B, Sp. 7. †. matt.

Der französische Herausgeber des Stamma hat dieses Spiel des Niederschreibens nicht werth gehalten, sondern es mit dem Machtspruch abgefertigt: Cette partie est faute, de meme que la seconde maniere; (dieses Spiel ist, nebst der beygefügten Abänderung, falsch.) Vermuthlich hat er sich an der Stellung des weißen Thurns geärgert, der freylich auf dem Felde Th, Lf. 7. nicht die natürlichste Stellung hat. Es ist aber im Stamma nur durch einen Druckfehler A. C. 7. anstatt A. G. 7. gesetzt worden. Wenn man also den Thurn auf Th, Spr. 7. setzt, so ist das Spiel nicht allein untadelich, sondern auch schön, und der gute Stamma gerettet.

A. d. Ueb.

Siebentes Spiel.

(Es ist im Stamma das 43ste Spiel.)

Man giebt einen Thurn Preis, um mit einem Springer, einem Bauer und dem zweeten Thurn matt zu machen.

Stellung.

Schwarz. Kg, Sp. 8., Th, Sp. 2., Thrn, Lf. 8., Sp, 5., B, Th. 6.

Weiß. Kg, 1., Th, Kg. 7., Thrn, 1., Sp, Kg. 5., B, Sp. 6.

Thrn,

W. Thrn, 8. (a) - - Thrn, 8. (b)

(a) Man giebt diesen Thurn Preis, um ihm durch den Zug Sp, Lf. 6. mit dem diesseitigen Springer Schach bieten zu können.

(b) Wenn er, anstatt den diesseitigen Thurn zu nehmen, so zieht:

- - - - - - - - - - Sp, Kn. 6.
Sp, Lf. 6. †. - - - - - Kg, Th. 8. so macht Th, 7. †. matt.

Zieht er aber statt dessen so:

- - - - - - - - - - Th, Lf. 2.
Sp, Kn. 7. †. - - - - - Kg, Th. 8. (c)

(c) Und wenn er anstatt sich auf das Feld Kg, Th. 8. zurückzuziehen, so spielt:

- - - - - - - - Kg, Sp. 7.
Sp, Lf. 5. †. - - Kg, Sp. 6.
Thrn, Lf. 8. - - Th, Lf. 5. so muß Th, Kg. 6. †. gewinnen.

B, Sp. 7. †. - - - - Kg, Sp. 7.
Sp, Lf. 5. †. - - - - Kg, Sp. 6.
Th, Sp. 7. †. - - - - Kg, Th. 5.
Thrn, Lf. 8. - - - - Th, Thrn. 2. so muß Thrn, Lf. 6. gewinnen.

Sp, Lf. 6. †. - - Kg, Lf. 8.
B, Sp. 7. †. matt.

Achtes Spiel.

(Es ist im Stamma das 69ste Spiel.)

Aufopferung eines Thurns um ein ersticktes Matt zu bewerkstelligen.

Stellung.

Schwarz. Kg, Thrn. 8., Th, 2., Thrn, Spr. 2., Sp, Lfr. 6., Spr, 8., B, Sp. 3.

Weiß.

Weiß. Kg, 1., Th, Sp. 7., Thrn, Lfr. 1.,
Sp, Kg. 6., B, Spr. 6.

W. Thrn, 1.†. = = Thrn, 2.
Th, Thrn. 7.†. = = Thrn, 7.
B, Spr. 7.†. matt.

Neuntes Spiel.

(Es ist im Stamma das 10te Spiel.)

Ein anderes ersticktes Matt.

Stellung.

Schwarz. Kg, Th. 8., Th, Sp. 8., Thrn, 5.,
Lf, Lfr. 3., B, Th. 7., B, Sp. 5.,
B, Kg. 2.

Weiß. Kg, Spr. 1., Th, Lf. 7., Sp, Kn. 5.,
Lfr, Th. 6., B, Lf. 6., B, Lfr. 2.,
B, Spr. 3.

W. Lfr, Sp. 7.†. = = Th, Sp. 7.
Th, Lf. 8.†. = = Th, Sp. 8.
~~Th,~~ Sp, Lf. 7.†. matt.

Zehntes Spiel.

(Es ist im Stamma das 7te Spiel.)

Aufopferung der Königinn, um ein ersticktes Matt zu bewerkstelligen.

Stellung.

Schwarz. Kg, Th. 8., Kn, Thrn. 3., Th, Kn. 7.,
Sp, 6., Lfr, 6., B, Th. 7., B, Sp. 7.,
B, Lfr. 3., B, Spr. 4.

Weiß. Kg, Spr. 1., Kn, Lfr. 4., Th, Kg. 1., Sp, 5., B, Lfr. 2., B, Spr. 3.

W.	Th, Kg. 8. †.	= =	Lfr, Kn. 8.
	Th, Kn. 8. †.	= =	Th, Kn. 8.
	Sp, Lf. 7. †.	= =	Kg, Sp. 8.
	Sp, Th. 6. †.	= =	Kg, Th. 8.
	Kn, Sp. 8. †.	= =	Th, Sp. 8.
	Sp, Lf. 7. †. matt.		

Eilftes Spiel.

(Es ist im Stamma das 91ste Spiel.)

Ein anderes ersticktes Matt. Aufopferung eines Thurns.

Stellung.

Schwarz. Kg, Spr. 8., Kn, 5., Th, Kg. 7., Thrn, Lfr. 8., Sp, Th. 4., Lfr, Lf. 5.: B, Sp. 6., B, Kg. 4., B, Spr. 6.

Weiß. Kg, Spr. 2., Kn, Kg. 3., Th, Lfr. 1., Thrn, 6., Sp, Thrn. 4., B, Sp. 5., B, Spr. 3.

W. Thrn, 8. †. (a) = = Kg, Thrn. 8.

(a) Man opfert diesen Thurn, um die Königinn in Thätigkeit zu setzen.

Kn, Thrn. 6. †.	= =	Th, Thrn. 7.
Th, Lfr. 8. †.	= =	Lfr, 8.
Kn, Lfr. 8. †.	= =	Kn, Spr. 8.
Sp, Spr. 6. †. matt.		

Zwölftes

Zwölftes Spiel.

(Es ist im Stamma das 62ste Spiel.)

Aufopferung eines Thurns, um den feindlichen König zu entblößen.

Spiel der beyden Springer.

Stellung.

Schwarz. Kg, Sp. 8., Th, 8., Thrn, Spr. 8., Sp, Kg. 2., Lfr, Spr. 7.: B, Sp. 6., B, Lf. 7., B, Lfr. 3., B, Spr. 4., B, Thrn. 2.

Weiß. Kg, Lfr. 1., Th, Kn. 1., Thrn, Kg. 7., Sp, 4., Spr, Kg. 5.: B, Lf. 4., B, Lfr. 2., B, Spr. 3.

W. Sp, Lf. 6. †.	= =	Kg, Sp. 7.
Thrn, Lf. 7. †. (a)	= =	Kg, Lf. 7.

(a) Man giebt diesen Thurn Preis, um den feindlichen König durch Wegnehmung seines Bauers B, Lf. 7. zu entblößen, und den diesseitigen, durch beyde Springer unterstützten zweeten Thurn, in Thätigkeit zu setzen.

Th, Kg. 7. †.	= =	Kg, Lf. 8.
Sp, Kg. 7. †.	= =	Kg, Sp. 8.
Spr, Lf. 6. †. matt.		

Dreyzehntes Spiel.

(Es ist im Stamma das 68ste Spiel.)

Aufopferung eines Thurns, um den feindlichen König auf dem Fleck des Schachbretts festzuhalten, wo er matt werden soll. Vortheil des Königs, wenn er gegen den feindlichen in einen Winkel des Schachbretts getriebenen König zur Entgegenstellung gelangen, und sich darinn erhalten kann.

Stellung.

Schwarz. Kg, Lfr. 8., Th, Sp. 1., Thrn, Lf. 8., Sp, Kn. 2., B, Th. 6., B, Lf. 2., B, Kn. 5., B, Kg. 4.

Weiß. Kg, Thrn. 5., Th, Spr. 6., Sp, Spr. 5., Lf, Sp. 6., B, Th. 5., B, Lfr. 6., B, Spr. 4., B, Thrn. 6.

W. Th, Spr. 8. †. (a) - - Kg, Spr. 8.

(a) Man opfert diesen Thurn auf, um den feindlichen König auf das Feld Kg, Thrn. 8. zu bringen, auf welchem man dessen Mattwerden mittelst des diesseitigen Königs und Läufers vorhersieht.

B, Thrn. 7. †.	-	-	Kg, Thrn. 8.
Kg, Spr. 6.	-	-	Thrn, Lfr. 8.
Lf, 5.	-	-	Th, Sp. 8.
B, Lfr. 7.	-	-	Thrn, Spr. 8. †.
B, Spr. 8. Kn. †.	-	-	Th, Spr. 8. †.
Kg, Thrn. 6. gewinnt.			

Vierzehntes Spiel.

(Es ist im Stamma das 49ste Spiel.)

Einsperrung des Königs in einen Winkel des Schachbretts durch den diesseitigen König. Aufopferung eines Läufers, um mit dem Thurne matt zu machen.

Stel-

Stellung.

Schwarz. Kg, Th. 8., Th, Kn. 8., Thrn, 8., Sp, Lfr. 3., B, Spr. 3., B, Thrn. 2.
Weiß. Kg, Sp. 6., Th, Sp. 7., Thrn, Kn. 5., Lfr, Th. 2., B, Th. 7.

W. Th, Thrn. 7.	= =	Thrn, Lfr. 8.
Thrn, Kn. 8. †.	= =	Thrn, Kn. 8.
Lfr, Kn. 5. †.	= =	Thrn, Kn. 5.
Th, Thrn. 8. †.	= =	Thrn, Kn. 8.
Th, Kn. 8. †. matt.		

Funfzehntes Spiel.

(Es ist im Stamma das 78ste Spiel.)

Aufopferung eines Thurns, um einen Zeitpunkt zu gewinnen, dessen man zum Mattmachen nöthig hat. Zug des Läufers auf ein Feld, vorzüglich vor einem andern, um dazu zu gelangen.

Stellung.

Schwarz. Kg, Sp. 8., Kn. Thrn. 7., Th, Lf. 2., Thrn, 8., Sp, Kn. 3., Lfr, Kg. 7., B, Th. 7., B, Kn. 6., B, Lfr. 3., B, Spr. 4.
Weiß. Kg, Lfr. 1., Kn, Th. 5., Thrn, 2., Sp, Lf. 7., Lf, Thrn. 6., Lfr, Th. 6., B, Sp. 3., B, Lfr. 2., B, Spr. 3.

W. Lf, Kg. 3. (a) = = Kn, Thrn. 2. (b)

(a) Man giebt den diesseitigen Thurn Thrn, 2. Preis, um die Zeit zu gewinnen, deren man nöthig hat, um dem Läufer, Lf, Thrn. 6. die Richtung gegen seinen König zu geben, und den Bauern B, Th. 7. der ihn bedeckt, wegzunehmen.

(b) Hält er sich, anstatt den diesseitigen Thurn zu nehmen, beym Schachbieten auf, und zieht:

		Th, Lf. 1. †
Lf, 1.		Kn, Thrn. 2.
Kn, Sp. 5. †		Kg, Lf. 7.
Kn, Sp. 7. †		Kg, Kn. 8. so macht
Kn, Lf. 8. † matt.		

W. Lf, Th. 7. †		Kg, Th. 7.
Lfr, Lf. 8. † (c)		Kg, Sp. 8.

(c) Man muß sich wohl hüten, seinen Springer Sp, Lf. 7. zu nehmen. Lieber zieht man den diesseitigen Läufer auf das Feld Lfr, Lf. 8. um das durch die Königinn zu bewerkstelligende Matt zu unterstützen.

Kn, Th. 8. †		Kg, Lf. 7.
Kn, Sp. 7. †		Kg, Kn. 8.
Kn, 7. † matt.		

Sechzehntes Spiel.

(Es ist im Stamma das 84ste Spiel.)

Aufopferung eines Springers und eines Thurns, um den König auf einem Felde festzuhalten, auf welchem er matt werden.

Stellung.

Schwarz. Kg, Spr. 8., Kn, 5., Th, 7., Thrn, Lfr. 8., Lf, 6., B, Lfr. 6., B, Spr. 7.

Weiß.

Weiß. Kg, Spr. 1., Kn, Spr. 4., Thrn, 1., Sp, Lfr. 5., Lfr, Lf. 2., B, Lfr, 2., B, Spr. 3.

W. Sp, Kg. 7. †. (a) = = Th, Kg. 7.

(a) Man giebt diesen Springer hin, weil er der Richtung des diesseitigen Läufers Lfr, Lf. 2. hinderlich ist.

Lfr, Thrn. 7. †. = = Kg, Lfr. 7.
Lfr, Spr. 6. †. = = Kg, Spr. 8.
Thrn, 8. †. = = Kg, Thrn. 8.
Kn, Thrn. 4. †. = = Kg, Spr. 8.
Kn, Thrn. 7. †. matt.

Siebzehntes Spiel.

(Es ist im Stamma das 11te Spiel.)

Aufopferung eines Thurns, um den feindlichen König zu entblößen. Schach von dem Springer auf einem Felde vorzüglich vor einem andern. Zug des Thurns auf ein Feld lieber, als auf ein anders, indem man durch den Läufer, der verdeckt gestanden, Schach bietet. Matt durch einen Thurn, einen Läufer und einen Springer.

Stellung.

Schwarz. Kg, Lf. 7., Thrn, 2., Th, Spr. 2., Spr, 3., Lfr, Kn. 8., B, Sp. 7., B, Lf. 5., B, Kn. 6., B, Lfr. 3.

Weiß. Kg, 1., Th, 8., Thrn, Sp. 1., Sp, Lf. 4., Lfr, Th. 4., B, Kn. 5. B, Lfr. 4.

W. Thrn, Sp. 7.†.(a)	Kg, Sp. 7.

(a) Man opfert diesen Thurn, um den andern und den Läufer in Thätigkeit zu setzen, den man nicht gebrauchen könnte, wenn der Gegner seinen Bauern B, Sp. 7. behielte.

Lfr, Lf. 6.†.	Kg, Lf. 7.
Th, 7.†.	Kg, Sp. 8.(b)

(b) Wenn er, anstatt sich auf das Feld Kg, Sp. 8. zurückzuziehen, so spielt:

	Kg, Lf. 8.
Sp, Kn. 6.†.	Kg, Sp. 8.
Th, Sp. 7.†.	Kg, Th. 8.
Th, Sp. 6.†.(d)	Kg, Th. 7. so macht

Sp, Lf. 8.†. matt.

(d) Zöge man den Thurn auf das Feld Th, Kn. 7., um seinen Läufer Lfr, Kn. 8. zu nehmen, so könnte man ihn nicht matt machen.

Th, Sp. 7.†.	Kg, Th. 8.
Th, Kn. 7.†.	Kg, Sp. 8.
Th, Kn. 8.†.	Kg, Lf. 7.
Th, Kn. 7.†.	Kg, Sp. 8.
Th, Sp. 7.†.	Kg, Lf. 8.
Sp, Kn. 6.†.(c)	Kg, Kn. 8.

(c) Man muß durchaus so Schach bieten, daß man den König auf dem Fleck des Schachbretts fest hält, wo er matt werden soll. Hätte man, anstatt Sp, Kn. 6., mit dem Zuge Sp, 6. Schach geboten, so wäre er links ausgewichen, und das Matt nicht zu Stande gekommen.

Th, Kn. 7.†. matt.

Acht-

Achtzehntes Spiel.

(Es ist im Stamma das 33ste Spiel.)

Ein durch beständiges Schachbieten mit einem Thurn, einem Springer und einem Läufer aus seinem Spiel herausgebrachter und mitten auf dem Schachbrett matt gemachter König.

Stellung.

Schwarz. Kg, Sp. 7., Th, Lf. 8., Thrn, Spr. 2., Sp, Lfr. 5., Lf, Kg. 4., B, Sp. 5., B, Lf. 6., B, Lfr. 7., B, Spr. 4., B, Thrn. 3.

Weiß. Kg, Thrn. 1., Th, 1., Thrn, Kg. 7., Sp, Lf. 7., Lf, 3., B, Sp. 4., B, Lf. 5., B, Lfr. 4., B, Spr. 3.

W. Sp, 5. †. (a) = = Sp, Kg. 7.

(a) Man giebt den Thurn Thrn, Kg. 7. Preis, um mit dem andern, und dem Springer, der das Matt bewerkstelligen soll, freyes Spiel zu haben.

Th, 7. †.	= =	Kg, Sp. 8.
Lf, Kg. 5. †.	= =	Th, Lf. 7.
Lf, 7. †.	= =	Kg, Lf. 8.
Th, 8. †.	= =	Kg, Kn. 7.
Th, Kn. 8. †.	= =	Kg, 6.
Th, Kn. 6. †.	= =	Kg, Lfr. 5.
Sp, Kn. 4. †. matt.		

Neunzehntes Spiel.

(Es ist im Stamma das 40ste Spiel.)

Ein aus seinem Spiel herausgezogener und mit einem Thurn, einem Springer und einem Läufer matt gemachter König.

Stellung.

Schwarz. Kg, Sp. 8., Th, Lf. 8., Thrn, Kg. 2., Sp 5., Spr, Kg. 3., B, Th. 7., B, Sp. 6., B, Lfr. 4., B, Spr. 3.

Weiß. Kg, Spr. 1., Th, Kn. 7., Thrn, Spr. 7., Sp, Kg. 5., Lfr, Sp. 1., B, Lf. 4., B, Kn. 4., B, Lfr. 3., B, Spr. 4.

W. Th, Sp. 7. †. = = Kg, Th. 8.
Th, Sp. 8. †. (a) = = Kg, Sp. 8.

(a) Man giebt diesen Thurn Preis, um mit dem diesseitigen Springer freyes Spiel zu haben. Bey der diesseitigen unmittelbar unter dem Matt stehenden Lage kann man ohnedies keinen Zug versäumen, und wenn man es auch könnte, so ist es doch immer besser, mit den wenigstmöglichen Zügen matt zu machen.

Sp, Kn. 7. †. = = Kg, Lf. 7. (b)

(b) Hätte er sich auf das Feld Kg, Sp. 7. zurückgezogen, so hätte man augenblicklich das Feld Sp, Lf. 5. mit dem diesseitigen Springer besetzt, ihm den Rückzug auf das Feld Kg, Th. 6. abgeschnitten, und ihn durch den Zug Lfr, Kg. 4. mit dem Läufer auf dem Felde Kg, Th. 8. matt gemacht. Die Ausführung eines solchen Matts hängt von dem Gang und dem Spiel eines Springers ab, der dem Könige gleich zween Zufluchtörter zugleich versperrt.

W. Sp, Lf. 5. †. = = Kg, Kn. 8.
Sp, Kg. 6. †. = = Kg. 8.
Lfr, Spr. 6. †. matt.

Zwanzigstes Spiel.

(Es ist im Stamma das 64ste Spiel.)

Man opfert einen Thurn auf, um einen Springer in Thätigkeit zu setzen, der den Gegner matt machen soll.

Stellung.

Schwarz. Kg, Thrn. 7., Th, Sp. 3., Thrn, Kn. 2., Sp, Kg. 3., Lf, Kg. 4., B, Lf. 4., B, Kn. 5., B, Thrn. 6.

Weiß. Kg, Thrn. 1., Th, 8., Thrn, Lfr. 4., Sp, Kn. 4., Spr, Kg. 6., B, Spr. 2., B, Thrn. 3.

W. Th, 7. †. = = Kg, Spr. 6.
Th, Spr. 7. †. = = Kg, Thrn. 5.
Thrn, 4. †. = = Kg, Thrn. 4.
Sp, Lfr. 5. †. = = Lf, Lfr. 5.
B, Spr. 3. †. = = Kg, Thrn. 3.
Spr, Lfr. 4. †. matt.

Ein und zwanzigstes Spiel.

(Es ist im Stamma das 63ste Spiel.)

Man opfert einen Läufer und einen Springer auf, um den König auf ein Feld zu bringen, auf welchem er matt werden soll.

Stellung.

Schwarz. Kg, Th. 8., Th, Sp. 1., Thrn, Sp. 8., Kn, Lfr. 3., Sp, Lfr. 5., B, Sp. 7., B, Lf. 6., B, Spr. 4.

Weiß. Kg, Spr. 1., Th, Kn. 2., Sp, Kn. 5., Spr, Lfr. 4., Lf, Th. 5., Lfr, 1., B, Sp. 4., B, Lf. 4., B, Spr. 3.

W. Sp, Lf. 7. †. - - Kg, Th. 7.
Lf, Sp. 6. †. (a) - - Kg, Sp. 6.

(a) Man muß berechnen, daß man durch die Aufopferung dieses Läufers und des Springers Sp, Lf. 7. in den Stand kömmt, ihn mit dem Springer Spr, Lfr. 4. matt zu machen, wenn man diesen nehmlich auf das Feld Spr, Kg. 6. setzt, und dadurch zugleich den auf das Feld Th, Kn. 8. zu setzenden Thurn deckt.

B, Lf. 5. †. - - Kg, Lf. 7.
Spr, Kg. 6. †. - - Kg, Lf. 8.
Th, Kn. 8. †. matt.

Zwey und zwanzigstes Spiel.

(Es ist im Stamma das 76ste Spiel.)

Aufopferung der beyden Thürne, um mit der Königinn und dem Springer matt zu machen.

Stellung.

Schwarz. Kg, Th. 8., Kn, Thrn. 3., Th, Kn. 8., Thrn, 7., Spr, 4., Sp, Lfr. 6., B, Th. 7., B, Lfr. 5., B, Spr. 6.

Weiß.

Weiß. Kg, Spr. 1., Kn, Kg. 5., Th, 1., Thrn, Sp. 1., Sp, Kn. 4., Lfr, Lf. 4., B, Th. 6., B, Lfr. 2., B, Spr, 3.

W. Thrn, Sp. 8. †. (a) = = Th, Sp. 8.

(a) Man opfert diesen Thurn auf, um ihm mit der Königinn Schach bieten zu können, und zwar um so lieber, als sein Thurn Th, Kn. 8., nachdem derselbe auf das Feld Th, Sp. 8. gezogen worden, ihm selbst den Rückzug von der linken Seite gänzlich abschneidet.

Lfr, Kn. 5. †. = = Sp, Kn. 5.
Kn, 5. †. = = Thrn, Sp. 7.
B, Sp. 7. †. = = Th, Sp. 7.
Th, 7. †. (b) = = Kg, Th. 7.

(b) Wenn man nicht durch Aufopferung dieses zweyten Thurns seinen König entblößte, so könnte man ihn nicht matt machen.

Kn, Th. 5. †. = = Kg, Sp. 8.
Sp, Lf. 6. †. = = Kg, Lf. 8.
Kn, 8. †. matt.

Dieses Spiel ist kürzer zu endigen, wenn man anstatt Kn, 8. †. beym siebenten Zuge so spielt:

Sp, Lf. 6. †. = = = = Kg, Lf. 8.
Kn, 8. †. matt.

Ingleichen auch die erste Veränderung desselben, wenn man anstatt Kn, Kg. 7. beym achten Zuge so spielt:

Kn, Sp. 8. †. matt.

A. d. H.

Drey

Drey und zwanzigstes Spiel.

(Es ist im Stamma das 42ste Spiel.)

Man giebt die Königinn Preis, um matt zu machen.

Stellung.

Schwarz. Kg, Sp. 8., Kn. Thrn. 3., Th, Lfr. 5., Thrn, Spr. 8., Lf, Sp. 7., B, Th. 7., B, Sp. 6., B, Kn. 7., B, Thrn. 6.

Weiß. Kg, Spr. 1., Kn, Kg. 4., Th, Kg. 1., Sp, 4., Lfr, Kg. 2., B, Sp. 5., B, Kn. 6., B, Spr. 3., B, Thrn. 2.

W: Sp, Th. 6. †. - - Kg, Th. 8. (a)

(a) Wenn er, anstatt Kg, Th. 8., so zieht:
- - - - - - - - - Kg, Lf. 8.
Kn, Lf. 4. †. - - - Lf, 6.
Kn, Spr. 8. †. - - - Kg, Sp. 7. so macht
Kn, Sp. 8. †. matt.

Und wenn er Lf, Th. 6. zieht, anstatt Kg, Lf. 8., so zieht man dagegen B, Th. 6. u. s. w. und gewinnt das Spiel.

Lfr, 3. - - - Th, Lfr. 3.
Kn, Kg. 8. †. - - - Thrn, Kg. 8. (b)

(b) Zieht er Lf, 8., anstatt Thrn, Kg. 8., so wird dagegen Kn, Spr. 8. gezogen, und diesseits das Spiel gewonnen.

Th, Kg. 8. †. - - - Lf, 8.
Th, Lf. 8. †. - - - Kg, Sp. 7.
Th, Sp. 8. †. matt.

Vier und zwanzigstes Spiel.

(Es ist im Stamma das 14te Spiel.)

Aufopferung der Königinn, um mit einem Springer matt zu machen, der dem feindlichen Könige zween Zufluchtsörter zugleich abschneidet, unterdessen dem Gegner seine eigene Bauern und Steine die übrigen versperren. Eine Art von erstickem Matt.

Stellung.

Schwarz. Kg, Sp. 8., Kn, Lfr. 7., Th, 8., Sp. 3., Spr, Lf. 7., Lf, Spr. 4., B, Th. 7., B, Sp. 6., B, Lfr. 5., B, Thrn. 2.

Weiß. Kg, Lfr. 1., Kn, Sp. 4., Th, Kn. 7., Sp, 5., B, Lf. 4., B, Kn. 5., B, Lfr. 2., B, Spr. 3.

W. Th, Kn. 8. †. - - Kg, Sp. 7.
Sp, Kn. 6. †. - - Kg, Th. 6.
Kn, Th. 4. †. - - Sp, Th. 5.
Kn, Sp. 5. †. (a) - - Spr, Sp. 5.

(a) Um eine Mattsetzung von dieser Art zu bewerkstelligen, muß man überrechnen, wie viel Zufluchtswege man dem feindlichen Könige durch Aufopferung der Königinn, der Thürme oder anderer Steine abschneidet, und wie viel derselben ihm durch die Stellung seiner eigenen Bauern und Steine sowohl als der diesseitigen versperrt werden. Aus dieser Rechnung läßt sich beurtheilen, ob man mit den Bauern und Steinen, die diesseits noch vorhanden sind, die Mattsetzung bewirken könne, oder nicht.

B, Sp. 5. †. matt.

Fünf und zwanzigstes Spiel.

(Es ist im Stamma das 75ste Spiel.)

Aufopferung der Königinn. Ein zwischen seinen eigenen und den feindlichen Bauern eingeschlossener König. Ein dem vorigen ähnliches Spiel.

Stellung.

Schwarz. Kg, Th. 8., Kn, Spr. 2., Sp, Kn. 7., Spr, Lfr. 7., Lf, Sp. 7., B, Th. 7., B, Sp. 6., B, Lf. 5., B, Kn. 3.

Weiß. Kg, Spr. 1., Kn, Lf. 7., Sp, Kn. 5., Spr, Kg. 7., Lfr, Spr. 2., B, Th. 5., B, Sp. 4., B, Kn. 6., B, Kg. 3.

W. Kn, Lf. 8. †. (a) = = = Lf, 8.

(a Man opfert die Königinn auf, um den diesseitigen Springern freyes Spiel zu verschaffen.

Sp, Lf. 7. †. = = = Kg, Sp. 8.
Spr, Lf. 6. †. = = = Kg, Sp. 7.
B, Th. 6. †. = = = Kg, Lf. 6.
B, Sp. 5. †. matt.

Sechs und zwanzigstes Spiel.

(Es ist im Stamma das 77ste Spiel.)

Aufopferung der Königinn, um mit einem Thurn und zween Springern matt zu machen. Art und Weise sich der letztern zu bedienen, um zu rechter Zeit damit Schach zu bieten.

Stel-

Stellung.

Schwarz. Kg, Kn. 8., Kn, Thrn. 3., Th, Spr. 6.,
Thrn, Spr. 8., Sp, Lf. 7.,
B, Kn. 6., B, Kg. 6., B, Lfr. 7.,
B, Thrn. 4.

Weiß. Kg, Spr. 1., Kn, Th. 4., Th, a.,
Sp, Lf. 4., Spr, Kn. 4.,
B, Sp. 5., B, Kg. 4., B, Spr. 2.

W. Spr, Lf. 6. †.	=	=	Kg, 8.
Kn, Th. 8. †. (a)		=	Sp, Th. 8.

(a) Hätte man, anstatt die Königinn aufzuopfern, die durch den diesseitigen Thurn ersetzt wird, mit dem Springer Sp, Lf. 4. Schach geboten, so wäre er nicht matt geworden. Mit diesem Springer kann man nur alsdann allererst würksam Schach bieten, wann der diesseitige Thurn das Feld Th, 7. bezogen hat, und den feindlichen König hindert, diesem Springer auf den Hals zu kommen.

Th, 8. †.	=	=	Kg, Kn. 7.
Th, 7. †.	=	=	Kg, 8.
Sp, Kn. 6. †.	=	=	Kg, Lfr. 8.
Th, Lfr. 7. †. matt.			

Der letzte Zug kann auch dieser seyn:

Th, 8. †. matt.

A. d. H.

Sieben und zwanzigstes Spiel.

(Es ist im Stamma das 60ste Spiel.)

Aufopferung der Königinn und eines Thurns, um mit zween Läufern matt zu machen.

Stel-

Stellung.

Schwarz. Kg, Spr. 8., Kn, Lfr. 2., Th, Sp. 8., Thrn, Kg. 3., Spr. 4., Sp, Kn. 8., B, Th. 6., B, Sp. 6., B, Lf. 7., B, Lfr. 5., B, Spr. 7., B, Thrn. 7.

Weiß. Kg, Thrn. 1., Kn, 4., Thrn, 3., Sp, Lfr. 4., Lfr, Kn. 3., Lf, Kg. 7., B, Th. 4., B, Sp. 3., B, Lf. 2., B, Spr. 3., B, Thrn. 5.

W. Kn, 8. †. (a) - - Th, Kn. 8.

(a) Man giebt die Königinn gegen seinen Springer Sp, Kn. 8. hin, weil dieser den Schach decken würde, den man ihm mit dem diesseitigen Läufer durch den Zug Lfr, Lf. 4. bieten will.

Lfr, Lf. 4. †. - - Kg, Thrn. 8.
Sp, Spr. 6. †. - - B, Spr. 6.
B, Spr. 6. †. - - Spr, Thrn. 6.
Th, Thrn. 6. †. - - B, Thrn. 6.
Lf, Lfr. 6. †. matt.

Acht und zwanzigstes Spiel.

(Es ist im Stamma das 39ste Spiel.)

Aufopferung der Königinn und der beyden Thürne, um mit zween Läufern und einem Bauer matt zu machen.

Stellung.

Schwarz. Kg, Sp. 8., Kn, Thrn. 5., Th, Kn. 8., Thrn, 8., Sp, Lf. 5., Spr. 4., Lf. 8., B, Th. 7., B, Sp. 7., B, Lfr. 5., B, Spr. 5.

Weiß.

Weiß. Kg, Spr. 1., Kn, Kg. 3., Th, 1., Thrn, Lf. 1., Sp, Lf. 4., Lfr, 1., Lf, Kn. 2.
B, Th. 5., B, Lfr. 2., B, Spr. 3.

W. Kn, Lfr. 4. †. (a) - - B, Lfr. 4.

(a) Die Königinn wird durch den Läufer Lf, Kn. 2. wieder ersetzt.

Lf, Lfr. 4. †. - - Kg, Th. 8.
Sp, 6. †. (b) - - B, Sp. 6.

(b) Diesen Springer muß man aufopfern, um seinen König zu entblößen.

B, Sp. 6. †. - - Sp, Th. 6.
Thrn, Lf. 8. †. (c) - Th, Lf. 8.

(c) Da man Willens ist, ihn mit den beyden Läufern matt zu machen, so muß man ihm seinen Läufer Lf, 8. wegnehmen, weil dieser sonst den Schach decken würde, den man ihm durch den Zug Lfr, Spr. 2. mit dem diesseitigen Läufer bieten will.

Th, 6. †. - - B, Th. 6.
Lfr, Spr. 2. †. - - Th, Lf. 6.
Lfr, Lf. 6. †. matt.

Neun und zwanzigstes Spiel.

(Es ist im Stamma das 16ste Spiel.)

Aufopferung der Königinn und eines Thurns, um mit einem Thurn und einem Springer matt zu machen.

Stellung.

Schwarz. Kg, Sp. 8., Kn, Thrn. 3., Th, Lf. 8., Thrn, 7., Sp, Lf. 7., Spr, 7., Lf, Lfr. 3., B, Th. 7., B, Sp. 7., B, Lfr. 5., B, Spr. 4.

Weiss. Kg, Spr. 1., Kn, Th. 4., Th, Kn. 2., Thrn, Kg. 1., Sp, Kn. 5., Lf, Lfr. 4, B, Lf. 5., B, Lfr. 2., B, Spr. 3.

W.	Lf, 7. †.	= =	Th, Lf. 7.
	Kn, Th. 7. †. (a)	= =	Kg, Th. 7.

(a) Man opfert die Königinn, um seinen König zu entblößen, und den diesseitigen Thürnen freyes Spiel zu verschaffen.

Thrn, Th. 1. †. (b)	=	Kg, Sp. 8.

(b) Man bietet lieber mit diesem Thurne Schach, als mit dem Thurn Th, Kn. 2., weil man mit diesem letztern in der Folge den Zug Th, Kn. 8. thun kann; den Thurn Thrn, Kg. 1. hingegen kann man nicht auf das Feld Thrn, Kg. 8. setzen, und damit Schach bieten, weil der schwarze Springer Spr, 7. solches verhindert.

Thrn, Th. 8. †. (c)	= =	Kg, Th. 8.

(c) Man giebt diesen Thurn Preis, um mit dem Springer Schach zu bieten.

Sp, 6. †.	= =	Kg, Sp. 8.
Th, Kn. 8. †.	= =	Kg, Th. 7.
Th, 8. †. matt.		

Der Schwarze kann das Mattwerden um einen Zug weiter hinaussetzen, wenn er anstatt Kg, Th. 7. beym sechsten Zuge so spielt:

= = =

. . . . Th, Lf. 8.
Th, Lf. 8. †. . . Kg, Th. 7.
Th, 8. †. matt.

A. d. H.

Dreyßigstes Spiel.

(Es ist im Stamma das 31ste Spiel.)

Aufopferung der Königinn. Ein durch Aufopferung eines Bauers aus seinem Spiel herausgelockter und auf ein Feld gebrachter König, wo ihm ein anderer Bauer Schach bietet, und ihn auf dem Fleck des Schachbretts festhält, auf welchem er matt werden soll.

Stellung.

Schwarz. Kg, Sp. 8., Kn, Thrn. 3., Th, Kg. 8., Sp, Lf. 8., Lf, Sp. 7., B, Th. 5., B, Sp. 6., B, Kg. 6., B, Lfr. 4., B, Spr. 5.

Weiß. Kg, Spr. 1., Kn, Lf. 16., Th, Lf. 3., Sp, Kg. 5., Lfr. Kn. 1., B, Th. 2., B, Sp. 2., B, Sp. 4., B, Lfr. 2., B, Spr. 3.

W. Sp, Kn. 7. †. . . Kg, Th. 7.
Kn, Sp. 7. †. (a) . . . Kg, Sp. 7.

(a) Um einen König matt zu machen, muß man ihn entblößen, und ihm seine Beschirmungen wegnehmen; man vertauscht also die Königinn gegen seinen Läufer Lf, Sp. 7., der ihn deckt und beschützt, weil man berechnen kann, daß der diesseitige Läufer Lfr, Kn. 1. dieselben Dienste, wie die Königinn, leisten wird, um ihm Schach zu bieten, und ihm die Zuflucht auf die weißen Felder abzuschneiden, unterdessen daß seine eigene Bauern ihm die schwarzen Felder versperren.

W.	Lfr, 3. †.	=	=	Kg, Th. 6.
	B, Sp. 5. (b)	=	=	Kg, Sp. 5.

(b) Man opfert diesen Bauern auf, um den feindlichen König aus seinem Spiel heraus, und nach dem diesseitigen Bauer B, Th. 2. herzulocken, der ihm auf dem Felde B, Th. 4. Schach bieten, und von dort aus den Rückzug auf das Feld Kg, Sp. 5. abschneiden soll.

Lfr, Kg. 2. †.	=	=	Kg, Sp. 4.
Th, Lf. 4. †.	=	=	Kg, Sp. 5.
B, Th. 4. †.	=	=	Kg, Th. 6.
Th, Lf. 7. †.	=	=	B, Sp. 5.
Lfr, Sp. 5. †. matt.			

Der letzte Zug kann auch dieser seyn:
B, Sp. 5. †. matt.

A. d. H.

Ein und dreyßigstes Spiel.

(Es ist im Stamma das 54ste Spiel.)

Aufopferung der Königinn gegen einen Läufer, der den feindlichen König bedeckt.

Stellung.

Schwarz. Kg, Sp. 8., Kn, Thrn. 4., Thrn, 8., Sp, Th. 4., Lf, Sp. 7., B, Th. 6., B, Sp. 5., B, Lf. 7., B, Kg. 3., B, Lfr. 4.

Weiß. Kg, Spr. 2., Kn, Kg. 5., Th, Lf. 1., Sp, Kn. 5., Lfr, 3., B, Th. 5., B, Sp. 4., B, Spr. 4.

W.

W. Kn, Lf. 7.†. = = Kg, Th. 7.
Kn, Sp. 7.†. = = Kg, Sp. 7.
Sp, 6.†. = = Kg, Sp. 8.(a)

(a) Wenn er, anstatt Kg, Sp. 8., so zieht:
= = = = = = = Kg, Th. 7.
Th, Lf. 7.†. = = Kg, Sp. 8. so macht
Th, Sp. 7.†. matt.

Sp, Kn. 7.†. = = Kg, Th. 7.
Th, Lf. 7.†. matt.

Zwey und dreyßigstes Spiel.

(Es ist im Stamma das 72ste Spiel.)

Aufopferung der Königinn. Ein aus einem äussersten Winkel des Schachbretts in den entgegengesetzten Winkel geführter König. Ein mit dem einen Springer lieber als mit dem andern gebotener Schach. Aufopferung eines Thurns, um dem feindlichen Könige einen Zufluchtsort abzuschneiden.

Stellung.

Schwarz. Kg, Sp. 8., Kn, 2., Th, Lf. 8., Thrn, Kn. 8., Sp, Spr. 3., Spr, Thrn. 5., Lfr, Spr. 7.,
B, Th. 7., B, Sp. 6., B, Lf. 5., B, Kg. 6., B, Lfr. 3., B, Spr. 6.

Weiß. Kg, Spr. 1., Kn, Th. 4., Th, Lf. 1., Thrn, 7., Sp, Lf. 3., Spr, Lfr. 4., Lfr, Kg. 4.:
B, Kg. 3., B, Spr. 2.

W. Kn, Th. 7.†. = = Kg, Th. 7.

W. Th, 1. †. = = Kg, Sp. 8.
Th, 8 †. = = Kg, L. 7.
Sp, 5. †. (a) = Kg, Kn. 7.

(a) Dadurch daß man mit diesem Springer Schach bietet, behält man die Freyheit, sich des andern Springers zu rechter Zeit und am gehörigen Orte mit desto mehrerer Wirksamkeit zu bedienen.

Th, 7. †. = = Kg, 8.
Lfr, Spr. 6. †. = = Kg, Lfr. 8.
Thrn, 8. †. (b) = = Lfr, Thrn. 8.

(b) Man giebt diesen Thurn Preis, damit sein Läufer, der ihn nimmt, das Feld Lfr, Thrn. 8. besetze, und folglich seinen eigenen König verhindere, sich auf dasselbe zu flüchten.

Spr, Kg, 6. †. = = Kg, Spr. 8.
Lfr, Thrn. 7. †. matt.

Drey und dreyßigstes Spiel.

(Es ist im Stamma das 47ste Spiel.)

Aufopferung eines Steins, um die feindliche Königinn auf eine andere Linie zu bringen.

Stellung.

Schwarz. Kg, Spr. 8., Kn, Kg. 5., Sp, Thrn. 3., Lfr, Spr. 5., B, Sp. 3., B, Lfr. 4.
Weiß. Kg, Thrn. 5., Thrn, Lfr. 1., Th, Lf. 7., Lf, 1., B, Thrn. 6.

W. B, Thrn. 7. †. = = Kg, Thrn. 8.
Lf, Sp. 2. (a) = = Kn, Sp. 2.

(a) Man giebt diesen Läufer Preis, um seine Königinn auf eine andere Linie zu bringen, weil sie den diesseiti-

diesseitigen Thurn verhindert, sich in die Richtung zu setzen, in welcher er matt machen soll.

Hätte er aber seinen König nicht auf das Feld des Thurns, sondern des Läufers zurückgezogen, und also den Zug Kg, Lfr. 8. gethan, so hätte man diesseits durch den Zug Thrn, Kg. 1. das Spiel gewonnen.

W. Thrn, Kg. 1. gewinnt.

Vier und dreyßigstes Spiel.

(Es ist im Stamma das 89ste Spiel.)

Aufopferung eines Läufers, um die Königinn aus ihrer Richtung zu bringen. Ein durch des Springers Schachbieten den diesseitigen Bauern entgegengetriebener König.

Stellung.

Schwarz. Kg, Spr. 8., Kn, Lfr. 7., Sp, 4.,
B, Lf. 3., B, Lfr. 6., B, Spr. 7.,
B, Thrn. 7.

Weiß. Kg, Spr. 3., Th, Kg. 1., Sp, Lfr. 5.,
Lfr, Lf. 2.
B, Lfr. 3., B, Spr. 4., B, Thrn. 4.

W. Lfr, Sp. 3. : : : Kn, Sp. 3. (a)

(a) Wenn er, anstatt den Läufer zu nehmen, so zieht:
1. : : : : : : Sp, Kn. 5.
Lfr, Kn. 5. : : : Kn, 5. so gewinnt
Sp, Kg. 7. †.

Th, Kg. 8. †. : : Kg, Lfr. 7.
Sp, Kn. 6. †. : : Kg, Spr. 6.
B, Thrn. 5. †. : : Kg, Spr. 5.

w. B, Lfr. 4. †. . . . . Kg, Thrn. 6.
Sp, Lfr. 5. †. matt.

Fünf und dreyßigstes Spiel.

(Es ist im Stamma das 92ste Spiel.)

Aufopferung eines Thurns, um den feindlichen Thurn von einer Linie wegzubringen, auf welche man einen diesseitigen setzen will, der ihn matt machen soll. Angebotene Königinn, die man nicht nehmen darf, um nicht matt zu werden.

Stellung.

Schwarz. Kg, Spr. 7., Kn, Lf. 5., Th, Sp. 7., Thrn, 8., Sp, Lf. 4., B, Th. 6., B, Sp. 4., B, Kg. 6., B, Lfr. 7., B, Spr. 6.

Weiß. Kg, Sp. 1., Kn, Lf. 3., Thrn, 1., Th, Kn. 1., Sp, Lfr. 6., B, Th. 2., B, Sp. 2., B, Kg. 5., B, Lfr. 4., B, Thrn. 5.

w. B, Thrn. 6. †. . . . Thrn, 6. (a)

(a) Der Endzweck ist erreicht, nehmlich seinen Thurn Thrn, 8. von seiner Linie wegzubringen, um zu gelegner Zeit den diesseitigen Thurn Th, Kn. 1. dahin zu setzen, der, vom Springer Sp, Lfr. 6. unterstützt, den Gegner matt machen soll.

Und wenn er, anstatt durch den Zug Thrn, 6. den diesseitigen Bauern zu nehmen, seinen König zurückzieht, und so spielt:

. . . . Kg, Lfr. 8.

Th, Kn. 8. †. . . . Kg, 7.

Th,

Th, Thrn. 8. . . Kn, Lf, 6.
Kn, Lf. 4. . . Kn, Thrn. 1. †. so muß
Kn, Lf. 1. u. s. w. gewinnen.

W. Thrn, 6. . . B, Lfr. 3.
Thrn, 7. †. . . Kg, Lfr. 8.
Th, Kn. 8. †. . . Kg, 7.
Th, Kg. 8. †. matt.

Sechs und dreyßigstes Spiel.

(Es ist im Stamma das 75ste Spiel.)

Aufopferung eines Thurns, um zuerst in die Dame zu kommen.

Stellung.

Schwarz. Kg, Th. 4., Th, Sp. 1.: B, Sp. 3., B, Lf. 2.

Weiß. Kg, Lf. 4., Th, Lfr. 1.: B, Th. 6., B, Kg. 3.

W. Th, Lf. 1. . . Th, Lf. 1. (a)

(a) Wenn er, anstatt den Thurn zu nehmen, so zieht:

. . . . Kg, Th. 3.
Kg, Lf. 3. . . . . Th, Lf. 1.
B, Th. 7. . . . . Kg, Th. 4. (b)

(b) Und wenn er anstatt Kg, Th. 4. so zieht:

. . . . Kg, Th. 2.
B, Th. 8. Kn. †. Kg, Sp. 1. so muß
Kn, Th. 3. gewinnen.

B, Th. 8. Kn. †. . . Kg, Sp. 5. so muß
Kn, Sp. 7. †. gewinnen.

w. B, Th. 7. . . . Kg, Th. 3.
B, Th. 8. Kn. †. . . Kg, Sp. 2.
Kn, Th. 4. . . . Kn, Th. 1.
Kn, Sp. 3. †. . . . Kg, Lf. 1.
Kg, Lf. 3. . . . Th, Kn. 2.
B, Kg. 4. u. s. w. gewinnt.

Sieben und dreyßigstes Spiel.

(Es ist im Stamma das 88ste Spiel.)

Aufopferung eines Thurns, um zuerst in die Dame zu kommen.

Ein dem vorigen ähnliches Spiel.

Stellung.

Schwarz. Kg, 8., Thrn, 1.: B, Lf. 5., B, Spr. 2.
Weiß. Kg, Lfr. 6., Th, 1.: B, Lfr. 4., B, Spr. 6.

w. Th, Spr. 1. . . . Thrn, Spr. 1.
B, Spr. 7. . . . Thrn, Lfr. 1.
B, Spr. 8. Kn. †. gewinnt.

Acht und dreyßigstes Spiel.

(Es ist im Stamma das 52ste Spiel.)

Aufopferung eines Thurns, um zuerst in die Dame zu kommen.

Stellung.

Schwarz. Kg, Kn. 7., Th, 8.: B, Spr. 3., B, Thrn. 4.
Weiß. Kg, Kn. 5., Th, Lf. 6.: B, Spr. 7.

W. . Th, 6. . . . . Th, 5. (a)

(a) Und wenn er, anstatt den diesseitigen Thurn zu nehmen, so zieht:

. . . . Th, Spr. 8. (b)

(b) Zieht er, anstatt Th, Spr. 8. folgendermaßen:

. . . . B, Spr. 2.

Th, 8. . . B, Spr. 1. Kn. so muß

B, Spr. 8. Kn. gewinnen.

(d) . Th, 7, L . . . . . Kg, 8. so muß Kg, 6. gewinnen.

B, Spr. 8. Kn. gewinnt.

Neun und dreyßigstes Spiel.

(Es ist im Stamma das 45ste Spiel.)

Vortheil, den man aus dem Spiel eines Thurns ziehen kann, unterdessen daß der Gegner das freye Spiel des seinigen nicht hat. Vortheilhafte Benützung eines Zeitpunkts, den man durch das Spiel der diesseitigen Königinn gewinnt, unterdessen daß der Gegner die seinige nicht thätig machen kann.

Stellung.

Schwarz. Kg, Th. 4., Th, Spr. , Spr, Lfr. 6. B, Th. 2., B, Spr. 3.

Weiß. Kg, Sp. 6., Th, Lfr. 1., Spr, Th. 2. B, Spr. 7.

W. Th, Lfr. 4. †. . . Kg, Th. B.

Spr, Lf. 4. †. . . Kg, Sp. 4.

Spr,

W. Spr, Kn. 6. † = = Kg, Th. 3. (a)

(a) Wenn er, anstatt sich auf das Feld Kg, Th. 5. zurückzuziehen, so spielt:

= = = = = = = = Kg, Lf. 3.
Spr, Kg. 4. † = = Kg, Lf. 2.
Spr, Lfr. 6. = = Th, Spr, 1.
Spr, 4. = = B, Th. 1. Kn.
B, Spr. 8. Kn. u. s. w.

Spr, Sp. 5. † = = Kg, Sp. 2.
Th, Lfr. 2. † = = Kg, Lf. 1. (b)

(b) Und wenn er, anstatt Kg, Lf. 1. so zieht:

= = = = = = = Kg, Th. 1.
Th, Lfr. 6. = = = Th, Spr. 1.
Th, Lf. 1. † u. s. w.

Th, Lfr. 6. = = B, Th. 1. Kn.
Th, Lf. 6. † = = Kg, Kn. 1.
B, Spr. 8. Kn, u. s. w.

Vierzigstes Spiel.

(Es ist im Stamma das 66ste Spiel.)

Aufopferung eines Läufers, um zuerst in die Dame zu kommen.

Stellung.

Schwarz: Kg, Kn. 7., Sp, Lfr. 2., Lfr, Spr. 7.,
B, Sp. 6., B, Spr. 3., B, Thrn. 2.
Weiß: Kg, Kn. 5., Sp, Lf. 6., Lfr, Thrn. 3.,
B, Kn. 6.

W. Lfr, Kg. 8. † = = Kg, 8.
Kg, 6. = = Lfr, 6.

W. B, Kn. 7. †. = = Kg, Lfr. 8.
Kg, Lfr. 6. = = Sp, Kg. 4. †.
Kg, Spr. 6. gewinnt.

Ein und vierzigstes Spiel.

(Es ist im Stamma das 74ste Spiel.)

Aufopferung eines Läufers, um zuerst in die Dame zu kommen.

Stellung.

Schwarz. Kg, 4., Spr, 4.: B, Spr. 2., B, Thrn. 4.
Weiß. Kg, Kn. 2., Lf, Sp. 2.: B, Sp. 7.

W. Lf, Kn. 4. = = Kg, Kn. 4.
B, Sp. 8. Kn. = B, Spr. 1. Kn.
Kn, Sp. 6. †. gewinnt.

Zwey und vierzigstes Spiel.

(Es ist im Stamma das 86ste Spiel.)

Stärke eines Königs, der seine Bauern unterstützt, und sich einem von den seinigen entfernten Könige entgegengestellt hat.

Stellung.

Schwarz. Kg, Lfr. 7., Lfr, Kg. 5: B, Lf. 7., B, Kn. 2.
Weiß. Kg, Spr. 5., Th, 2.: B, Lfr. 6., B, Spr. 7.

W. B, Spr. 8. Kn. †. = Kg, Spr. 8.
Kg, Spr. 6. = = Lfr, Kn. 6.

W.

W. Th, 8. †. = = = Lfr, 8.
B, Lfr. 7. †. = = Kg, Thrn. 8.
Th, Lfr. 8. †. matt.

Drey und vierzigstes Spiel.

(Es ist im Stamma das 15te Spiel.)

Thurn, der gegen einen zur Dame gelangten Bauern das Spiel gewinnt.

Stellung.

Schwarz. Kg, Sp. 1.: B, Th. 3.
Weiß. Kg, Kn. 5., Th, Kg. 4.

W. Kg, Lf. 4. = = B, Th. 2.
Kg, Sp. 3. = = B, Th. 1. Kn. (a)

(a) Wenn er, anstatt einer Königinn, einen Springer nimmt, um damit Schach zu bieten, z. B.

= = = = = = = = B, Th. 1. Sp. †.
Kg, Lf. 3. = = = = Sp, Lf. 2.
Th, Kg. 2. = = = = Sp, Th. 3. (b)

(b) Und wenn er, anstatt Sp, Th. 3. so zieht:

= = = = = = Sp, Th. 1.
Th, Lfr. 2. = = Kg, Lf. 1. so macht
Th, Lfr. 1. †. matt.

Kg, Sp. 3. = = = Sp, Lf. 2. so muß
Th, Lf. 2. gewinnen.

Th, Kg. 1. †. matt.

Vier und vierzigstes Spiel.

(Es ist im Stamma das 79ste Spiel.)

Matt mit einem Bauer, der zur Dame gelangt, wofür man aber einen Springer nimmt.

Stel-

Stellung.

Schwarz. Kg, Th. 7., Sp, Th. 5., Th, Lf. 8., Lf, Kn. 7.

B, Lf. 4., B, Spr. 3., B, Thrn. 3.

Weiß. Kg, Spr. 1., Lfr, Thrn. 1., Sp, Lf. 3., Spr, Kn. 6.,

B, Th. 6., B, Sp. 7., B, Lf. 5.

W. Sp, 5. †. (a) = = Lf, Sp. 5. (b)

(a) Man giebt diesen Springer Preis, um seinen Läufer auf eine andere Linie zu bringen, als welcher verhindern würde, ihm durch den Zug Spr, Lf. 8. mit dem andern Springer Schach zu bieten.

(b) Wenn er, anstatt des Springers, den diesseitigen Bauern nimmt, und Kg, Th. 6. zieht, so macht man ihn augenblicklich matt, indem man den Bauern B, Sp. 7. in die Dame zieht, und ihn zum dritten Springer macht.

Spr, Lf. 8. †. = = Kg, Th. 6.
B, Sp. 8. Sp. †. matt.

Dieses Spiel kann auch so gespielt werden:

Sp, 5. †. = = Kg, Th. 6.
Sp, Lf. 7. †. = = Kg, Th. 7.
Spr, Lf. 8. †. = = Kg, Sp. 8.
Sp, Th. 6. †. matt.

A. d. H.

Fünf und vierzigstes Spiel.

(Es ist im Stamma das 90ste Spiel.)

Spiel eines Springers, der von zween Bauern, die der Dame nahe sind, den einen nimmt, und den andern verhindert, hineinzuziehen.

Stel-

Stellung.

Schwarz. Kg, Kn. 8., Lf, Kg. 6., B, Sp. 2., B, Lf. 3.

Weiss. Kg, Kn. 6., Sp, Th. 8.: B, Lf. 6., B, Thrn. 4.

W. B, Lf. 7. † - - Kg, Lf. 8.
Sp, 6. † - - Kg, Sp. 7.
Kg, 6. - - B, Sp. 1. Kn. (a)

(a) Wenn er, anstatt in die Dame zu ziehen, den diesseitigen Bauern nimmt:

- - - - - - - - - - Kg, Lf. 7.
Sp, Kn. 5. † - - - Kg, Lf. 6.
Sp, Lf. 3. (**) u. s. w.

(**) Dies ist der Zug des Springers, dessen in der Ueberschrift dieses Spiels gedacht ist, und der nach dieser Ueberschrift im Spiele selbst, und nicht in der in einer Note angehängten Variante hätte vorkommen sollen.
Anmerk. des Uebers.

W. B, Lf. 8. Kn. † - - Kg, Sp. 6.
Kn, Sp. 8. † gewinnt.

Sechs und vierzigstes Spiel.

(Es ist im Stamma das 53ste Spiel.)

Ein durch seinen eignen Bauern und den feindlichen König eingeschlossener König, der deshalb nicht patt wird, weil er noch einen Bauern hat, den er ziehen kann.

Stellung.

Schwarz. Kg, Th. 1., Th, Sp. 6., B, Th. 2., B, Spr. 5., B, Thrn. 6.

Weiß. Kg, Lf. 2., Th, Kg. 4.: B, Spr. 4.

W. Th, Kg. 1. † - - Th, Sp. 1.
Th, Lf. 1. - - B, Thrn. 5. (a)

(a) Wenn er auch den Thurn nehmen wollte, so wäre sein König doch nichts desto weniger durch den diesseitigen König und durch seinen eignen Bauern B, Th. 2. eingeschlossen.

Man muß sich daher gegen das Ende der Spiele wohl vorsehen, daß man den König nicht so in einen Winkel des Schachbretts ziehe, und einen Bauern vorwärts treibe, der ihm den Ausgang versperrt, es wäre denn, daß man in einer verzweifelten Lage keine andere Rettung vor Augen sähe, als das Spiel zum Pattwerden zu bringen, als welches in gegenwärtigem Falle dem Schwarzen würklich geglückt wäre, wenn er nicht noch den Bauern B, Thrn. 6. gehabt hätte, den er hätte ziehen können.

B, Thrn. 5. gewinnt.

Sieben und vierzigstes Spiel.

(Es ist im Stamma das 36ste Spiel.)

Nothwendiges Patt, oder ein Spiel, das derjenige verlieren müßte, der es gewinnen wollte.

Stellung.

Schwarz. Kg, Lf. 8., Th, Kg. 6., Sp, Lf. 6.: B, Kn. 7.

Weiß. Kg, Th. 8., Th, Sp. 7., B, Th. 6., B, Kn. 6.

W. Th, Sp. 8.†. (a) = = Sp, 8.

(a) Wenn man, anstatt den Thurn aufzuopfern, so zieht:

Th, Lf. 7.† = = = Kg, Kn. 8.
Kg, Sp. 7. = = = Sp, Th. 5.†.
Kg, Sp. 6. = = = Th, Kn. 6.†.
Kg, Th. 5. = so muß Kg, Lf. 7. gewinnen.

B, Th. 7. wird patt, oder kömmt zur Dame, wenn der Schwarze seinen Springer nicht aus der Gefahr zieht.

Acht und vierzigstes Spiel.

(Es ist im Stamma das 59ste Spiel.)

Ein andrer Fall, da das Spiel entweder patt oder verloren wird.

Stellung.

Schwarz. Kg, Lfr. 8., Sp, Kg. 5., Lf, Kn. 3.:
B, Lf. 4.

Weiß. Kg, Thrn. 7., Sp, Lfr. 6.: B, Spr. 5.,
B, Spr. 6.

W. Sp, Kn. 7.†. = = Sp, Kn. 7. (a)

(a) Zieht er Kg, 7., anstatt den diesseitigen Springer zu nehmen, so muß man durch den Zug Sp, Kg. 5. das Spiel gewinnen.

Kg, Thrn. 8. = = Sp, Lfr. 6.
B, Spr. 7.†. = = Kg, Lfr. 7.
B, Spr. 6.†. = = Lf, Spr. 6.
B, Spr. 8. Kn. †. = Sp, Spr. 8.
patt.

Im

Im sechsten Kapitel des Unterrichts steht dieses Spie etwas anders, als im Stamma. Denn dort wird es patt, und beym Stamma verliert es der Schwarze, weil der Weiße anstatt B, Spr. 6. †. beym vierten Zuge den schwarzen Springer mit dem Bauer nimmt, und also B, Lfr. 6. zieht.

A. d. H.

Neun und vierzigstes Spiel.

(Es ist im Stamma das 61ste Spiel.)

Anderes Patt, oder verlornes Spiel.

Stellung.

Schwarz. Kg, Thrn. 8., Thrn, Spr. 8., Th, Spr. 2.
B, Sp. 5., B, Lf. 3.

Weiß. Kg, Thrn. 6., Th, Lfr. 4.
B, Lfr. 6., B, Spr. 6., B, Thrn. 5.

w. B, Lfr. 7. - - Thrn, Lfr. 8. (a)

(a) Wenn er anstatt Thrn, Lfr. 8. so zieht:

- - - - - - - - Thrn, Spr. 6. †.
B, Spr. 6. - - Th, Thrn. 2. †.
Kg, Spr. 5. - - Th, Spr. 2. †. so muß Kg, Lfr. 6. gewinnen.

Hätte er aber B, Lf. 2. anstatt Thrn, Spr. 6. gezogen, so hätte man mit dem Zuge B, Lfr. 8. Kn. das Spiel gewonnen.

Th, Spr. 4. - - Th, Spr. 4.
B, Spr. 7. †. - - Th, Spr. 7.
patt.

Funfzigstes und letztes Spiel.

(Es ist im Stamma das 67ste Spiel.)

Anderes Patt, oder verlornes Spiel.

Stellung.

Schwarz. Kg, Kn. 3., Kn, Spr. 3.: B, Lf. 4., B, Kn. 2.

Weiß. Kg, Kn. 1., Th, Lfr. 8., Thrn, 4.

W. Th, Kn. 8. †. = = Kg, 3. (a)

(a) Wenn er, anstatt seinen König auf das Feld Kg, 3. zurückzuziehen, so spielt;

= = = = = = =	=	Kg, Lf. 3.
Thrn, 3.	= =	Kn, Thrn. 3.
Th, Kn. 3. †.	= =	Kg, Sp. 2.
Th, Thrn. 3.	= =	B, Lf. 3.
Th, Thrn. 1.	= =	Kg, Sp. 3.
Kg, 2.	= =	Kg, Sp. 2.
Kg, Kn. 3.	= =	Kg, Sp. 3.
Th, Sp. 1. †.	= =	Kg, Th. 2. so muß

Kg, Lf. 2. gewinnen.

Thrn, 3. = = Kn, Thrn. 3.

Th, Kn. 3. †. wird patt.

Kurze

Kurze Wiederholung der Regeln und Grundsätze des Schachspiels, mit Beziehung auf die in dieser Abhandlung enthaltenen Spiele, in welchen selbige angewandt, oder Beyspiele davon gegeben sind.

Vom Könige.

Man muß niemals den König oder die Königinn der Gefahr eines doppelten oder versteckten Schachs ausgesetzt lassen; man muß sie daher aus der Richtung der feindlichen Steine herausziehen. I. Kap. 2. Abschnitt, Seite 50, Anmerkung (f) und Seite 72. Anmerkung (b) u. s. w.

Man muß sie auch aus solcher Richtung herausziehen, um sich die Freyheit zu verschaffen, mit einem Bauer, der vor dem Könige, oder der Königinn steht, die Steine schlagen zu können, die der Gegner in das dießseitige Spiel eindringen zu lassen sucht. II. Kap. 2. Abschn. S. 106. Anmerk. (g) und S. 107. Anmerk. (i) u. s. w.

Fälle, da es gut ist, auf der großen oder Königinnseite zu rochen. I. Kap. 2. Abschnitt S. 52. Anmerk. (c) u. s. w.

Fälle, da es besser ist, den König, anstatt zu rochen, auf das zweyte Feld seines Läufers zu setzen. I. Kap. 2 Abschn S. 57. Anmerk. (c) II. Kap. 1. Abschn. S. 78. Anmerk. (e). II. Kap. 2. Abschn. S. 102 Anmerk. (b) u. s. w.

Oder aber den König an die auf diesem Flügel vorgerückten Bauern anschliessen zu lassen, um solche zu unterstützen. IV. Kap. 1. Abschnitt S. 161. Anmerk. (b) u. s. w.

Gegen Ende des Spiels ist der König der beste Stein; man muß ihn so setzen, daß er dem ihm gedroheten Schachbieten ausweichen, und zu gleicher Zeit die ihm noch übrig gebliebene Bauern und Steine unterstützen könne. II. Kap. 2. Abschnitt S. 93. Anmerk. (q). IV. Kap. 1. Abschn. S. 168. Anmerk. (d). V. Kap. S. 250.

Beyspiel, wie man in dem Falle, da man irgend einer Ueberlegenheit wegen den Gewinn des Spiels zu hoffen hat, mit dem Könige verfahren muß, um ihn gegen das Schachbieten des Gegners zu decken, der das Spiel gern zum Stehen bringen möchte. II. Kap 2. Abschn. das ganze Spiel von S. 119 bis S. 124.

Von der Königinn.

Ueberhaupt steht die Königinn auf der zwoten Linie des Schachbretts am besten, um die auf dieser Linie stehenden Bauern zu decken; jedoch muß sie dem Auszuge der übrigen Steine nicht im

Wege

Wege stehen. I. Kap. 2. Abschn. S. 63. Anmerk. (c) u. s. w.

Man muß sich hüten, einen Bauern, und selbst einen Stein mit der Königinn zu schlagen, wenn sie durch diesen Zug zu weit entfernt, und daher zum Angriff oder zur Vertheidigung unbrauchbar wird. I. Kap. 1. Abschn. S. 38. Anmerk. (c) u. s. w.

Wenn die feindliche Königinn in das diesseitige Spiel eindringen will, muß man ihr die Königinn entgegensetzen. I. Kap. 2. Abschn. S. 57. Anmerk. (b). Ebendas. S. 69. Anmerk. (c). II. Kap. 2. Abschn. S. 96. Anmerk. (d) u. s. w.

Wenn man im Vortheil ist, muß man ebenfalls die Königinn der seinigen entgegensetzen, um ihn zum Tausch der Königinnen zu zwingen, oder, wenn er sich dessen weigert, mit der diesseitigen in sein Spiel einzudringen, und die Parthie zu gewinnen. III. Kap. 2. Abschn. S. 158. Anmerk. (f) u. s. w.

Wenn man den Angriff hat, muß man zu berechnen suchen, ob man nicht mit der Königinn einen doppelten Schach bieten, und nachdem man allen möglichen Vortheil aus diesem Schachbieten gezogen, sie im Nothfall auf ein Feld zurückziehen könne, wo sie zur eigenen Vertheidigung nothwendig ist. IV. Kap. 1. Abschn. S. 193. Anmerk. (k) u. s. w.

Von den Läufern.

Einen Läufer muß man herausbringen, ehe man einen Bauern vorrückt, der demselben den Weg versperren, und ihn unbrauchbar machen würde. I. Kap. 2. Abschn. S. 66. Anmerk. (c) u. s. w.

Der Läufer des Königs wird auch der Angriffsläufer genannt, weil ihm sein Gang natürlicherweise die Richtung gegen den feindlichen König giebt, wenn dieser nehmlich auf seiner Thurnseite gerocht hat, oder rochen will. Man muß ihm den Läufer der Königinn entgegensetzen. I. Kap. 1. Abschnitt S. 35. Anmerk. (d). IV. Kap. 1. Abschn. S. 206. Anmerk. (d) u. s. w.

Umstände, da die Erhaltung dieses Läufers des Königs nicht so wichtig ist. II. Kap. 2. Abschn. S. 88. Anmerk. (b). IV. Kap. 1. Abschn. S. 161. Anmerk. (b) u. s. w.

Wann ein Läufer von einem Springer angegriffen wird, so kann man, im Fall man es nicht zuträglich findet, Stein um Stein nehmen zu lassen, diesen Läufer einen Schritt vor- oder rückwärts setzen, und dadurch dem fernern Andringen des Springers Einhalt thun. II. Kap. 2. Abschn. S. 112. Anmerk. (h) u. s. w.

Wenn man einen durch einen Bauern von seiner Farbe unterstützten Läufer in das Spiel des Gegners eindringen läßt, und dieser keine Bauern mehr hat, um denselben zurückzutreiben, so wird dadurch der Gang der feindlichen Steine gehemmt,

hemmt, unterdessen daß die diesseitigen freyes Spiel haben.

Von den Springern.

Man muß, so viel möglich, die Springer nicht eher herausbringen, als bis die Bauern der Läufer zween Schritte vorgerückt sind. I. Kap. 1. Abschn. S. 46. Anmerk. (b) u. s. w.

Ausnahmen von dieser Regel. II. Kap. 2. Abschn. S. 88. Anmerk. (c) u. s. w.

Fälle, da man den Springer des Königs mit Nutzen auf das zweyte Feld seines Königs setzen kann. I. Kap. 2. Abschn. S. 68. Anmerk. (a) u. s. w.

Fälle, da man den Springer des Königs auf das zweyte Feld des Thurns des Königs zurückziehen muß. I. Kap. 2. Abschn. S. 72. Anmerk. (d) u. s. w.

Wenn ein Springer auf dem Felde, wo er steht, unbrauchbar ist, so muß man ihn mit den wenigst möglichen Zügen auf ein Feld bringen, wo er entweder zum Angriff oder zur Vertheidigung gebraucht werden kann. I. Kap. 1. Abschn. S. 36. Anmerk. (g). II. Kap. 2. Abschn. S. 97. Anmerk. (f). Ebendas. S. 109. Anmerk. (c) u. s. w.

Ein von einem Bauern unterstützter Springer, der nicht von feindlichen Bauern oder Steinen weggetrieben werden kann, ist ein überaus nützlicher Stein zum Gewinn des Spiels.

Von den Thürnen.

Den Thürnen muß man eine freye wechselseitige Unterstützung verschaffen. Man muß sie auf Linien setzen, auf welchen keine Bauern mehr stehen, die ihren Gang aufhalten können, es wäre denn, daß man sie anderswo nöthiger brauchte, I. Kap. 2. Abschn. S. 49. Anmerk. (c) u. s. w.

Man muß sie zuerst in das Spiel des Gegners eindringen lassen. IV. Kap. 1. Abschn. S. 169. Anmerk. (f) u. s. w. Und wenn der Gegner einen solchen Thurn mit den seinigen angreift, so muß man denselben lieber mit dem zweeten Thurn unterstützen, als den seinigen schlagen.

Umstände, da man mit Nutzen einen Thurn gegen einen Springer Preis giebt. IV. Kap. 1. Abschn. S. 162. Anmerk. (d) u. s. w.

Von den Steinen überhaupt.

Die Art, wie man die Steine frey macht und hervorbringt, ist keinesweges gleichgültig, sondern muß sich nach dem Gange der feindlichen Steine richten. IV. Kap. 1. Abschn. S. 170. Anmerk. (a) u. s. w.

Wenn man einen Stein hervorbringt, muß man denselben sorgfältig so setzen, daß er dem Ausgange und dem Spiele eines andern nicht im Wege stehe. II. Kap. 2. Abschn. S. 118. Anmerk. (b) u. s. w.

Wenn

Wenn man einen Stein lieber auf das eine Feld setzt, als auf das andere, so muß man sich vorsetzen, daß derselbe nicht der Richtung eines andern Steins im Wege stehe, und daß der Gegner dadurch nicht Zeit gewinne, einen Bauern oder einen Stein zu ziehen, der den Gewinn des Spiels entscheidet. I. Kap. 2. Abschn. S. 66. Anmerk. (e) u. s. w.

Weit vorgedrungene Steine muß man niemals ohne Unterstützung lassen. II. Kap. 2. Abschn. S. 96. Anmerk. (b). IV. Kap. 1. Abschn. S. 182. Anmerk. (b) Ebendas. S. 206. Anmerk. (d) u. s. w.

Um mit den wenigst möglichen Zügen ein Spiel zu gewinnen, muß man zuweilen einen Stein aufopfern. I. Kap. 2. Abschn. S. 55. Anmerk. (l) u. s. w.

Wenn man dem Anscheine nach die Wahl hat, ob man den einen Stein lieber als den andern schlagen, oder mit dem einen Steine vorzüglich vor einem andern schlagen will, so ist diese Wahl nichts weniger als gleichgültig; sie entscheidet das Spiel. IV. Kap. 1. Abschn. S. 180. Anmerk. (d). IV. Kap. 2. Abschn. S. 229. Anmerk. (f) und (g) u. s. w.

Von den Bauern.

Die Kenntniß, die Bauern gut zu führen, entscheidet allemal den Gewinn des Spiels.

Nutzbarkeit und Stärke der Mittelbauern. Was man unter dieser Benennung verstehe. I. Kap. 2. Abschn. S. 65. Anmerk. (b)

Züge, um zween Bauern auf der Mitte des Schachbretts festzusetzen; Gegenzüge, um diese Festsetzung zu verhindern. I. Kap. 1. Abschn. S. 45. Anmerk. (a). I. Kap. 2. Abschn. S. 48. Anmerk. (a). III. Kap. 2. Abschn. S. 157. Anmerk. (d). IV. Kap. 1. Abschn. S. 168. Anmerk. (b) und (c) u. s. w.

Den Bauern des feindlichen Königs muß man nehmen, sobald man kann. IV. Kap. 2. Abschn. S. 219. Anmerk. (a) u. s. w.

Man muß keinen Bauern vorrücken, der zur Unterstützung eines andern bestimmt ist. IV. Kap. 1. Abschn. S. 190. Anmerk. (a) u. s. w.

Einen angebotenen Bauern muß man nicht immer nehmen. IV. Kap. 1. Abschn. S. 191. Anmerk. (d) Ebendas. S. 213. Anmerk. (b) u. s. w.

In welchen Umständen man den angebotenen Bauern lieber nehmen, als den diesseitigen vorrücken muß. II. Kap. 2. Abschn. S. 95. Anmerk. (a) u. s. w.

Was unter einem einzelnen Bauer verstanden wird. Ebendas. S. 95.

Man muß zu rechter Zeit einen Mittelbauern vorrücken, um die Steine zu unterstützen, die man in das Spiel des Gegners eindringen lassen will. III. Kap. 1. Abschn. S. 149. Anmerk. (b). 2. Abschn. S. 156. Anmerk. (b) u. s. w.

Man

Man muß keinen Bauern vorrücken, der so steht, daß es das Vordringen der feindlichen Springer hindert. I. Kap. 2. Abschn. S. 75. Anmerk. (c) u. s. w.

Aus eben der Ursache muß man einen Bauern vorrücken, um diesen Springern das Eindringen in das diesseitige Spiel zu verwehren. II. Kap. 1. Abschn. S. 77. Anmerk. (c) u. s. w.

Warum man den Bauern des Läufers der Königinn einen Schritt vorrückt. I. Kap. 1. Abschn. S. 34. Anmerk. (b) u. s. w.

Warum man die Bauern des Läufers des Königs und der Königinn zween Schritte vorrückt. I. Kap. 1. Abschn. S. 46. Anmerk. (b) u. s. w.

Nachtheil, den es bringt, wenn man zu Anfange des Spiels den Bauern des Läufers des Königs einen Schritt vorrückt. I. Kap. 2. Abschn. S. 49. Anmerk. (d)

Warum man die Bauern der Thürne des Königs und der Königinn einen Schritt vorrückt. I. Kap. 1. Abschn. S. 34. Anmerk. (a) u. s. w.

Nachtheil, den es bringen kann, wenn man den Bauern des Thurns des Königs einen Schritt vorrückt. I. Kap. 2. Abschn. S. 49. Anmerk. (b). II. Kap. 2. Abschn. S. 115. Anmerk. (c).

Warum und wann man die Bauern der Thürne zween Schritte vorrücken soll. I. Kap. 2. Abschn. S. 56. Anmerk. (a). II. Kap. 2. Abschn. S. 108. Anmerk. (b). III. Kap. 2. Abschn. S. 153. Anmerk. (a) u. s. w.

Warum und wann man den Bauern des Springers des Königs zween Schritte vorrücken kann. I. Kap. 2. Abschn. S. 53. Anmerk. (e) u. s. w.

Andere Ursache, die Bauern der Springer und Thürne vorzurücken. I. Kap. 2. Abschn. S. 60. Anmerk. (a) Ebendas. S. 73. Anmerk. (b) u. s. w.

Ein Doppelbauer ist nicht immer schädlich. I. Kap. 2. Abschn. S. 74. Anmerk. (a). IV. Kap. 1. Abschn. S. 178. Anmerk. (d) u. s. w.

Was man unter einem Freybauern verstehe? Was man davon für Nutzen ziehen könne? I. Kap. 2. Abschn. S. 61. 67. Anmerk. (c) und (h). II. Kap. 2. Abschn. S. 94. Anmerk. (a) u. s. w.

Man muß keinen Bauern vorrücken, der, wenn er vorgerückt ist, der Richtung der diesseitigen Steine im Wege steht. III. Kap. 1. Abschn. S. 147. Anmerk. (b) u. s. w.

Man muß zu rechter Zeit einen Bauern aufzuopfern wissen, um sich den freyen Gebrauch eines Steins zu verschaffen. II. Kap. 1. Abschn. S. 83. Anmerk. (c) u. s. w.

Auch muß man zu rechter Zeit einen Bauern Preis geben, um alsdann einen andern zur Unterstützung eines dritten vorrücken zu können. IV. Kap. 2. Abschn. S. 240. Anmerk. (d) u. s. w.

Art und Weise, die Bauern zu führen, die bestimmt sind, gegen den feindlichen König eine

Oeffnung

Oeffnung zu machen. II. Kap. 2. Abschn. S. 111. Anmerk. (c) u. s. w.

Art und Weise, sich gegen solchen Angriff, und gegen das Eindringen der Bauern, die so auf den König losgehen, zu wehren. I. Kap. 1. Abschn. S. 38. Anmerk. (d) 2. Abschn. S. 64. Anmerk. (f) II. Kap. 2. Abschn. S. 118. Anmerk. (b) u. s. w.

Bauern, die von beyden Seiten in einander verschrenkt stehen, bringen das Spiel zum Stehen. II. Kap. 2. Abschn. S. 112. Anmerk. (f).

Art und Weise, zween verbundene Bauern, mit Hülfe eines Läufers, in die Dame zu bringen. V. Kap. 2. Abschn. S. 274.

Von den Zeitpunkten.

Dem Gegner Zeitpunkte abzugewinnen, ist die Hauptwissenschaft im Schachspiel. Blos durch solche ihm abgewonnene Zeitpunkte bringt man es dahin

1) Entweder einen Stein zur Uebergabe zu zwingen, und sollte es auch nur ein einziger Bauer seyn, dessen Eroberung, wenn sonst alles gleich ist, das Spiel nothwendig diesseits gewonnen macht;

2) Oder seine Steine einzusperren, die ihm dadurch unnütz und unthätig werden, und den diesseitigen dagegen freyes Feld lassen, einen Angriff zu entwerfen und auszuführen, dem der Gegner nicht vorbeugen kann;

3) Oder

3) Oder endlich die diesseitigen Bauern so vorbringen zu lassen, daß man gegen das Ende des Spiels zuerst in die Dame komme.

Man verliert dagegen Zeitpunkte

1) Wenn man einen Stein vorwärts setzt, den der Gegner durch Vorrückung eines Bauers wegjagen kann;

2) Wenn man einen Stein angreift, den der Gegner mit Nutzen anderswohin ziehen kann;

3) Wenn man Stein um Stein nimmt, und dadurch den Steinen des Gegners freyes Spiel verschafft. I. Kap. 2. Abschn. S. 66. Anmerk. (e) III. Kap. 1. Abschn. S. 136. Anmerk. (f).

4) Wenn man ohne Nutzen Schach bietet. Um dieses zu thun, muß man die Zeit abwarten, da der Schach zween Gegenstände zugleich trifft, und man dadurch wenigstens einen Zeitpunkt gewinnt, um das diesseitige Spiel in eine vortheilhaftere Lage zu bringen. IV. Kap. 1. Abschn. S. 197. Anmerk. (b). Ebendas. S. 219. Anmerk. (b) 2. Abschn. S. 238. (b) Ebendas. S. 245. Anmerk. (c) u. s. w.

Ein einziger Zug, ein einziger Zeitpunkt verändert die Lage des Spiels vom Gewinn zum Verlust. IV. Kap. 1. Abschn. S. 174. Anmerk. (b). Ebendas. S. 186. Anmerk. (f). Ebendas. S. 188. Anmerk. (a) u. s. w.

Ein einziger versäumter Zeitpunkt, ein einziger unrichtiger, oder zu spät gethaner Zug zieht den unabhelfbaren Verlust des Spiels nach sich. II. Kap. 2. Abschn. S. 114. Anmerk. (b). III. Kap. 1. Abschn. S. 143. Anmerk. (a). IV. Kap. 1. Abschn. S. 170. Anmerk. (a) u. s. w.

Man gewinnt doppelt so viel Zeitpunkte, als der Gegner einbüßt, wenn man ihn zwingen kann, Nothzüge zu thun, und seine Steine zurückzuziehen. I. Kap. 2. Abschn. S. 72. Anmerk. (e). III. Kap. 2. Abschn. S. 158. Anmerk. (f) u. s. w.

Man gewinnt einen Zeitpunkt

1) Wenn man zu rechter Zeit Bauern um Bauern, oder Stein um Stein nimmt. II. Kap. 2. Abschn. S. 98. Anmerk. (a). IV. Kap. 1. Abschn. S. 167. Anmerk. (a) u. s. w.
2) Wenn man, anstatt einen angebotenen Bauern zu nehmen, die Zeit lieber dazu anwendet, einem Steine freyes Spiel zu verschaffen. III. Kap. 1. Abschn. S. 138. Anmerk. (b) u. s. w.
3) Wenn man, anstatt augenblicklich irgend einen Vortheil zu benutzen, dessen man ohnedies gewiß genug ist, die Zeit lieber dazu anwendet, einem Steine Luft zu machen, dessen Gebrauch den entworfenen Angriff desto sicherer macht. I. Kap. 2. Abschn. S. 54. Anm. (h) u. s. w.

Man muß sich nicht übereilen, einen entworfenen Angriff zu verfolgen, ehe man nicht allen Steinen Luft gemacht hat, um denselben zu unterstützen, oder zur eigenen Vertheidigung zu dienen. IV. Kap.

I. Abschn. S. 168. Anmerk. (d) Ebendas. S. 202. Anmerk. (b) u. s. w.

Wenn der Gegner sich in solchen Vertheidigungsstand gesetzt hat, daß man nicht absieht, wie man ihm von dieser Seite beykommen soll, so muß man sich nicht damit aufhalten, den diesseitigen Steinen etwa zu einem andern Angriffe, oder zur eignen Vertheidigung eine andre Bestimmung und Richtung zu geben. II. Kap. 2. Abschn. S. 90. Anmerk. (f) u. s. w.

Man muß die Gelegenheit nicht versäumen, einen Zug zu thun, der zugleich zween Endzwecke erfüllt. Ein solcher Zug ist für den Gewinn des Spiels gemeiniglich entscheidend. III. Kap. 1. Abschn. S. 149. Anmerk. (c).

Man muß berechnen, ob ein Stein oder Bauer in Gefahr steht, genommen zu werden, was das gegenseitige Schlagen der Steine für Folgen haben wird, und welcher Zug, nach dieser Berechnung, in den vorliegenden Umständen der beste seyn wird. IV. Kap. 1. Abschn. S. 198 f. u. s. w.

Endlich muß man nie einen Zug thun, ohne vorher gesehen, und sich davon versichert zu haben, was der Gegner, bey dem schon gethanen oder noch zu thuenden Zuge, für eine Absicht haben kann, um sich zu überzeugen, ob man auch die nöthige Zeit hat, den einmal entworfenen Angriff zu verfolgen, oder ob man nicht augenblicklich auf eigene Vertheidigung bedacht seyn müsse.

Inhaltsregister.

IV. Ka-

Ende des Registers.

Anhang

Anhang

die

Hundert Spiele

des

Philipp Stamma

gebürtig von Aleppo.

Anhang

die

Hundert Spiele

des

Philipp Stamma

[illegible]

Die hundert Spiele des Philipp Stamma

gebürtig von Aleppo.*)

Erstes Spiel.

Stellung.

Schwarz. Th, Lf. 8. Sp, Lfr. 7. Lfr, Lf. 7.
Kn, Kg. 3. Kg, Kn. 8. Lf, Th. 8.
Thrn, Kg. 8.
B, Lf. 5. B, Kn. 6. B, Kg. 7. B, Lfr. 5.
B, Spr. 3. B, Thrn. 4.

Weiß. Th, 6. Sp, Th. 4. Kn, Kg. 6.
Kg, Lf. 1. Lfr, Kn. 1. Spr, Sp. 3.
B, Kn. 4. B, Kg. 5. B, Lfr. 4.
B, Spr. 2. B, Thrn. 3.

Das

*) Da in dem VIten Kapitel funfzig Spiele des Stamma mit Anmerkungen geliefert sind, so hat man vor gut gefunden, die sämmtlichen hundert Spiele, ihrer Vortrefflichkeit wegen, nach der Ordnung, wie sie im Originale des Stamma stehen, hieher zu setzen, und bey den Spielen, die schon in dem VIten Kapitel stehen, zurückzuweisen, wo sie zu finden sind.

Das Spiel.

Weiß. — **Schwarz.**

Kn, 7. †. . . Kg, Kn. 7.
Sp, Lf. 5. †. . . B, Lf. 5.
Spr, Lf. 5. †. . . Kg, Kn. 8.
Spr, Kg. 6. †. . . Kg, Kn. 7.
Lfr, Th. 4. †. . . Lf, 6.
Lfr, Lf. 6. †. . . Kg, 6.
B, Kn. 5. † matt.

Eine andere Art zu spielen.

Weiß. — **Schwarz.**

Kn, 7. †. . . Kg, Kn. 7.
Sp, Lf. 5. †. . . Kg, Kn. 8.
Sp, Kg. 6. †. . . Kg, Kn. 7.
Spr, Lf. 5. †. . . B, Lf. 5.
Lfr, Th. 4. †. . . Lf, 6.
Lfr, Lf. 6. †. . . Kg, 6.
B, Kn. 5. † matt.

Zweytes Spiel.

Stellung.

Schwarz. Th, 8. Sp, 8. Kn, Thrn. 3.
Kg, Thrn. 8. Spr, Lfr. 2. Thrn, Lfr. 8.
B, Th. 5. B, Sp. 6. B, Lfr. 6.
B, Spr. 3. B, Spr. 7. B, Thrn. 7.

Weiß. Th, Lf. 1. Sp, Lf. 6. Kn, Sp. 3.
Kg, Spr. 1. Spr, Kg. 5. Thrn, Lf. 4.
B, Th. 3. B, Sp. 4. B, Kg. 3.
B, Lfr. 3.

Das

Das Spiel.

Weiß.			Schwarz.
Thrn, 4.	-	-	Kn, Thrn. 4.
Kn, Spr. 8. †.	-	-	Kg, Spr. 8.
Sp, Kg. 7. †.	-	-	Kg, Thrn. 8.
Spr, Lfr. 7. †.	-	-	Thrn, Lfr. 7.
Th, Lf, 8. †.	-	-	Thrn, Lfr. 8.
Th, Lfr. 8. †. matt.			

Eine andere Art zu spielen.

Weiß.			Schwarz.
Thrn, 4.	-	-	Kn, Lfr. 5.
B, Kg. 4.	-	-	Kn, Spr. 5.
Kn, Spr. 8. †. u. s. w.			

Eine andere Art zu spielen.

Weiß.			Schwarz.
Thrn, 4.	-	-	Kn, Lfr. 5.
B, Kg. 4.	-	-	Spr, Thrn. 3. †.
Kg, Spr. 2.	-	-	Spr, Lfr. 4. †.
Thrn, Lfr. 4.	-	-	Kn, Lfr. 4.
Kn, Spr. 8. †. u. s. w.			

Drittes Spiel.

Stellung.

Schw: Thrn 8. Sp, Spr. 4. Kn, Thrn. 3.
Kg, Th. 8. Lf, Lfr. 5. Thrn, 7.
B, Th. 7. B, Sp. 7. B, Kg. 4. B, Lfr. 7.
B, Spr. 6.

W.

w. Th, Kn. 3. Sp, Kg. 5. Lf, Kn. 2.
Kn, Kg. 3. Kg, Spr. 1.
B, Sp. 5. B, Lf. 4. B, Lfr. 2. B, Spr. 3.

Das Spiel.

Weiß.		Schwarz.
Kn, Th. 7. †.	- -	Kg, Th. 7.
Th, 1. †.	- -	Kg, Sp. 8.
Lf, Lfr. 4. †.	- -	Th, Lf. 7.
Lf, 7. †.	- -	Kg, Lf. 8.
Th, 8. †.	- -	Kg, Kn. 7.
Th, Kn. 8. †.	- -	Kg, 6.
Th, Kg. 8. †.	- -	Kg, Kn. 7.
Th, Kg. 7. †.	- -	Kg, Lf. 8.
Sp, 6. †. matt.		

Viertes Spiel.

Stellung.

Schw. Sp, Kn. 6. Kn, Thrn. 3. Kg, Sp. 8.
Lf, Sp. 7. Spr, Thrn. 4.
B, Th. 7. B, Sp. 6. B, Lf. 7. B, Spr. 7.
B, Thrn. 7.

w. Th, Lfr. 1. Sp, 4. Kn, Spr. 2. Kg, Thrn. 1.
B, Th. 5. B, Sp. 5. B, Spr. 4. B, Thrn. 2.

Das Spiel.

Weiß.		Schwarz.
Th, Lfr. 8. †.	- -	Sp, Lf. 8.
Kn, Sp. 7. †.	- -	Kg, Sp. 7.

Weiß.	Schwarz.
B, Th. 6. †.	Kg, Sp. 8.
Sp, Lf. 6. †.	Kg, Th. 8.
Th, Lf. 8. †. matt.	

Fünftes Spiel.

Stellung.

Schw. Th, Thrn. 4. Kg, Kn. 6.
W. Th, 7. Kg, Kn. 8. Thrn, Lf. 5.

Das Spiel.

Weiß.	Schwarz.
Thrn, 5.	Th, Thrn. 5.
Th, 6. †.	Kg, 5.
Th, 5. †.	Kg, Lfr. 4.
Th, Thrn. 5. †. u. s. w.	

Sechstes Spiel.

Stellung.

Schw. Th, 6. Sp, Thrn. 7. Kg, 5. Thrn, Spr. 6. B, Kn. 6. B, Kg. 4.
W. Th, Kn. 1. Sp, Lfr. 2. Kg, Lfr. 7. Thrn, Lfr. 1. B, Spr. 3.

Das Spiel.

Weiß.	Schwarz.
Sp, Spr. 4. †.	Thrn, Spr. 4.
Thrn, Lfr. 5. †.	Kg, Lfr. 5.
Th, Kn. 5. †. matt.	

Sieben-

Siebentes Spiel.

Siehe oben im VI. Kap. das zehnte Spiel S. 31[illegible]

Achtes Spiel.

Stellung.

Schw. Th, Lf. 8. Sp, Kn. 7. Lfr, 8. Kn, Lf. 3.
Kg, Kn. 8. Spr, 8. Thrn, 2.
B, Th. 3. B, Sp. 4. B, Lf. 7. B, Kg. 7.
B, Lfr. 6. B, Spr. 7.

W. Th, 7. Sp, Kn. 4. Kn, Lfr. 4. Kg, Sp. 1.
Lfr, Th. 4. Thrn, Kn. 4.
B, Th. 2. B, Sp. 3. B, Lf. 4. B, Kr. 5.
B, Spr. 3.

Das Spiel.

Weiß.		Schwarz.
Kn, Lf. 7. †.	- -	Th, Lf. 7.
Th, 8. †.	- -	Th, Lf. 8.
Sp, Kg. 6. †.	- -	Kg, 8.
Th, Lf. 8. †.	- -	Kg, Lfr. 7.
Th, Lfr. 8. †.	- -	Sp, Lfr. 8.
Sp, Kn. 8. †. matt.		

Eine andere Art zu spielen.

Kn, Lf. 7. †.	- -	Th, Lf. 7.
Th, 8. †.	- -	Sp, 8.
Th, Sp. 8. †.	- -	Th, Lf. 8.
Sp, Kg. 6. †. matt.		

Anmerkung. Anstatt dieses Spiels hat der französische Uebersetzer des Stamma folgende Anmerkung nieder-

niedergeschrieben: „Da in diesem Spiel der Läu„fer des schwarzen Königs, wegen der Stellung „der beyden noch nicht gezogenen Bauern, des Kö„nigs nehmlich und seines Springers, unmöglich „von seiner Stelle gerückt seyn kann: So haben „wir nicht nöthig gefunden, dasselbe hier niederzu„schreiben." — Die Achtung für die Einsichten eines Stamma, der gewiß kein Spiel öffentlich bekannt machen wird, das, seiner Natur nach, nicht gespielt werden kann, machte mich gegen diesen französischen Machtspruch mißtrauisch, und ich glaube, meine Leser werden das Spiel, so wie es hier steht, richtig und schön finden, nachdem in der Stellung der schwarzen Steine bloß zwey Druckfehler berichtigt, und anstatt Lfr, 6. nunmehro Lfr, 8. gesetzt, der ausgelassene Bauer B, Lfr. 6. aber noch hinzugethan werden. Ueb.

Neuntes Spiel.

Stellung.

Schw. Th, Lf. 8. Sp, Lfr. 6. Lfr, 8. Kn, Thrn. 3.
Kg, Sp. 8. Thrn, 8.
B, Th. 7. B, Sp. 7. B, Kn. 6. B, Kg. 7.
B, Lfr. 3. B, Spr. 4.

W. Th, Lf. 3. Sp, Kn. 5. Kn, Kg. 3.
Kg, Spr. 1. Lfr, Lf. 2. Thrn, Kg. 1.
B, Sp. 5. B, Lfr. 2. B, Spr. 3.

Das Spiel.

Weiß.		Schwarz.
Kn, Th. 7. †	. .	Kg, Th. 7.
Thrn, Th. 1. †	. .	Kg, Sp. 8.
Thrn, Th. 8. †	. .	Kg, Th. 8.

 Th,

Weiß.		Schwarz.
Th, Lf. 8. †.	= =	Kg, Th. 7.
B, Sp. 6. †.	= =	Kg, Th. 6.
Lfr, Kn. 3. †.	= =	Kg, Th. 5.
Th, 8. †. matt.		

Zehntes Spiel.

Siehe oben im VI. Kap. das neunte Spiel. S. 319.

Eilftes Spiel.

Siehe oben im VI. Kap. das siebzehnte Spiel. S. 325.

Zwölftes Spiel.

Stellung.

Schw. Th, 8. Sp, Lfr. 8. Kn, Lfr. 2. Kg, Sp. 8.
Lfr, Thrn. 4. Thrn, Spr. 3.
B, Th. 7. B, Sp. 6. B, Lf. 7. B, Kn. 7.
W. Th, Kg. 7. Sp, Kn. 5. Kn, 3. Kg, Sp. 1.
Lfr, 3.
B, Sp. 3. B, Lf. 3.

Das Spiel.

Weiß.		Schwarz.
Th, Kg. 8. †.	= = =	Kg, Sp. 7.
Kn, Th. 6. †.	= = =	Kg, Th. 6.
Sp, Lf. 7. †.	= = =	Kg, Th. 5.
B, Sp. 4. †.	= = =	Kg, Th. 4.
Lfr, Kn. 1. †.	= = =	Kg, Th. 3.
Sp, 5. †. matt.		

Eine

Eine andere Art zu spielen.

Weiß.		Schwarz.
Th, Kg. 8. †.	. . .	Kg, Sp. 7.
Kn, Th. 6. †.	. . .	Kg, Lf. 6.
Sp, 4. †.	. . .	Kg, Kn. 6.
Kn, 3. †.	. . .	Kg, Lf. 5.
Kn, 5. †. matt.		

Anmerkung. Der letzte Zug kann auch dieser seyn: Sp, Th. 6. †. matt. Ueb.

Dreyzehntes Spiel.

Stellung.

Schw. Th, Kg. 2. Sp, Kg. 5. Kg, Lf. 8.
Lf, Spr. 4. Thrn, Kg. 8.
B, Kn. 6. B, Lfr. 3. B, Thrn. 2.

W. Th, Sp. 1. Sp, Th. 4. Lf, Th. 3.
Kg, Lfr. 1. Thrn, Spr. 7.
B, Lfr. 2. B, Spr. 3.

Das Spiel.

Weiß.		Schwarz.
Th, Sp. 8. †.	. . .	Kg, Sp. 8.
Lf, Kn. 6. †.	. . .	Kg, Lf. 8.
Sp, 8. †.	. . .	Kg, Kn. 8.
Lf, 7. †. matt.		

Vierzehntes Spiel.

S. oben im VI. Kap. das vier und zwanzigste Spiel. S. 323.

Funfzehntes Spiel.

S. oben im VI. Kap. das drey und vierzigste Spiel. S. 350.

Sechzehntes Spiel.

S. oben im VI. Kap. das neun und zwanzigste Spiel. S. 337.

Anmerkung. Der Schwarze kann das Mattwerden um einen Zug weiter hinaus setzen, wenn er, anstatt Kg, Th. 7. beym sechsten Zuge so spielt:

Weiß.	Schwarz.
. . . .	Th, Lf. 8.
Th, Lf. 8. †.	Kg, Th. 7.
Th, 8. †. matt.	

Siebzehntes Spiel.

Stellung.

Schw. Th, Thrn. 8. Sp, Kg. 8. Lf, Sp. 7. Kn, Thrn. 6. Kg, Spr. 8. Lfr, Spr. 7. Spr, Lfr. 4.
B, Th. 7. B, Sp. 6. B, Lf. 7. B, Kg. 3. B, Lfr. 6. B, Spr. 6.

W. Th, Kn. 1. Sp, 4. Lf, Kg. 1. Kn, Lfr. Kg, Spr. 1. Lfr, Sp. 1. Spr, Lfr. 2.
B, Th. 4. B, Sp. 3. B, Kg. 2. B, Lfr. 3. B, Spr. 4.

Das Spiel.

Weiß.	Schwarz.
Sp, Lf. 6. †.	Lf, 6.

Th,

Weiß.			Schwarz.
Th, Kn. 8. †.	=	=	Kg, Sp. 7.
Kn, Lf. 6. †.	=	=	Kg, Lf. 6.
Lfr, Kg. 4. †.	=	=	Kg, Lf. 5.
Spr, Kn. 3. †.	=	=	Spr, Kn. 3.
Th, Kn. 5. †.	=	=	Kg, Lf. 6.
Th, Kn. 3. †.	=	=	Kg, Lf. 5.
B, Sp. 4. †.	=	=	Kg, Lf. 4.
Lfr, Kn. 5. †. matt.			

Eine andere Art zu spielen.

Weiß.			Schwarz.
Sp, Lf. 6. †.	=	=	Lf, 6.
Th, Kn. 8. †.	=	=	Kg, Sp. 7.
Kn, Lf. 6. †.	=	=	Kg, Lf. 6.
Lfr, Kg. 4. †.	=	=	Spr, Kn. 5.
Lfr, Kn. 5. †.	=	=	Kg, Lf. 5.
Spr, Kg. 4. †.	=	=	Kg, Kn. 4.
Lf, 3. †. matt.			

Achtzehntes Spiel.

Stellung.

Schw. Th, Lf. 8. Sp, Lfr. 5. Lfr, Sp. 6.
Kn, Thrn. 3. Kg, Th. 8. Thrn, 7.
B, Th. 7. B, Lfr. 3. B, Spr. 4.

W. Th, n. Sp, 5. Lf, Spr. 3. Kn, Lfr. 4.
Kg, Spr. 1. Lfr, Kn. 3. B, Lfr. 2.

Das Spiel.

Weiß.	Schwarz.
Lfr, Kg. 4. †.	Thrn, Sp. 7.
Kn, Sp. 8. †.	Th, Sp. 8.
Th, 7. †.	Lfr, Th. 7.
Sp, Lf. 7. †. matt.	

Neunzehntes Spiel.

Stellung.

Schw. Th, 7. Sp, Th. 6. Kn, Sp. 1. Kg, Th. 8.
Spr, Lfr. 3. Thrn, Lf. 7.
B, Th. 5. B, Sp. 6. B, Kg. 7. B, Lfr. 6.
B, Spr. 4.

W. Th, Kn. 1. Sp, Lf. 3. Lf, Lfr. 4. Kn, Th. 4.
Kg, Thrn. 1. Spr, Lfr. 8.
B, Th. 3. B, Sp. 2. B, Kg. 3. B, Spr. 3.

Das Spiel.

Weiß.	Schwarz.
Th, Kn. 8. †.	Sp, 8.
Kn, Lf. 6. †.	Th, Sp. 7.
Th, Sp. 8. †.	Kg, Sp. 8.
Spr, Kn. 7. †.	Kg, Lf. 8.
Spr, Sp. 6. †.	Kg, Kn. 8.
Lf, 7. †.	Th, Lf. 7.
Kn, Th. 8. †.	Th, Lf. 8.
Kn, Lf. 8. †. matt.	

Eine

Eine andere Art zu spielen.

Weiß.			Schwarz.
Th, Kn. 8. †.	=	=	Kg, Sp. 7.
Kn, Kg. 4. †.	=	=	Thrn, Lf. 6.
Th, Kn. 7. †.	=	=	Kg, Lf. 8.
Kn, Lf. 6. †.	=	=	Sp, Lf. 7.
Th, Lf. 7. †.	=	=	Th, Lf. 7.
Kn, Lf. 7. †. matt.			

Anmerkung. Der letzte Zug kann auch dieser seyn: Kn, Th. 8. †. matt. Ueb.

Eine andere Art zu spielen.

Weiß.			Schwarz.
Th, Kn. 8. †.	=	=	Sp, 8.
Kn, Lf. 6. †.	=	=	Th, Sp. 7.
Th, Sp. 8. †.	=	=	Kg, Th. 7.
Sp, 5. †.	=	=	Kg, Th. 6.
Th, 8. †.	=	=	Th, 7.
Sp, Lf. 7. †. matt.			

Zwanzigstes Spiel.

Schw. Th, Spr. 7. Sp, Kg. 6. Kn, Thrn. 5.
Kg, Sp. 8. Lf, 8. Thrn, 8.
B, Th. 7. B, Sp. 7. B, Kn. 3. B, Kg. 4.
B, Lfr. 3. B, Spr. 4.

W. Th, 2. Sp, 5. Kn, Lf, 3. Kg, Spr. 1.
Spr, Kg. 5. Thrn, Th. 3.
B, Sp. 6. B, Kn. 2. B, Kg. 3. B, Lfr. 2.
B, Spr. 3.

Das Spiel.

Weiß.		Schwarz.
Spr, Kn. 7. †.	. . .	Th, Kn. 7.
Kn, Kg. 5. †.	. . .	Kn, Kg. 5.
Thrn, Th. 7.	. . .	Sp, Lf. 7.
B, Lf. 7. †.	. . .	Th, Lf. 7.
Thrn, Th. 8. †. matt.		

Ein und zwanzigstes Spiel.

Schw. Th, Thrn. 8. Sp, Lf. 7. Kn, Thrn. 4.
Kg, Sp. 8. Spr, Kg. 8.
B, Th. 6. B, Sp. 7. B, Lf. 6. B, Lfr. 6.
B, Spr. 5.

W. Th, Kn. 7. Sp, 3. Lf, Th. 3. Kn, Kg. 7.
Kg, Lfr. 1.
B, Th. 4. B, Kg. 2. B, Lfr. 3. B, Spr. 2.

Das Spiel.

Weiß.		Schwarz.
Th, Kn. 8. †.	. . .	Kg, Th. 7.
Kn, Lf. 5. †.	. . .	B, Sp. 6.
Kn, Sp. 6. †.	. . .	Kg, Sp. 6.
Lf, 5. †.	. . .	Kg, Sp. 7.
Sp, Th. 5. †. matt.		

Zwey und zwanzigstes Spiel.

S. oben im VI. Kap. das fünfte Spiel. S. 315.

Drey und zwanzigstes Spiel.

Stellung.

Schw. Th, Lfr. 7. Sp, Kn. 5. Kg, Kn. 6. Lf, 6.
B, Kg. 6. B, Lfr. 5.
W. Sp, Kn. 4. Lf, 3. Kg, Kn. 8. Spr, Kn. 7.
B, Lfr. 4.

Das Spiel.

Weiß.		Schwarz.
Sp, Lfr. 5. †	. . .	B, Lfr. 5.
Lf, Kg. 5. †	. . .	Kg, 6.
Spr, Lf. 5. † matt.		

Eine andere Art zu spielen.

Weiß.		Schwarz.
Sp, Lfr. 5. †	. . .	Th, Lfr. 5.
Lf, Kg. 5. †	. . .	Th, Kg. 5.
B, Kg. 5. † matt.		

Vier und zwanzigstes Spiel.

Stellung.

Schw. Th, Kg. 2. Kg, Th. 8. Lf, Lfr. 3. Thrn, 8.
B, Th. 7. B, Sp. 3. B, Kg. 4.
W. Th, Sp. 5. Sp, 4. Kg, Lfr. 1. Thrn, Kn. 7.
B, Th. 6. B, Kg. 3. B, Lfr. 4.

Das Spiel.

Weiß.		
Th, Thrn. 5.	. . .	Lfr, Thrn. 5.
Sp, Lf. 6. u. s. w.		

Eine andere Art zu spielen.

Weiß. Schwarz.

Th, Thrn. 5. Thrn, Lf. 8.

Sp, Lf. 6. u. s. w.

Fünf und zwanzigstes Spiel.

S. oben im VI. Kap. das sechste Spiel. S. 316.

Anmerkung. Der französische Uebersetzer hat dieses Spiel des Niederschreibens nicht werth gehalten, sondern es mit dem Machtspruch abgefertigt: Cette partie est faute, de meme que la seconde maniere; (dieses Spiel ist, nebst der beygefügten Abänderung, falsch.) Vermuthlich hat er sich an der Stellung des weißen Thurns geärgert, der freylich auf dem Felde Th, Lf. 7. nicht die natürlichste Stellung hat. Es ist aber im Stamma nur durch einen Druckfehler A. C. 7. anstatt A. G. 7. gesetzt worden, welches wegen der Aehnlichkeit des C. und G. sehr leicht geschehen kann. Wenn man also den weißen Thurn, nach dieser Berichtigung auf Th, Spr. 7. setzt, so ist die Stellung der Steine sowohl, als das Spiel selbst, nicht allein untadelich, sondern auch schön, und der gute Stamma gerettet. Ueb.

Sechs und zwanzigstes Spiel.

Stellung.

Schw. Th, Thrn. 7. Sp, Kn. 7. Lf, 4. Kn, Thrn. 2. Kg, Lf. 6. Lfr, Lf. 7. Spr, Lfr. 3.
B, Sp. 6. B, Kn. 5. B, Kg. 5. B, Lfr. 6. B, Spr. 3.

W. Th,

W. Th, 1. Sp, Kn. 6. Kn, Kg. 6. Kg, Lfr. 1.
Lfr, Kg. 2. Spr, Lfr. 5.
B, Th. 2. B, Sp. 2. B, Lf. 3. B, Kg. 3.
B, Spr. 4.

Das Spiel.

Weiß.			Schwarz.
Kn, 5. †.	=	=	Kg, Kn. 5.
Lfr, Lf. 4. †.	=	=	Kg, Lf. 5.
B, Sp. 4. †.	=	=	Kg, Lf. 6.
Lfr, Sp. 5. †.	=	=	Kg, Kn. 5.
Th, Kn. 1. †.	=	=	Spr, Kn. 2.
Th, Kn. 2. †.	=	=	Kn, 2.
B, Kg. 4. †.	=	=	Kg, 6.
Lfr, Lf. 4. †.	=	=	Kn, 5.
Lfr, Kn. 5. †. matt.			

Eine andere Art zu spielen.

Weiß.			Schwarz.
Kn, 5. †.	=	=	Lf, Kn. 5.
Lfr, Sp. 5. †.	=	=	Kg, Lf. 5.
B, Sp. 4. †. matt.			

Sieben und zwanzigstes Spiel.

Stellung.

Schw. Sp, Lfr. 3. Kn, Kg. 1. Kg, Sp. 8.
Lf, Sp. 7.
B, Th. 5. B, Sp. 6. B, Lf. 7. B, Spr. 4.
W. Sp, Lf. 3. Kn, 7. Kg, Spr. 2. Spr, Kg. 7.
B, Kn. 3. B, Lfr. 2.

Das

Das Spiel.

Weiß.			Schwarz.
Kn, 8. †.	=	=	Kg, Th. 7.
Sp, 5. †.	=	=	Kg, Th. 6.
Sp, Lf. 7. †.	=	=	Kg, Th. 7.
Spr, Lf. 8. †.	=	=	Lf, 8.
Sp, 5. †.	=	=	Kg, Sp. 7.
Kn, Lf. 7. †.	=	=	Kg, Th. 6.
Kn, Lf. 8. †.	=	=	Kg, Sp. 5.
Kn, Lf. 4. †. matt.			

Eine andere Art zu spielen.

Weiß.			Schwarz.
Kn, 8. †.	=	=	Kg, Th. 7.
Sp, 5. †.	=	=	Kg, Th. 6.
Sp, Lf. 7. †.	=	=	Kg, Th. 7.
Spr, Lf. 8. †.	=	=	Kg, Sp. 8.
Spr, Kn. 6. †.	=	=	Kg, Th. 7.
Spr, Sp. 5. †. matt.			

Acht und zwanzigstes Spiel.

Stellung.

Schw. Th, Sp. 8. Sp, Kn. 4. Lf, Sp. 7.
Kn, Thrn. 3. Kg, Sp. 5. Thrn, Lfr. 8.
B, Sp. 4. B, Lf. 5. B, Kn. 6. B, Kg. 7.
B, Th. 6.

W. Th, 1. Sp, Kg. 3. Kn, 5. Kg, Spr. 1.
Thrn, Spr. 6.
B, Sp. 3. B, Lf. 2. B, Lfr. 2. B, Spr. 3.

Das

Das Spiel.

Weiß.		Schwarz.
Th, 5.†.	= = =	Kg, Th. 5.
Kn, Lf. 5.†.	= = =	B, Lf. 5.
Sp, Lf. 4.†.	= = =	Kg, Sp. 5.
Thrn, Sp. 6.†. matt.		

Eine andere Art zu spielen.

Weiß.		Schwarz.
Th, 5.†.	= = =	Kg, Sp. 6.
Thrn, Kn. 6.†.	= = =	B, Kn. 6.
Sp, Lf. 4.†.	= = =	Kg, Lf. 7.
Kn, 6.†.	= = =	Kg, Lf. 8.
Sp, 6.†. matt.		

Neun und zwanzigstes Spiel.

Stellung.

Schw. Th, Thrn. 8. Sp, Lf. 8. Kn, Thrn. 5.
Kg, Th. 8. Lf, Sp. 7. Spr, Kn. 8.
B, Th. 7. B, Kg. 2. B, Lfr. 3.

W. Th, 1. Sp, Kg. 6. Lf, 5. Kn, [illegible]
Kg, Spr. 1. Thrn, Kn. 7.
B, Sp. 4. B, [illegible] B, Spr. 2.

Das Spiel.

Weiß.		Schwarz.
Th, 7.†.	= = =	Sp, Th. 7.
Kn, Sp. 8.†.	= = =	Kg, Sp. 8.
Lf, Kn. 6.†.	= = =	Kg, Lf. 8.

Th,

Das Spiel.

Weiß.			Schwarz.
Sp, Lf. 6. †	.	.	Kg, Lf. 7.
Kn, Th. 7. †	.	.	Th, 7.
Th, 7. †	.	.	Kg, Kn. 6.
B, Kg. 5. †	.	.	Kg, Kn. 5.
Lfr, Kg. 4. †	.	.	Kg, Lf. 4.
Th, 4. †	.	.	Kg, Sp. 5.
B, Lf. 4. †	.	.	Kg, Th. 4.
Spr, Lf. 5. †	.	.	B, Lf. 5.
Lfr, Lf. 3. † matt.			

Anmerkung. Der französische Uebersetzer tadelt dieses Spiel mit Recht. Denn wenn der Schwarze anstatt B, Lf. 5. beym achten Zuge Sp, Lf. 5. zieht, so muß der Weiße das Spiel verlieren. Der deutsche Uebersetzer hat diesen Fehler auch schon bemerkt, und ihm dadurch auszuweichen gesucht, daß er folgende Abkürzung des Spiels, mit Beybehaltung der vier erstern Züge des Stamms, vorschlägt:

Weiß.			Schwarz.
Sp, Lf. 6. †	.	.	Kg, Lf. 7.
Kn, Th. 7. †	.	.	Th, 7.
Th, 7. †	.	.	Kg, Kn. 6.
B, Kg. 5. †	.	.	Kg, Kn. 5.
B, Lf. 4. † matt.			

Der letzte Zug kann auch nachfolgender seyn: Th, Kn. 7. †. matt. So schön sich aber auch dieses Spiel auf dem Brett ausnimmt, so ist es doch auch nicht fehlerfrey. Denn der Schwarze darf nur anstatt Kg, Kn. 5. beym vierten Zuge Sp, Kg. 5. ziehen, so sind die Anschläge des Weißen vereitelt, und der Schwarze gewinnt.

Die

Die hierauf im Stamma folgende Abänderung dieses Spiels hingegen ist gänzlich ohne Tadel. Ueb.

Eine andere Art zu spielen.

Weiß.		Schwarz.
Sp, Lf. 6. †.	= =	Thrn, Lf. 6.
Kn, Th. 8. †.	= =	Kg, Lf. 7.
Th, 7. †.	= =	Kg, Kn. 6.
Kn, Lf. 6. †.	= =	Kg, 5.
Kn, Lf. 7. †.	= =	Kg, Lfr. 6.
B, Kg. 5. †.	= =	Kg, Spr. 7.
Kn, 7. †.	= =	Kg, Thrn. 8.
Kn, Thrn. 7. †. matt.		

Fünf und dreyßigstes Spiel.

S. oben im VI. Kap. das fünf und zwanzigste Spiel. S. 334.

Sechs und dreyßigstes Spiel.

S. oben im VI. Kap. das sieben und vierzigste Spiel. S. 353.

Sieben und dreyßigstes Spiel.

Stellung.

Schw. Th, Lf. 8. Sp, 4. Kn, Thrn. 4. Kg, Sp. 8.
Lfr, 8. Spr, 3. Thrn, 8.
B, Th. 7. B, Sp. 7. B, Kg. 7. B, Spr. 4.

W. Th, Kg. 1. Sp, Th. 4. Lf, 1. Kn, Spr. 6.
Kg, Spr. 1. Lfr, 1. Spr, Lf. 5.
B, Sp. 3. B, Lf. 4. B, Lfr. 2.

Das Spiel.

Weiß.				Schwarz.
Lf, Lfr. 4. †.	=	=		Kg, Th. 8.
Sp, 6. †.	=	=		B, Sp. 6.
Th, 1. †.	=	=		Sp, Th. 6.
Th, 6. †.	=	=		B, Th. 6.
Lfr, Spr. 2. †.	=	=		Kg, Th. 7.
Kn, Sp. 6. †.	=	=		Kg, Sp. 6.
Spr, Kn. 7. †.	=	=		Kg, Th. 7.
Lf, Kg. 3. †.	=	=		Th, Lf. 5.
Lf, 5. †. matt.				

Acht und dreyßigstes Spiel.

Stellung.

Schw. Sp, Kn. 4. Kn, Spr. 4. Kg, Th. 8.
Lf, Sp. 7. Spr, Lfr. 5.
B, Th. 7. B, Sp. 6. B, Spr. 3. B, Thrn. 5.

W. Sp, Kg. 5. Kn, Lfr. 7. Kg, Spr. 1.
Lfr, 1. Spr, Kg. 8.
B, Th. 4. B, Sp. 3. B, Lf. 4. B, Kn. 6.

Das Spiel.

Weiß.			Schwarz.
Spr, Lf. 7. †.	=	=	Kg, Sp. 8.
Kn, Kg. 8. †.	=	=	Lf, 8.
Spr, Th. 6. †.	=	=	Kg, Sp. 7.
Lfr, Spr. 2. †.	=	=	Kg, Th. 6.
Kn, Sp. 5. †.	=	=	Sp, 5.
B, Sp. 5. †.	=	=	Kg, Th. 5.
Sp, Lf. 6. †. matt.			

Anmer=

Anmerkung. Der französische Uebersetzer hat diesem Spiel eine Abänderung beygefügt, die viel kürzer ist, und die wir also, der Vollständigkeit wegen, hier mittheilen:

Weiß.			Schwarz.
Spr, Lf. 7. †.	=	=	Kg, Sp. 8.
Sp, Kn. 7. †.	=	=	Kg, Lf. 8.
Kn, Kg. 8. †. matt.			

Neun und dreyßigstes Spiel.

S. oben im VI. Kap. das acht und zwanzigste Spiel. S. 336.

Vierzigstes Spiel.

S. oben im VI. Kap. das neunzehnte Spiel. S. 328.

Ein und vierzigstes Spiel.

Stellung.

Schw. Kg, Th. 8. Lfr, Kg. 3.: B, Lf. 2. B, Kn. 7. B, Kg. 4.

W. Lf, Th. 3. Kg, Lf. 7.: B, Sp. 5. B, Kg. 5.

Das Spiel.

Weiß.			Schwarz.
Lf, 1.	=	=	Lfr, Lf. 1.
B, Sp. 6.	=	=	Lfr, Kg. 3.
B, Sp. 7. †.	=	=	Kg, Th. 7.
B, Sp. 8. Kn. †.	=	=	Kg, Th. 6.
Kn, Th. 8. †.	=	=	Kg, Sp. 5.
Kn, Lf. 6. †.	=	=	Kg, Sp. 4.
Kn, Lf. 2. †. u. s. w.			

Eine andere Art zu spielen.

Weiß.			Schwarz.
Lf, 1.	=	=	Lfr, Kn. 4.
B, Sp. 6.	=	=	Lfr, Kg. 5. †.
Kg, Lf. 8.	=	=	B, Kn. 5.
Lf, Th. 3.	=	=	B, Kg. 3.
Lf, 5.	=	=	B, Lf. 1. Kn.
B, Sp. 7. †. matt.			

Eine andere Art zu spielen.

Weiß.			Schwarz.
Lf, 1.	=	=	Lfr, Kn. 4.
B, Sp. 6.	=	=	Lfr, Sp. 6. †.
Kg, Sp. 6.	=	=	Kg, Sp. 8.
Kg, Lf. 5.	=	=	Kg, Lf. 7.
Kg, Kn. 5.	=	=	Kg, Sp. 6.
Kg, Kn. 6.	=	=	Kg, Sp. 5.
Kg, Kn. 7. u. s. w.			

Eine andere Art zu spielen.

Weiß.			Schwarz.
Lf, 1.	=	=	Lfr, Kn. 4.
B, Sp. 6.	=	=	Lfr, Sp. 6. †.
Kg, Sp. 6.	=	=	Kg, Sp. 8.
Kg, Lf. 5.	=	=	Kg, Lf. 7.
Kg, Kn. 5.	=	=	Kg, Kn. 8.
Kg, Kn. 6.	=	=	Kg, 8.
Lf, Spr. 5.	=	=	Kg, Lf. 7.
Kg, Kn. 7.	=	=	Kg, Spr. 6.
Lf, 1. u. s. w.			

Zwey

Zwey und vierzigstes Spiel.

S. oben im VI. Kap. das drey und zwanzigste Spiel. S. 332.

Drey und vierzigstes Spiel.

S. oben im VI. Kap. das siebente Spiel. S. 317.

Vier und vierzigstes Spiel.

S. oben im VI. Kap. das zweyte Spiel. S. 313.

Anmerkung. Der französische Uebersetzer hat folgende Abänderung dieses Spiels beygefügt, die um einen Zug kürzer ist.

Weiß.		Schwarz.
B, Th. 7. †.	. .	Kg, Th. 8.
Kn, 5. †.	. .	Kn, 5.
Sp, Lf. 7. †.	. .	Kg, Th. 7.
Sp, Kn. 5. †.	. .	Kg, Th. 6.
B, Sp. 5. †.	. .	Kg, Th. 5.
Th, 7. †.	. .	Lf, Th. 6.
Th, 6. †. matt.		

Fünf und vierzigstes Spiel.

S. oben im VI. Kap. das neun und dreyßigste Spiel. S. 347.

Sechs und vierzigstes Spiel.

Stellung.

Schw. Th, Lf. 8. Sp, Lf. 5. Kg, Th. 7. Spr, 5. Thrn, Lfr. 1.
B, Th. 6. B, Kn. 2. B, Kn. 6. B, Thrn. 6.

W. Th, Sp. 4. Kg, Lf. 6. Lfr, Kn. 5. Thrn, Spr. 7.
B, Th. 5. B, Lf. 7. B, Kg. 4.

Das Spiel.

Weiß.		Schwarz.
Th, Sp. 8.	- -	Th, Sp. 8.
B, Lf. 8. Kn. ††.	-	Kg, Th. 8.
Thrn, Th. 7. †. matt.		

Eine andere Art zu spielen.

Weiß.		Schwarz.
Th, Sp. 8.	- -	Thrn, Lfr. 8.
Th, 8. †.	- -	Kg, Th. 8.
Kg, Sp. 6. †.	- -	Sp, 7.
Lfr, Sp. 7. †. matt.		

Eine andere Art zu spielen.

Weiß.		Schwarz.
Th, Sp. 8.	- -	Thrn, Lfr. 8.
Th, 8. †.	- -	Th, 8.
B, Lf. 8. Kn. †.	-	Thrn, Lfr. 7.
Thrn, Lfr. 7. †.	- -	Spr, Lfr. 7.
Kn, Lf. 7. †.	- -	Sp, 7.
Kn, Sp. 7. †. matt.		

Sieben und vierzigstes Spiel.

S. oben im VI. Kap. das drey und dreyßigste Spiel. S. 342.

Acht und vierzigstes Spiel.

Stellung.

Schw. Th 8. Sp. Lf. 6. Lf. Sp. 7. Kn, Thrn. 4.
Kg. Sp. 8. Spr, 3. Thrn. 6.
B, Th. 7. B, Sp. 6. B, Lf. 7. B, Lfr. 4.
B, Spr. 5.

W. Th,

w. Th, Kg. 1. Sp, Lfr. 8. Kn, Kg. 4.
Kg, Spr. 1. Lfr, Spr. 2. Thrn, Lfr. 1.
B, Th. 5. B, Lf. 3. B, Kn. 3.

Das Spiel.

Weiß.			Schwarz.
Kn, Kg. 8. †.	=	=	Lf, 8.
Sp, Kn. 7. †.	=	=	Kg, Sp. 7.
B, Th. 6. †.	=	=	Kg, Th. 6.
Sp, Lf. 5. †.	=	=	B, Lf. 5.
Kn, Lf. 6. †.	=	=	Thrn, Lf. 6.
Th, 1. †.	=	=	Kg, Sp. 7.
Thrn, Sp. 1. †. matt.			

Eine andere Art zu spielen.

Weiß.			Schwarz.
Kn, Kg. 8. †.	=	=	Lf, 8.
Sp, Kn. 7. †.	=	=	Kg, Sp. 7.
B, Th. 6. †.	=	=	Kg, Th. 6.
Sp, Lf. 5. †.	=	=	Kg, Sp. 5.
Lfr, Lf. 6. †.	=	=	Kg, Lf. 5.
Th, Kg. 5. †.	=	=	Kg, Kn. 6.
Th, Kn. 5. †. matt.			

Neun und vierzigstes Spiel.

S. oben im VI. Kap. das vierzehnte Spiel. S. 322.

Funfzigstes Spiel.

S. oben im VI. Kap. das dritte Spiel. S. 314.

Ein und funfzigstes Spiel.

Stellung.

Schw. Th, Kn. 7. Sp, 8. Lf, Sp. 5. Kg, Lf. 4.
Lfr, Kg. 5. Spr, Lf. 6.
B, Sp. 4. B, Lf. 3.

W. Th, Kn. 3. Sp, 3. Kg, Sp. 6. Lfr, Spr. 6.
Spr, Lf. 8.
B, Lf. 2. B, Kg. 4.

Das Spiel.

Weiß.		Schwarz.
Lfr, 7. †	= =	Th, Lfr. 7.
Spr, Kn. 6. †	= =	Lfr, Kn. 6.
Th, Kn. 4. †	= =	Spr, Kn. 4.
Sp, Th. 5. † matt.		

Zwey und funfzigstes Spiel.

S. oben im VI. Kap. das acht und dreyßigste Spiel. S. 346.

Drey und funfzigstes Spiel.

S. oben im VI. Kap. das sechs und vierzigste Spiel. S. 352.

Vier und funfzigstes Spiel.

Siehe oben im VI. Kap. das ein und dreyßigste Spiel. S. 340.

Fünf und funfzigstes Spiel.

S. oben im VI. Kap. das erste Spiel. S. 312.

Sechs und funfzigstes Spiel.

Stellung.

Schw. Th, Lf. 1. Sp, Lf. 3. Lf, Sp. 7. Kg, Lf. 6.
Lfr, Kn. 6.
B, Sp. 5. B, Lf. 7. B, Kg. 2.
W. Th, Spr. 5. Sp, Lfr. 5. Kg, 6. Lfr, Lf. 2.
B, Th. 5. B, Kn. 4.

Das Spiel.

Weiß.		Schwarz.
Sp, Kg. 7. †.	= =	Lfr, Kg. 7.
Th, Lf. 5. †.	= =	Lfr, Lf. 5.
Lfr, Kg. 4. †.	= =	Sp, Kg. 4.
B, Kn. 5. †. matt.		

Sieben und funfzigstes Spiel.

Stellung.

Schw. Th, 8. Sp, Th. 5. Kn, Lfr. 1. Kg, Sp. 7.
Lfr, 4. Thrn, Kg. 2.
B, Th. 7. B, Sp. 6. B, Spr. 5. B, Thrn. 7.
W. Th, Thrn. 3. Sp, 5. Kn, Lfr. 5. Kg, Lf. 2.
Spr, Kn. 2.
B, Th. 2. B, Sp. 3. B, Lf. 4. B, Kn. 3.
B, Lfr. 3. B, Spr. 4.

Das Spiel.

Weiß.		Schwarz.
Th, Thrn. 7. †.	= =	Kg, Th. 6.
Kn, Lf. 8. †.	= =	Sp, 7.
Kn, Sp. 7. †.	= =	Kg, Th. 5.

Weiß.		Schwarz.
Kn, Th. 7. †.	= =	Th, 7.
Th, 7. †.	= =	Kg, Sp. 4.
B, Th. 3. †.	= =	Kg, Lf. 5.
B, Kn. 4. †.	= =	Kg, Lf. 6.
B, Kn. 5. †.	= =	Kg, Lf. 5.
B, Sp. 4. †. matt.		

Anmerkung. Folgende von dem französischen Uebersetzer beygebrachte Veränderung dieses Spiels ist kürzer:

Weiß.		Schwarz.
Th, Thrn. 7. †.	= =	Kg, Th. 6.
Kn, Lf. 8. †.	= =	Sp, 7.
Kn, Sp. 7. †.	= =	Kg, Th. 5.
B, Sp. 4. †.	= =	Kg, Sp. 4.
B, Th. 3. †.	= =	Kg, Lf. 5.
Kn, 5. †. matt.		

Der Schwarze kann anstatt Kg, Lf. 5. beym fünften Zuge auch so ziehen:

= = =	= =	Kg, Th. 5.
Kn, Th. 7. †.	= =	Th, 7.
Th, 7. †. matt.		

Acht und funfzigstes Spiel.

Stellung.

Schw. Th, Lf. 1. Sp, Lfr. 5. Kn, 1. Kg, Thrn. 5. B, Spr. 6. B, Thrn. 7.

W. Th, Spr. 4. Sp, Kn. 5. Kg, Spr. 2. Spr, Kg. 5. B, Spr. 3. B, Thrn. 2.

Das

Das Spiel.

Weiß.		Schwarz.
Th, Spr. 5.†.	= =	Kg, Spr. 5.
Spr, Lfr. 7.†.	= =	Kg, Thrn. 5.
Sp, Lfr. 4.†.	= =	Kg, Spr. 4.
B, Thrn. 3.†. matt.		

Neun und funfzigstes Spiel.

Siehe oben im VI. Kap. das acht und vierzigste Spiel. S. 354.

Sechzigstes Spiel.

S. oben im VI. Kap. das sieben und zwanzigste Spiel. S. 335.

Ein und sechzigstes Spiel.

S. oben im VI. Kap. das neun und vierzigste Spiel. S. 355.

Zwey und sechzigstes Spiel.

S. oben im VI. Kap. das zwölfte Spiel. S. 321.

Drey und sechzigstes Spiel.

S. oben im VI. Kap. das ein und zwanzigste Spiel. S. 329.

Vier und sechzigstes Spiel.

S. oben im VI. Kap. das zwanzigste Spiel. S. 329.

Fünf und sechzigstes Spiel.

Stellung.

Schw. Kg, Th. 1.: B, Th. 3.
W. Kg, Lf. 1. Sp, Kn. 2.

Das Spiel.

Weiß.		Schwarz.
Sp, 3. †.	. .	Kg, Th. 2.
Sp, Lf. 5.	. .	Kg, Th. 1.
Kg, Lf. 2.	. .	Kg, Th. 2.
Sp, Kn. 3.	. .	Kg, Th. 1.
Sp, Lf. 1.	. .	B, Th. 2.
Sp, 3. †. matt.		

Sechs und sechzigstes Spiel.

Siehe oben im VI. Kap. das vierzigste Spiel. S. 348.

Sieben und sechzigstes Spiel.

S. oben im VI. Kap. das funfzigste Spiel. S. 356.

Acht und sechzigstes Spiel.

S. oben im VI. Kap. das dreyzehnte Spiel. S. 321.

Neun und sechzigstes Spiel.

S. oben im VI. Kap. das achte Spiel. S. 318.

Siebzigstes Spiel.

Stellung.

Schw. Th, Lf. 1. Sp, 3. Kg, Thrn. 6. Spr, Lfr. 3.
B, Th. 4. B, Kn. 3. B, Kg. 2.

W. Sp, Kg. 6. Lf, Sp. 4. Kg, Lfr. 7.
B, Lfr. 4. B, Spr. 4.

Das Spiel.

Weiß.		Schwarz.
Lf, Lfr. 8. †	= =	Kg, Thrn. 7.
Lf, Spr. 7.	= =	Spr, Kg. 5. †
Lf, Kg. 5.	= =	Th, Lf. 7. †
Lf, 7.	= =	B, Kg. 1. Kn.
Sp, Lfr. 8. †	= =	Kg, Thrn. 8.
B, Spr. 5.	= =	B, Kn. 2.
B, Spr. 6.	= =	Kn, Kg. 8. †
Kg, 8.	= =	Kg, Spr. 7.
Lf, Kg. 5. †	= =	Kg, Thrn. 6.
B, Spr. 7.	= =	B, Kn. 1. Kn.
B, Spr. 8. Kn.	= =	Kn, Thrn. 5. †
Kg, 7.	= =	Kn, Thrn. 4. †
Lf, Lfr. 6.	= =	Kn, Kg. 1. †
Kg, Lfr. 7. u. s. w.		

Eine andere Art zu spielen.

Weiß.		Schwarz.
Lf, Lfr. 8. †	= =	Kg, Thrn. 7.
Lf, Spr. 7.	= =	Spr, Kg. 5. †
Lf, Kg. 5.	= =	Th, Lf. 7. †
Lf, 7.	= =	B, Kg. 1. Kn.

Sp,

Weiß.		Schwarz.
Sp, Lfr. 8. †.	= =	Kg, Thrn. 8.
B, Spr. 5.	= =	B, Kn. 2.
B, Spr. 6.	= =	Kn, Kg. 8. †.
Kg, 8.	= =	B, Kn. 1. Kn.
Lf, Kg. 5. †.	= =	Kg, Spr. 8.
Sp, Thrn. 7.	= =	Kn, Kg. 2.
Sp, Lfr. 6. †.	= =	Kg, Thrn. 8.
Kg, Lfr. 8. u. s. w.		

Ein und siebzigstes Spiel.

S. oben im VI. Kap. das vierte Spiel. S. 315.

Zwey und siebzigstes Spiel.

S. oben im VI. Kap. das zwey und dreyßigste Spiel. S. 341.

Drey und siebzigstes Spiel.

Stellung.

Schw. Th, Thrn. 3. Sp, Thrn. 4. Kg, Spr. 5.
B, Lfr. 4.
W: Th, Kn. 1. Lf, Lfr. 2. Kg, 4.
B, Lfr. 3.

Das Spiel.

Weiß.		Schwarz.
Th, Spr. 1. †.	= =	Kg, Thrn. 5.
Lf, Thrn. 4.	= =	Th, Thrn. 4.
Th, Spr. 8. u. s. w.		

Vier

Vier und siebzigstes Spiel.

S. oben im VI. Kap. das ein und vierzigste Spiel. S. 349.

Fünf und siebzigstes Spiel.

S. oben im VI. Kap. das sechs und dreyßigste Spiel. S. 345.

Sechs und siebzigstes Spiel.

S. oben im VI. Kap. das zwey und zwanzigste Spiel. S. 330.

Anmerkung. Nach den Bemerkungen des französischen Uebersetzers ist dieses Spiel kürzer zu endigen, wenn man anstatt Kn, 8, †. beym siebenten Zuge so spielt:

Weiß.	Schwarz.
Sp, Lf. 6. †.	Kg, Lf. 8.
Kn, 8. †. matt.	

Ingleichen auch die erste Veränderung desselben, wenn man anstatt Kn, Kg. 7. beym achten Zuge so spielt:

Kg, Sp. 8. †. matt.

Sieben und siebzigstes Spiel.

S. oben im VI. Kap. das sechs und zwanzigste Spiel. S. 334.

Anmerkung. Der letzte Zug kann auch dieser seyn: Th, 8. †. matt. Ueb.

Acht und siebzigstes Spiel.

S. oben im VI. Kap. das funfzehnte Spiel. S. 323.

Neun und siebzigstes Spiel.

S. oben im VI. Kap. das vier und vierzigste Spiel. S. 350.

Anmerkung. Dieses Spiel kann auch so gespielt werden:

Weiß.			Schwarz.
Sp, 5. †.	:	:	Kg, Th. 6.
Sp, Lf. 7. †.	:	:	Kg, Th. 7.
Spr, Lf. 8. †.	:	:	Kg, Sp. 8.
Sp, Th. 6. †. matt.			

Achtzigstes Spiel.

Stellung.

Schw. Kg, Lf. 5.: B, Spr. 5.
W. Kg, Lf. 3.: B, Th. 4. B, Lf. 4.

Das Spiel.

Weiß.			Schwarz.
B, Th. 5.	:	:	B, Spr. 4.
Kg, Kn. 3.	:	:	B, Spr. 3.
Kg, 2.	:	:	Kg, Lf. 6.
Kg, Lfr. 3.	:	:	Kg, Sp. 7.
B, Lf. 5.	:	:	Kg, Th. 6.
B, Lf. 6.	:	:	Kg, Th. 7.
Kg, Spr. 3.	:	:	Kg, Th. 6.
Kg, Lfr. 4. u. s. w.			

Ein und achtzigstes Spiel.

Stellung.

Schw. Th, Lfr. 8. Kg, Th. 8.:
B, Spr. 4. B, Thrn. 3.

W. Th,

W. Th, Lf. 1. Kg, Th. 5.
B, Th. 6. B, Sp. 6.

Das Spiel.

Weiß.			Schwarz.
Th, Lf. 8. †.	=	=	Th, Lf. 8.
B, Sp. 7. †.	=	=	Kg, Sp. 8.
Kg, Sp. 6.	=	=	Th, Lf. 6. †.
Kg, Lf. 6.	=	=	B, Thrn. 2.
Kg, Sp. 6.	=	=	B, Thrn. 1. Kn.
B, Th. 7. †. matt.			

Eine andere Art zu spielen.

Weiß.			Schwarz.
Th, Lf. 8. †.	=	=	Th, Lf. 8.
B, Sp. 7. †.	=	=	Kg, Sp. 8.
Kg, Sp. 6.	=	=	Th, Lf. 6. †.
Kg, Lf. 6.	=	=	Kg, Th. 7.
Kg, Lf. 7.	=	=	B, Thrn. 2.
B, Sp. 8. Kn. †.	=	=	Kg, Th. 6.
Kn, Sp. 6. †. matt.			

Anmerkung. Noch kürzer ist folgende Art zu ziehen:

Weiß.			Schwarz.
B, Th. 7.	=	=	Th, Lfr. 5. †.
Kg, Th. 6.	=	=	Th, Lfr. 8.
B, Sp. 7. †. matt.			

oder auch so:

B, Th. 7.	=	=	Th, Lfr. 5. †.
Kg, Th. 6.	=	=	Th, Lfr. 7.
Th, Lf. 8. †. matt. Ueb.			

Zwey und achtzigstes Spiel.

Stellung.

Schw. Kn, Kg. 5. Kg, Th. 8.
B, Sp. 6. B, Lf. 7. B, Lfr. 4. B, Spr. 5.
B, Thrn. 6.

W. Th, Lfr. 6. Sp, 4. Kg, Lfr. 3.
B, Sp. 3. B, Lf. 4. B, Spr. 4. B, Thrn. 5.

Das Spiel.

Weiß.		Schwarz.
Th, Lfr. 8.†	= =	Kg, Sp. 7.
Th, Sp. 8.†	= =	Kg, Sp. 8.
Sp, Lf. 6.†	= =	Kg, Sp. 7.
Sp, Kg. 5. u. s. w.		

Drey und achtzigstes Spiel.

Stellung.

Schw. Th, Lf. 8. Sp, 4. Lf, Kn. 7. Kn, Thrn. 4.
Kg, 8. Lfr, 8. Spr, Lfr. 6. Thrn, 8.
B, Th. 5. B, Sp. 7. B, Lf. 7. B, Lfr. 7.
B, Spr. 4.

W. Th, Kg. 2. Sp, Kn. 4. Kn, Sp. 3.
Kg, Spr. 1. Lfr, Lf. 2. Spr, Kg. 5.
Thrn, Lfr. 1.
B, Th. 4. B, Sp. 5. B, Lfr. 2.

Das Spiel.

Weiß.		Schwarz.
Kn, Lfr. 7.†	= =	Kg, Kn. 8.
Sp, Kg. 6.†	= =	Lf, Kg. 6.
Thrn, Kn. 1.†	= =	Sp, Kn. 5.

Thrn,

Weiß.	Schwarz.
Thrn, Kn. 5.†.	Lf, Kn. 5.
Kn, 5.†.	Spr, Kn. 5.
Spr, Lfr. 7.†.	Kg, Kn. 7.
Lfr, 5.†. matt.	

Eine andere Art zu spielen.

Weiß.	Schwarz.
Kn, Lfr. 7.†.	Kg, Kn. 8.
Sp, Kg. 6.†.	Lf, Kg. 6.
Thrn, Kn. 1.†.	Spr, Kn. 5.
Kn, 7.†.	Lf, Kn. 7.
Spr, Lfr. 7.†. matt.	

Vier und achtzigstes Spiel.

S. oben im VI. Kap. das sechszehnte Spiel. S. 324.

Fünf und achtzigstes Spiel.

Stellung.

Schw. Kg, Sp. 1. B, Th. 2. B, Sp. 6.
W. Kg, Kn. 2. Lf, Kg. 5. B, Lf. 5.

Das Spiel.

Weiß.	Schwarz.
Lf, Th. 1.	Kg, Th. 1.
Kg, Lf. 2.	B, Sp. 5.
B, Lf. 6.	B, Sp. 4.
B, Lf. 7.	B, Sp. 3.†.

Weiß.		Schwarz.
Kg, Sp. 3.	= =	Kg, Sp. 1.
B, Lf. 8. Kn.	= =	B, Th. 1. Kn.
Kn, Lf. 2. †. matt.		

Sechs und achtzigstes Spiel.

S. oben im VI. Kap. das zwey und vierzigste Spiel. S. 349.

Sieben und achtzigstes Spiel.

Stellung.

Schw. Lf, Spr. 4. Kg, Kn. 8.
W. Th, Thrn. 7. Kg, 5.: B, Kn. 6.

Das Spiel.

Weiß.		Schwarz.
Th, Thrn. 4.	= =	Lf, Kn. 1.
Th, Kn. 4.	= =	Lf, Sp. 3.
B, Kn. 7.	= =	Lf, 2.
Kg, Kn. 6.	= =	Lf, Lfr. 5.
Th, Lfr. 4.	= =	Lf, Kn 7.
Th, Lfr. 8. †.	= =	Lf, Kn. 8.
Th, Thrn. 8.	= =	Kg, Lf. 8.
Th, Kg. 8. u. s. w.		

Acht und achtzigstes Spiel.

S. oben im VI. Kap. das sieben und dreyßigste Spiel. S. 346.

Neun

Neun und achtzigstes Spiel.

S. oben im VI. Kap. das vier und dreyßigste Spiel. S. 343.

Neunzigstes Spiel.

S. oben im VI. Kap. das fünf und vierzigste Spiel. S. 351.

Ein und neunzigstes Spiel.

S. oben im VI. Kap. das eilfte Spiel. S. 320.

Zwey und neunzigstes Spiel.

S. oben im VI. Kap. das fünf und dreyßigste Spiel. S. 344.

Drey und neunzigstes Spiel.

Stellung.

Schw. Th, Lfr. 6. Sp, Lfr. 5. Kn, Thrn. 6. Kg, Thrn. 8.
B, Sp. 4. B, Lf. 2. B, Spr. 7. B, Thrn. 5.
W. Th, 6. Kn, Lf. 7. Kg, Thrn. 3. Lfr, Lf. 4.
B, Th. 4. B, Sp. 2. B, Lfr. 3. B, Spr. 2.

Das Spiel.

Weiß.		Schwarz.
Kn, Lf. 8. †	= =	Kg, Thrn. 7.
Lfr, 7.	= =	Th, Lfr. 7.
Th, Thrn. 6. †	= =	Sp, Thrn. 6.
Kn, Lf. 2. † u. s. w.		

Eine andere Art zu spielen.

Weiß.			Schwarz.
Kn, Lf. 8. †	=	=	Kg, Thrn. 7.
Lfr, 7.	=	=	Sp, Kg. 7.
Kn, Lf. 2. †	=	=	Sp, Spr. 6.
Lfr, Spr. 6. †	=	=	Th, Spr. 6.
Kn, Spr. 6. †	=	=	Kn, Spr. 6.
Th, Spr. 6.	=	=	Kg, Spr. 6.
B, Th. 5. u. s. w.			

Eine andere Art zu spielen.

Weiß.			Schwarz.
Kn, Lf. 8. †	=	=	Kg, Thrn. 7.
Lfr, 7.	=	=	Kn, Lfr. 4.
Kn, Spr. 8. †	=	=	Kg, Thrn. 6.
Kn, Thrn. 8. †	=	=	Kg, Spr. 5.
Kn, Thrn. 5. † matt.			

Eine andere Art zu spielen.

Weiß.			Schwarz.
Kn, Lf. 8. †	=	=	Kg, Thrn. 7.
Lfr, 7.	=	=	Kn, 2.
Kn, Spr. 8. †	=	=	Kg, Thrn. 6.
Th, Lfr. 6. †	=	=	Kg, Spr. 5.
Lfr, Kg. 6.	=	=	Kn, 3.
Th, Lfr. 5. †	=	=	Kn, Lfr. 5.
Kn, Spr. 7. †	=	=	Kn, Spr. 6.
B, Lfr. 4. † u. s. w.			

Vier

Vier und neunzigstes Spiel.

Stellung.

Schw. Th, Lf. 6. Lf, Thrn. 6. Kn, Kg. 6. Kg, Lf. 8.
Thrn, Kg. 8.
B, Lf. 3. B, Lfr. 3.
W. Th, 7. Sp, Kn. 5. Kn, Sp. 5. Kg, Th. 2.
B, Sp. 2. B, Thrn. 2.

Das Spiel.

Weiß.	Schwarz.
Kn, Sp. 7. †.	Kg, Kn. 8.
Th, 8. †.	Th, Lf. 8.
Kn, Lf. 7. †. matt.	

Eine andere Art zu spielen.

Weiß.	Schwarz.
Kn, Sp. 7. †.	Kg, Kn. 8.
Th, 8. †.	Kn, Lf. 8.
Kn, Lf. 6.	Kn, Th. 8. †.
Kn, Th. 8. †.	Kg, Kn. 7.
Sp, Lfr. 6. †. u. s. w.	

Fünf und neunzigstes Spiel.

Stellung.

Schw. Th, 8. Kn, Spr. 2. Kg, Thrn. 8.
Lfr, Thrn. 6. Thrn, 2.
B, Spr. 7. B, Thrn. 7.
W. Th, Lfr. 1. Sp, Spr. 5. Lf, 1. Kn, Lfr. 7.
Kg, 1.
B, Kn. 5. B, Lfr. 6.

Das Spiel.

Weiß.	Schwarz.
Kn, Spr. 8. †.	Kg, Spr. 8.
B, Lfr. 7. †.	Kg, Lfr. 8.
Lf, Th. 3. †.	Th, 3.
Sp, Kg. 6. †.	Kg, 7.
B, Lfr. 8. Kn. †.	Kg, Kn. 7.
Th, Lfr. 7. †. matt.	

Anmerkung. Der letzte Zug kann auch dieser seyn: Kn, 8. †. matt. Ueb.

Sechs und neunzigstes Spiel.

Stellung.

Schw. Th, 2. Sp, Kn. 4. Kg, Thrn. 8. Lfr, Lfr. 8.
Thrn, Lf. 2.
B, Sp. 6. B, Spr. 7. B, Thrn. 7.
W. Th, Lfr. 3. Sp, Kg. 5. Kg, 1. Lfr, Spr. 2.
Thrn, 1.
B, Sp. 5. B, Spr. 4. B, Thrn. 5.

Das Spiel.

Weiß.	Schwarz.
Th, Lfr. 8. †.	Lfr, 8.
Sp, Spr. 6. †.	B, Spr. 6.
B, Spr. 6. †.	Kg, Spr. 8.
Lfr, Kn. 5. †. matt.	

Sieben und neunzigstes Spiel.

Stellung.

Schw. Th, Lfr. 8. Kn, Sp. 7. Kg, Lfr. 7.
Thrn, Spr. 8.
B, Lfr. 6. B, Spr. 7.

W. Th,

W. Th, Sp, Thrn. 7. Kg, Spr. 1. Lfr, Sp. 3.
Thrn, Kg. 2.
B, Lf. 4. B, Lfr. 4. B, Spr. 4.

Das Spiel.

Weiß.		Schwarz.
Th, 7.	= =	Kn, Th. 7. †.
B, Lf. 5. †.	= =	Kg, Spr. 6.
B, Lfr. 5. †.	= =	Kg, Thrn. 7.
Thrn, 2. †. matt.		

Acht und neunzigstes Spiel.

Stellung.

Schw. Th, 5. Sp, Kn. 8. Lf, Kn. 5. Kg, 5.
Thrn, Sp. 1.
B, Th. 2. B, Kn. 6. B, Lfr. 6. B, Spr. 6.
W. Th, Kn. 1. Sp, Kg. 3. Kg, Spr. 2.
Thrn, 8.
B, Kg. 2. B, Lfr. 3. B, Spr. 3. B, Thrn. 2.

Das Spiel.

Weiß.		Schwarz.
Thrn, Kg. 8. †.	= =	Sp, Kg. 6.
Sp, Spr. 4. †.	= =	Kg, Lfr. 5.
Th, Kn. 5. †.	= =	Th, Kn. 5.
B, Kg. 4. †.	= =	Kg, Spr. 5.
B, Thrn. 4. †.	= =	Kg, Thrn. 5.
Thrn, 8. †. matt.		

Neun und neunzigstes Spiel.

Stellung.

Schw. Th, Kn. 7. Kn, Thrn. 3. Kg, Thrn. 7.
Lf, Sp. 7. Thrn, Lfr. 6.
B, Th. 7. B, Sp. 6. B, Spr. 6. B, Thrn. 4.

W. Th, Lfr. 1. Sp, Spr. 4. Lf, Sp. 2.
Kn, Kg. 5. Kg, Spr. 1.
B, Sp. 5. B, Lf. 4. B, Spr. 5.

Das Spiel.

Weiß.		Schwarz.
Kn, Thrn. 8. †	- -	Thrn, 8.
Sp, Lfr. 6. †	- -	Kg, Spr. 7.
Sp, Kn. 7. †	- -	Kg, Spr. 8.
Th, Lfr. 8. †	- -	Kg, Thrn. 7.
Th, Lfr. 7. †	- -	Kg, Spr. 8.
Th, Spr. 7. † matt.		

Anmerkung. Man kann um einen Zug früher matt machen, wenn man anstatt Th, Lfr. 7. † beym fünften Zuge so spielt:

Th, Thrn. 8. † matt. Ueb.

Hundertes Spiel.

Stellung.

Schw. Sp, Th. 4. Kg, Th. 1. Spr, Lf. 3.
B, Th. 2. B, Lfr. 4.

W. Lf, Spr. 1. Kg, Lf. 1. B, Lfr. 3.

Das Spiel.

Weiß.		Schwarz.
Lf, Kn. 4.	= =	Sp, 2.
Kg, Lf. 2.	= =	Sp, Kn. 1.
Lf, Spr. 7.	= =	Sp, Kg. 3. †
Kg, Lf. 1.	= =	Sp, Kn. 1.
Lf, Kg. 5.	= =	Sp, 2.
Kg, Lf. 2.	= =	Sp, Kn. 1.
Lf, Lfr. 4.	= =	Sp, 2.
Lf, Kg. 5.	= =	Sp, Kn. 1.
B, Lfr. 4.	= =	Sp, Kg. 3. †.
Kg, Lf. 1.	= =	Sp, Kn. 1.
B, Lfr. 5.	= =	Sp, 2.
Kg, Lf. 2.	= =	Sp, Kn. 1.
B, Lfr. 6.	= =	Sp, Kg. 3. †.
Kg, Lf. 1.	= =	Sp, Kn. 1.
B, Lfr. 7.	= =	Sp, 2.
Kg, Lf. 2.	= =	Sp, Kn. 1.
B, Lfr. 8. Kn. u. s. w.		

Ver-

Verzeichniß der Druckfehler.

S. 1.	Z. 14.	st. Calabrois) heißt	l. Calabrois). Er heißt
— 19.	— 18.	— Mattsetzers	— Mattsetzens
— —	— 20.	— zu machen	— machen soll,
— 30.	— 11.	— in	— im
— 36.	— 28.	— B, Kg.	— B. Kg,
— 40.	— 26.	— B, Lfr.	— B. Lfr,
— 46.	— 33.	— Lfr, Spr. 4.	— Lfr, Sp. 4.
— —	— 31.	— B, Thrn. 6. †.	— B, Thrn. 6.
— 53.	— 8.	— Lfr,	— * Lfr,
— 54.	— 17.	— Sp, Thrn. 6.	— * Sp, Thrn. 6.
— —	— 21.	Fehlt die Ueberschrift: Weiß.	
— 55.	— 15.	— Mas	— Man
— —	— 25.	Ist die Ueberschrift: Schwarz wegzulassen.	
— 56.	— 23.	— B,	— * B,
— 64.	— 25.	— Lfr, 5.	— * Lfr, 5.
— 65.	— 9.	Fehlt die Ueberschrift: Weiß.	
— 66.	— 11.	Desgleichen.	
— 68.	— 14.	Desgleichen.	
— 74.	— 14.	Desgleichen.	
— 76.	— 21.	Fehlt die Ueberschrift: Schwarz.	
— 77.	— 12.	— Lfr. 8.	— Lfr, 8.
— —	— 13.	— * B, Kn. 4.	— B, Kn. 4.
— 78.	— 4.	Fehlt die Ueberschrift: Schwarz.	
— —	— 18.	— halten	— erhalten
— 83.	— 19.	— * B, Lfr. 4.	— * B, Lf. 4.
— 84.	— 28.	Fehlt die Ueberschrift: Schwarz.	
— 87.	— 17.	— B, Spr. 6. den	— B, Spr. 6. an, den
— —	— 27.	Fehlt die Ueberschrift: Schwarz.	
— 88.	— 1.	Desgleichen.	
— —	— 30.	— versetzen	— vorsetzen
— 90.	— 20.	Fehlt die Ueberschrift: Schwarz.	
— 91.	— 8.	Desgleichen.	
— 95.	— 12.	Desgleichen.	

S. 96.

S. 96. Z. 31. st. Spr. 3. l. Spr, 3.
— 97. - 19. - Thrn. 5. - Thrn, 5.
— — - 28. - Spr. 3. - Spr, 3.
— 98. - 5. - Thrn. 7. - Thrn, 7.
— — - 18. Fehlt die Ueberschrift: Schwarz.
— 99. - 5. - Spr, Thrn. 3. - * Spr, Thrn. 3.
—100. - 5. Fehlt die Ueberschrift: Schwarz.
—102. - 5. Desgleichen.
—104. - 20. - Sp, Kn. 6. - * Sp, Kn. 6.
— — - 26. Fehlt die Ueberschrift: Schwarz.
— — - 28. - Lfr, Spr. 4. - Lf, Spr. 4.
—105. - 1. Fehlt die Ueberschrift: Schwarz.
—106. - 7. - Kn, 3. - * Kn, 3.
—108. - 1. Fehlt die Ueberschrift: Weiß.
—109. - 17. - erreicht. weil - erreicht, weil
—110. - 14. - Sp. Lf. 3. - Sp, Lf. 3.
—119. - 12. Fehlt die Ueberschrift: Weiß.
—135. - 3. Fehlt die ganze Ueberschrift des Spiels: Man bekömmt einen Thurn gegen Bauern und Zug.
—137. - 4. - den - dem
—141. - 24. Fehlt die Ueberschrift: Weiß.
—150. - 23. Desgleichen.
—153. - 19. Desgleichen.
—156. - 2. - B, Kn. 4. - * B, Kn. 4.
—157. - 23. - Thrn, Lfr, 1. - Thrn, Lfr. 1.
—161. - 5. - gegeben - Preis gegeben
— — - 30. - (a) - (c)
—167. - 19. - keinen - keine
—175. - 13. - 16. - 17.
—177. - 29. Fehlt die Ueberschrift: Weiß.
—192. - 19. - Thrn. 7. l. Thrn, 7.
— — - 26. - Weiß. Schwarz. - Schwarz. Weiß.
—193. - 2. - den - dem
—195. Z. 20 und 23 wird beydemale Lfr, 1. anstatt Lfr, 2. gelesen.
—211. - 28. Fehlt die Ueberschrift: Schwarz.

S. 218.

S. 218.	Z. 16.	st. wird	l. hat.
— 225.	- 10.	- möchte	- mögte
— 226.	- 9.	- zurückzöge.	- zurückzöge.
— —	- 19.	- Spr 6.	- Spr, 6.
— 230.	- 6.	- Spr. 4.	- Spr, 4.
— 232.	- 13.	- Lfr. 7.†.	- Lfr, 7. †.
— 233.	- 14.	- Spr, Lf. 3.	- Spr, Lfr. 3.
— 250.	- 23.	- zusammenrücken) und	l. zusammenrücken und
— —	- 25.	- Steine.	- Steine.)
— 273.	- 7.	- weißen	- weißen König
— 281.	- 27.	- Von Bauern	- Vier Bauern
— 285.	- 21.	- genommen	- gewonnen
— 293.	- 13.	- Kn. 2.	- Kn, 2.
— 300.	- 19.	- welchen unendlich	- welchen die unendlich
— 303.	- 5.	- kann.	- könne.
— 309.	- 1.	- Lf, Sp. 4.†.	- * Lf, Sp. 4.†.
— 310.	- 16.	- in	- in
— 311.	- 12.	- bewerkstelligen,	- bewerkstelligen ist,
— 314.	- 6.	- A. d. H.	- A. d. Ueb.
— 317.	- 11.	- Abänderung falsch.)	- Abänderung, falsch.)
— —	- 19.	- A. d. H.	- A. d. Ueb.
— 319.	- 18.	- Th, Lf. 7.† matt.	- Sp, Lf. 7.†. matt.

Die übrigen Fehler, als z. B. Bauern anstatt Bauers und andere mehr, wolle der geneigte Leser selbst verbessern.

www.ingramcontent.com/pod-product-compliance
Lightning Source LLC
Chambersburg PA
CBHW032300280326
41932CB00009B/638
* 9 7 8 3 7 4 3 6 9 2 5 3 4 *